沒有最累，只有更累！

倦怠的文化史與精神政治

黃涵榆——著

Tired, Always More Tired!
A Cultural History and Psychopolitics of Exhaustion

目次

- 004　推薦序　空無與無盡的空無／沈志中
- 011　推薦序　編織安頓生命的非場所／洪世謙

- 019　導　論　倦怠考：從文化史與精神政治出發
- 020　第一章　為什麼這麼累？
- 026　第二章　憂鬱簡史
- 033　第三章　煩悶簡史
- 038　第四章　世紀末頹廢
- 044　第五章　文明及其倦怠
- 049　第六章　從資本主義精神到資本主義新精神
- 053　第七章　我們如何走到這個令人疲憊不堪的時代？
- 057　第八章　精神政治初探
- 073　關於這本書

- 075　第一部　現代社會的倦怠圖像
- 079　第一章　體化與身心症
- 084　第二章　神經的發現和神經衰弱
- 091　第三章　歇斯底里

102	第四章	精神分析與身心醫學
111	第五章	慢性疲勞症候群和過勞
121	第六章	大流行疲勞
128	第七章	作為社會溝通與受苦的身心症
139	**第二部**	**邁向資本主義的精神政治批判**
140	第一章	資本主義異化的時間
146	第二章	世紀末的倦怠政治
154	第三章	速度災難——維希留觀點
163	第四章	無感與碎裂的時代——史蒂格勒觀點
180	第五章	異化的勞動與自殺體系——貝拉第觀點
192	第六章	倦怠社會——韓炳哲觀點
198	第七章	情感資本主義

212	外掛一	論「煩悶」與「專注」
228	外掛二	為什麼工作讓人不快樂？
238	外掛三	無家的家人——淺談繭居族
250	外掛四	何謂「述情障礙」？

260	待結	我們還能怎麼活著？
277	附錄	變成另一個人——論馬拉布的「塑性」與腦傷

推薦序
空無與無盡的空無

沈志中（臺灣大學外國語文學系教授）

　　黃涵榆教授這本關於倦怠的「知識考古學」彰顯了現代人面對倦怠的態度。正如就中文而言，我們能說「倦怠倦怠」，但卻似乎不能說「疲勞疲勞」。這顯然是因為倦怠涉及的是心理狀態，是一個沒有極限的無底洞，而疲勞則是身體的生理狀態，其極限狀態就是崩潰。但相對的，疲勞很容易透過休息恢復，而倦怠卻是一個能量不斷流失的過程，無法透過休息恢復。可見fatigue可被區分為好的和不好的疲勞，或有益和有害的疲勞。也由此，關於疲勞的論述史分析出一些主要的疾病形式，說明它們在不同社會中的傳播，以及與社會結構演變的互動。於是從古至今，疲勞的論述史可大致可歸結為以「不好的疲勞」取代「正常的勞力消耗」的構想。這兩種疲勞的界線的變遷也反映著現代化的過程與文明之惡的發展。

　　從希臘時代以來，疲勞一直被視為人類身體的界線。就像疾病一樣，疲勞也是人類被逐出失樂園所遭受的懲罰。但從六世紀開始，宗教社群開始出現一種與體力消耗無關因而遭到譴責的疲勞的論述，也就是基督教會僧侶的「怠惰」（acedia）。這是人類史上

第一種被定義為不好的疲勞形式,並且被認為會衍生出懶惰、焦慮、恐慌、無力感、絕望等諸多惡習——這顯然也是人們今天對懶惰根深蒂固的厭惡的原因。

從文藝復興開始到十六世紀,則有古代希臘所提出的憂鬱（melancholia）的復興,使得疲勞的論述逐漸從宗教原罪的觀點轉移到醫學論述。如英國醫師布萊特（Timothy Bright）就主張憂鬱是一種生理性的疾病,它主要涉及體液、體溫等的失衡與變化。但布萊特也認為引起憂鬱的原因是心理、社會性的因素,特別是過度的腦力勞動[1]。這是第二種不好的疲勞形式,並且更明確化地被定義為不涉及身體勞力的純粹智力消耗。這個疾病的定義很快受到當時貴族與社會菁英的歡迎,因為憂鬱可以更合理化他們無須身體勞動也過得跟勞動者一樣疲憊的生活形態。相反地,隨著中產階級的興起,平民也開始爭相模仿憂鬱,因為生病不僅可以讓他們不用勞動,甚至因此更具貴氣。最後導致從十六世紀末到十七世紀初,憂鬱開始在歐洲大流行。其間出現像莎士比亞筆下的哈姆雷特這樣的憂鬱典型。在法國也有著名的失意貴族拉羅什福柯（La Rochefoucauld）公爵這樣的憂鬱作家。而相較於傳統的放血療法,貴族們更喜歡較令人愉快的「新療法」,如水療或飲用咖啡。

隨著十八世紀中產階級與科學論述的興起,醫學也開始主張以好的疲勞對抗不好的疲勞。身體的勞動被認為有益身心,愈是高度的智力消耗就愈需要身體的活動。也因此誕生了假期、娛樂等休閒產業。比較激進的醫生甚至會建議以浸泡冰冷的海水或去高山健行呼吸冰冷的空氣來治療不好的疲勞。是在這個論述背景下,十九世

1　參閱：Timothy Bright, *A Treatise of Melancholie*. London: Thomas Vautrollier, 1586.

紀的神經與精神病學開始出現了「神經質」（nervosisme, Nervosität）以及美國醫師比爾德（George M. Beard）所提出的「神經衰弱」（neurasthenia）的概念。

不好的倦怠開始與「智力倦怠」（intellectual fatigue），也就是「腦力」消耗連結在一起。而倦怠的出現與流行則與社會階級的分化有關。如比爾德就認為「神經衰弱」是上層社會才會有的疾病，窮人、黑人或原始部落則比較容易罹患歇斯底里或酗酒。換言之，只有知識分子與白領階級會出現倦怠現象，勞動階級被認為不用腦力，因此最多只會疲勞，而疲勞只需要休息不需要治療。

1883年，兩位法國醫生將neurasthenia這個詞引入法國的神經學與精神病學。其中之一是作家普魯斯特（Marcel Proust）的父親阿德里安·普魯斯特（Adien Proust），另一位則是佛洛伊德（Sigmund Freud）在巴黎留學時的老師,尚·馬當·夏科（Jean-Martin Charcot）。不難想像普魯斯特引進neurasthenia這個詞或許與他兒子的性格有關。至於夏科引入neurasthenia的目的則是為了凸顯他所假設的「大腦功能性損傷」（lésion fonctionnelle）的觀點。亦即除了明顯可觀察的神經損傷，有些症狀是由當時的顯微技術仍無法觀察到的神經損傷所引起的，因此稱為「功能性損傷」或「動力損傷」（lésion dynamique）。這個器質論假設使得神經衰弱被接受為符合科學的診斷。但也因為這個「科學的」診斷完全呼應了當時社會的需求，使得神經衰弱的診斷在十九世紀末突然暴增。因為逐漸增多的智力與非勞力的工作帶來了更多的壓力與焦慮，而神經衰弱的診斷則讓人更有理由相信智力工作和身體的勞動同樣會導致神經系統的損傷。

但隨後在二十世紀初，神經衰弱的病因學從神經生理的功能性

損傷轉移到精神性因素。如賈內（Pierre Janet）提出了以心靈機制為基礎的「精神衰弱」（psychasthénie）。佛洛伊德則在性病因的構想下區分「焦慮神經症」與「神經衰弱」並將這兩者整合在所謂「現實型神經症」。這個從生理到精神的範式轉移，使得這類神經質、神經衰弱的診斷逐漸逐漸失寵。一方面，因為這個診斷所帶來的合理化智力疲勞的好處消失了（因為一切都是心理的問題）。其次，因為社會保險制度的推行，工人、窮人也有機會去看醫生，使得愈來愈多人被診斷為「神經衰弱」。而當愈來愈多的人被診斷為神經衰弱，它就開始失去了作為上流社會疾病的標記而不再受到青睞。相對地，傳統的休息療法與水療、電療等也被新的「談話治療」和職能治療所取代。神經衰弱患者逐漸從看神經科醫生轉變成看精神科醫生或精神分析師。到了1930年神經衰弱的診斷幾乎完全消失，但其症狀並沒有消失，而是像歇斯底里一樣被整合入已經出現的其他疾病分類當中。

　　一直到二十世紀的70、80年代，醫學對「不好的疲勞」的興趣又再次急劇增加，並出現了「過勞」（burn out）和「慢性疲勞症候群」（CFS）等新的疾病實體。各種針對倦怠的精神政治、管理、保健的論述與技術也如雨後春筍般在前述傳統知識場域中湧現，以回應現代人「我們還能怎麼活著？」的大哉問。

　　黃涵榆教授在本書中所耙梳的倦怠歷史將我們引向以下反思：對於「我們還能怎麼活著？」這個問題存在著許多答案，無論是來自哲學、心理學、精神病學。但始終沒有人去探究為什麼活著的人會問自己還能怎麼活著？

　　以法國暢銷女作家茱兒丹諾（Raphaëlle Giordano）的小說《當

你瞭解你只有一個人生時,你的第二人生才會開始》[2]為例。她將現代人的日常工作、家庭與社會生活中的各種無力感(失去生活的動機動、慢性憂鬱,喪失方向與感覺,儘管物質生活富足但難以快樂,幻滅,疲倦⋯⋯)彙整在一起,並給予一個疾病實體的名稱「急性常規炎」(routinite aiguë)。專治常規炎的治療者則被稱為「精神保健師」(routinologue)。

表面上這本書就像坊間常見的教人如何重獲生命樂趣的勵志、個人成長書籍,但實際上作者是以「虛構」(fiction)的形式去呈現現實中的精神保健潮流。小說中確實有教人如何擺脫憂鬱、倦怠、疲憊與無力感,並重獲生命活力的真實步驟與方法,但這一切卻又都建立在虛構的人物與故事情節上。讀者若照著小說中的方法做,或許不無可能恢復生活的動力,但那終究只是短暫的,因為只要一離開小說虛構的世界,現實生活很快就回到原樣。因此,可以說真正因為這本書而獲得「第二人生」的恐怕只有作者自己。她突然間暴紅,名利雙收,成為有史以來法國最暢銷的女作家!那麼,若這一切所謂精神保健的改變、改善都只是虛構,那書店裡一疊又一疊流行又暢銷的心靈成長書籍又是什麼?

其次,這本小說標題中的「此生」(une vie)和「第二人生」(deuxième vie)也可以讓我們更認識此種「生命應該怎麼活」的倫理反思。人是因為此生過得如此辛苦、疲憊,因此倦怠並渴望第二人生。但如何知道第二人生就必然會比此生更好?誰說不會像是小時候抽獎遊戲中「再抽一張」的失望?也就你不但沒有得到獎品,

---

[2] Raphaëlle Giordano. *Ta deuxième vie commence quand tu comprends que tu n'en as qu'une.* Paris: Gallimard, 2015.

而是得到再一次失望的機會？此生已經夠累了，再來第二人生難道是要再過一次疲倦痛苦的生命？這個質疑其實就是著名的「巴斯卡的賭注」（Pari de Pascal）所凸顯的難題。巴斯卡在《思想錄》（Pensées）中以對話形式寫了一篇標題為「無盡—空無：賭注」（infini-rien: le pari）[3]的短文。該文被認為是數學的點數分配和或然率的起源，但巴斯卡在文中主要是為了探討人該不該信仰上帝的問題。巴斯卡雖然是個宗教思想家，但他為了說服別人信教所提出的卻是一個前所未見的問題。他坦承人無論如何不可能認識上帝，甚至就人的理性力量來說，也無從知道上帝是否存在。因此面對上帝存在與否的問題，人只能賭一把了。換言之，要不要信上帝是一個機率的問題！如果你賭贏了，上帝存在，那麼信仰上帝的好處是你將能夠獲得無盡的生命。但若你賭輸了，上帝不存在，那麼信仰上帝的你也沒有什麼好損失的啊，因為此生已經那麼累、那麼爛了，還有什麼可以損失？於是，當輸贏機率相同，但賭贏了可以贏得無盡的人生，而賭輸了卻沒有什麼可以失去。那當然賭啊，不信上帝的是傻子！全下了。我引述巴斯卡這段話：

──你想要信仰了，但不知道怎麼做。你想要醫治自己的不忠誠，所以你要求方法，去向那些和你一樣被束縛且以自己的一切去賭注的人學習。這些人知道你要走的路，知道怎樣治療你要治療的痛苦。跟隨他們開始做的方法。他們所做的一切就好像他們相信一樣，他們拿聖水、做彌撒等。而很自然的，這些也會讓你相信、讓

---

3 Blaise Pascal. *Œuvres complètes*. Paris: Gallimard. Bibilothèque de la pléiade, 1954, pp. 1212-1216.

你變得愚蠢（abâtissez-vous）。

——但這就是我所擔心的啊。

——為什麼要擔心，你有什麼可以失去的呢？

　　巴斯卡實在太聰明、太狡猾了！但退一步想，此時你能夠All in的賭注是什麼？不就是你的「此生」。而此生是讓你嫌棄到不行的「空無」，也就是0，那麼如果你賭贏了，贏得了第二個人生，甚至100個、1000個或無盡的人生，結果0乘以2、乘以100、1000或乘以無限都還是0啊！這豈不上當了……。

　　可見在巴斯卡的〈賭注〉中，人的「此生」是一個讓人疲倦、沒有用的東西。然而這樣一個沒有用的東西卻仍然被珍視，讓人會捨不得在賭局中失去它。換言之，即使此生再爛，人也會捨不得拿它來賭一個不確定的東西。這便顯示人所面對的「此生」無疑也是拉岡（Jacques Lacan）所稱的慾望客體objet a之一。也正因為「此生」是objet a所以它會被慾望、被要求。這說明了為什麼人會有「我希望如何活」、「我應該如何活」以及「我能夠怎麼活」等反思。相對地，「此生」也可以被給予，因而也總是有人樂於教導他人應該如何活才有意義。

推薦序
編織安頓生命的非場所

洪世謙（中山大學哲學研究所教授）

非常榮幸能擔任涵榆這本書的推薦人。涵榆在朋友們之中，有一個不脛而走的名聲，就是他永遠都是如此好整以暇地準備好一切工作，不論是演講、審查、著述、與談、公共參與，他總能悠閒而從容地最早完成各項邀約。我時常好奇（往往也帶著一點慚愧），他是如何同時兼具這麼多工作，而且依舊維持著良好的研究品質。畢竟目前的學界，多數人早已被各式的指標、期刊點數和數不盡的各類績效壓得無法喘氣。有時也不免陷入馬克思在《巴黎手稿》對異化勞動的描述：「（工人）他在勞動時並不是肯定，而是否定自己，不是愜意，而是覺得不幸，不是發揮自由的體力和腦力，而是折磨自己的身體並破壞自己的心智。於是，工人只有在勞動之餘才開始感到自在，勞動時便感到不自在。」在目前如此細瑣而無盡的工作中，大家彷彿流水線的學術勞工，不免感到疲憊、耗盡心神卻又必須每天拖著掏空的身軀繼續工作，工作失去了創造的樂趣，只留下了無止境的百般無奈。尤其是大衛‧格雷伯（David Graeber）所說，有40%的工作毫無意義。更遑論想實現馬克思在《德意志意

識形態》裡的理想境界:「隨自己的興趣今天做這事,明天做那事,上午打獵、下午捕魚、傍晚從事畜牧,晚飯後從事批判。」讀了涵榆這本著作,才了解為何他總是能如此一派優雅地面對這些繁瑣的工作,原來他對於我們是如何走到這個疲憊不堪的時代,早有細膩而多面向的思考。讀這本書的同時,我不斷回想,是怎樣的時刻、情境或勞動條件,讓我有時也想逃離書桌,我是如何自處於這樣的疲憊年代呢?

在這本《沒有最累,只有更累:倦怠的文化史與精神政治》書中,過勞和職業倦怠,只是倦怠的其中之一,倦怠感的來源還包括生活習慣、人際關係、數位科技、金融資本等。一如往常地,涵榆的思考總是跨歷史和跨學科,因此關於倦怠的定義便不僅限於醫學層面,還涉及包括生理、情感、心理狀態甚至包括公共政策。因此,在結構的安排上,涵榆首先描繪了現代社會的倦怠圖像,繼之以「精神政治」分析當前的加速社會、數位資本主義、新自由主義勞動體系以及全面官僚體系化等,如何衍生各類情感、精神、生存的困境。最後,他試圖提出「我們還能怎麼活著」的思考。

看完這本書的結構,不知當時涵榆是有意或無心,我彷彿看到了雅斯培(Karl Jaspers)在1931年出版,作為存在主義經典之作的《時代精神的境況》。雅斯培作為具有醫學、精神病理學、心理學背景的哲學家,他在思索時代精神時,同樣地不侷限於個人心理層面,而是更全面、更跨域地從哲學、社會學、人類學探討其所處時代的精神境況。《時代精神的境況》在書的結構上,雅斯培同樣首先描繪了30年代的社會危機,指出現代社會鼓勵發展技術,技術及資本主義構成了世界的生活秩序,效率及績效成為人類生活的合理性,但也同時構成了人的侷限,人的日常生活是機械性,只關注

工作效率，人喪失了個體與自由，成為功能性且毫無精神的存在，人們感受到了前所未有的虛無，疲憊成為了常態。繼之，雅斯培分析精神危機的根源，包括科學理性的局限、社會組織的僵化，以及個人在群體中的迷失，最後談論人類可能的未來。

兩本書比較大的差別是，涵榆更加強調倦怠和身心症狀不僅是個人的，更需要看到它的社會性，即我們應該把倦怠理解為各種人員、話語、行動和權力建構的結果，是一種「社會受苦」。涵榆將此稱之為「現時系譜學」，其目的在於揭露各種隱藏或深層的脈絡與衝突，藉以重估當下的現象與經驗。此外，另一個比較大的差異是，兩人在最後對於「還能怎麼活？」、「該怎麼活？」的想像與出路不同。《時代精神的境況》中，雅斯培最後提供了一個存在主義的答案，他呼籲，面對精神世界的荒蕪，人們應該要勇於面對存在的虛無，強調人之為人，在於必須做出自己的選擇，承擔自己的責任，從而發現個人真實的存在與自由。他認為個人必須積極參與塑造自己的生活和社會，而不是被動地接受現狀。

相對的，涵榆則認為，除了長年以來談論的各式「減速」理論外，阿岡本主張的「不為的潛勢」或「無能之能」容或是種可能性。這種「不運作」意味著主體不被算入任何社會建構的身分、生產和價值體系，能夠依著生命自身的節奏韻律發展出自身的律法或生命之形式。涵榆也以班雅明的「說故事人」作為另一種可能性，也就是在各式碎片、直線和空洞的年代中，班雅明從童年時期在柏林的生活記憶：明信片、針線盒、電話機、旋轉木馬等生命痕跡。這種「微物」、微觀的書寫，讓時間和空間都成了非連續性，這種城市漫遊者和說故事的人的雙重角色，使物件擺脫了社會建構的意義及記憶，擺脫對實用技術和實證經驗的依賴，擺脫了第三帝國暴力和

恐怖的陰影，使個人與物都連結到更大的脈絡之中，讓我們對物、歷史、時間等充滿更豐富的想像，這些童年記憶不是編年史形式的敘述，而是個人對記憶深處的探索及對自我的認識與追尋。最後，涵榆引用了格雷伯指出的，我們已進入「全面官僚體制化」的時代，這個官僚化體制完全支配了我們各式的情緒與情感，這種結構性暴力以及任意增加的規則並非最理想、理性的安排。也因此他提出，我們需要對整個體系「自由遊戲」（free play），官僚體制讓我們對於「玩」心生恐懼，我們對於制度需要有更多的想像力與創造力，而非習慣或視制度為理所當然。

　　誠然，有關「減速」或對資本主義的批判，長久以來從未曾停歇。不論是近年來討論的棄成長，或者是弗雷澤（Nancy Fraser）指稱的《食人資本主義》（Cannibal Capitalism），某個程度來說，依舊還是針對資本主義所進行的抵抗行動，試圖開展出一條不同於資本主義邏輯的政治─社會型態。涵榆這本書中，對於「精神政治」實際上也不脫這個脈絡，一者是加速所導致的各種碎片化以及伴隨而來的災難和恐懼；另一者是由新自由主義的高度競爭而產生的無止境地挫敗感和罪責感，以及由此而來的焦慮、憤怒、仇恨、失落等。不可諱言，涵榆在結論中所提出的三個可能性，就我的角度看來，還是比較美學─倫理的思考方向。涵榆在最終章「我們還能怎麼活著？」，法桑（Didier Fassin）恰好有個不同的思考路徑。他轉換了提問的方式，他認為我們需要把個人重新放進社會與世界之中，因此，他將問題的角度轉換為「如何作為一個具體現實的人生並賦予價值？」。從這個提問為出發點，並放進哲學人類學式的思考，即對當前人類生存處境及具體行動的思考，或許歐傑（Marc Augé）的「人類學空間」（l'espace anthropologique）是另一種可能性。

對歐傑來說，他將20世紀末視為超現代性（surmodernité），超現代性具有三個過量（excès）或過載的特徵，分別是時間的過量、空間的過量以及自我及個體的過量。面對這些過量，我們愈發感到無力並對未來感到憂鬱，進而逐漸變得失去希望。時間的過量意味著，我們面臨接連不斷的事件，這些事件發生的速度快到令我們猝不及防、難以預測。我們因此急迫地需要理解一切正在發生的現實，試圖賦予意義。然而這卻弔詭地使事件的厚度扁平化，我們不在乎意義的坍塌或扭曲，最後我們對於一切感到失落與失望，不再相信任何價值。關於這一點，歐傑或本書中提到的貝拉第（Franco Berardi），皆指出了我們生活在一個未來理念崩潰的時代。

空間過剩則與空間緊縮相關。隨著科技的發達，我們處在一個比例尺轉變的年代，人造衛星所拍攝的照片展示了精確的尺寸，我們既可將所處的世界，縮小到微不足道的一點；與此同時，我們的私領域，充滿了各式訊息和影像，極為容易接受到世界另一端的訊息，但卻無從得知是誰發送或掌握了這些訊息。我們因此被形塑並幻想出大量增生的參照物（reference）。我們的世界成為一個我們無法度量也未曾學會理解如何觀看的世界。

過量的自我及個體，則是指資訊和影像的過量，這些資訊往往片段、快速流動、短暫、表面且缺乏深刻的歷史脈絡及社會關聯。因此個體不斷地變化、不斷地重新定義自身，無從休息停歇；卻又因為缺乏社會聯繫，人愈來愈非精神化，人無處扎根、漂泊不定，因而感到迷失、孤立和無所適從。

對歐傑來說，超現代性產生了非場所（non-lieu），對比於場所是具有歸屬感、關係性和歷史性，不具歸屬、關係或歷史感的場所，便是非場所。人們只是匿名在此短暫停留，疏離而無感（例如

機場、車站大廳、高速公路、ATM機器前）。法桑也有相似的描繪，面對加速、碎片、移動，毫無歸屬，我們人人都成了「不得已的遊牧者。」然而，面對這個由「過量」所導致的失根、漂移、孤立，進而對一切感到無趣、無感，又同時憂鬱、失望。歐傑借用了德·塞鐸（de Certeau）的日常生活實踐和梅洛龐蒂（Merleau-Ponty）的「人類學空間」概念指出，實際上並沒有絕對的「非場所」，任何地方都是被實踐之地，是錯綜複雜的有線和無線網絡，一種特殊的交錯，一種與環境相關聯的存在空間。他說：「非場所與場所顯然相同：它從不以純粹的形式存在；場所在那裡被重組；關係在那裡重建。」歐傑強調，「人類學空間」中可以閱讀任何的社會紐帶和集體記憶。從這點來看，不論是德·塞鐸提出的日常生活實踐或歐傑提出的「人類學空間」空間，實際上和班雅明所想指出的都是同樣的事情，即便在碎片或加速的年代，我們始終與他者、社會或歷史纏繞在一起，我們必須抵抗空間與社會現實的同質化，對世界保持開放性，並不斷地發明、創造，進而產生社會的話語與生活空間。弗雷澤在《食人資本主義》有相似的討論，她認為，我們所面臨的問題是一個整體、系統性的問題，無法切割單一議題，不論是全球暖化、集體公共權力遭到剝奪或社會連帶潰敗，都是各種破壞彼此交織的總體危機。因此，我們能做的是設想一個解放的、反霸權的、具有足夠廣度和視野的社會轉型，協調多個社會運動、政黨、工會和集體行動者的計畫。換言之，我們必須試圖重組、創造、擴大連結，才能給自己一個戰鬥的機會。

最後，和涵榆一樣，班雅明的《柏林童年》，也是我非常喜歡的一本小書。班雅明以他的想像與記憶，各類的物質碎片成為了班雅明的非場所，連結出一個有待解讀、富饒蘊意，早已失落卻賴以

生存的生命空間。面對碎片、加速、過載、過勞的我們，或許就如班雅明所說：「不要害怕夜間的影子，快樂的孩子利用它來做有趣的遊戲。」閱讀涵榆這本書，喚起我們找回更多的想像、留意更多微小細節、創造更多非功效的共同行動及空間，不畏懼玩遊戲，讓人有更多支撐的網絡，生命得到更多安頓、休憩之處。

導論
倦怠考：從文化史與
精神政治出發

第一章
為什麼這麼累？

　　根據二○二一年發表的《東亞過勞報告》，國內因職業導致腦心血管疾病而提出申請職災補償的共有150件，在韓國則有1,168人因罹患腦心血管疾病而獲得職災補償，其中509人不幸喪生。這些補償個案只是冰山一角，過勞、職業倦怠或更常見的倦怠之普遍程度，恐怕遠超過這些個案數目。

　　倦怠和相關的身心症狀似乎已成為當代生活再常見不過的現象。有超過六百萬的美國人患有經常找不到確切病因、很難診治的「肌纖維疼痛症」（fibromyalgia）。一份以美國醫學院學生為對象的研究顯示，罹患身心症的比例為14.3%（其中男性比例約百分之六十），7.8%有頭部方面的症狀，顯示醫學院學生的學業和工作壓力是倦怠和身心症的主要因素。

　　拋開類似上述的調查報告和統計數據，不管你願不願意、自己到底做了什麼、知不知道發生了什麼，倦怠感就突然襲擊你的身心運作，讓你就是覺得提不起勁，什麼都不想做，有時候還會伴隨著頭痛、心悸、岔氣、暈眩、腸躁、疼痛的症狀。交通、通訊科技、工作和學業壓力、生活習慣、家庭、人際關係，無一不是倦怠的風

險源。也有一種倦怠會穿透整個人的存在感，讓人對生活失去動力，覺得心力交瘁，看不見未來，不知道為何而活⋯⋯。這些都是再真實不過的感受，但我們不會、也不應該因此把倦怠神秘化。姑且不論倦怠是否已經成為當前的「時代病」，它總是和我們所處的社會、經濟和科技環境息息相關。那麼，我們如何走到這個令人疲憊不堪的時代？本書希望能提供一些思想途徑回應這個問題。

關於倦怠研究，首先我們會碰到詞彙翻譯的問題，主要是exhaustion、fatigue、burnout這三個詞彙所對應的中文。Exhaustion可以譯為「筋疲力盡」、「虛脫」、「榨乾」或（臺語）「沒糕」，同時涵蓋生理和情緒特徵；fatigue則為「疲勞」、「疲倦」或「勞累」，比較是生理或神經狀態；burnout是「職業倦怠」、「過勞」、「燃盡」，比較和職場勞動有關。這些翻譯都還有很多討論的空間，像德文 *Müdigkeit*，翻成英文可以是fatigue或weariness，也有被翻成burnout。本書比較常使用中文語彙的「倦怠」，在原來外文的脈絡裡比較接近exhaustion，但是其實都可以同時指涉fatigue和burnout，在本書的討論中，讀者也會發現這些隨著上下文脈絡不同而交替出現。

《牛津辭典》字面上定義的exhaustion，大概就是「榨乾」、「抽光」的意思，能量和力氣被榨乾，當然就是中文語境裡的「倦怠」，這也指向某些情感和精神狀態，厭煩、幻滅、無感、無助、欠缺動機等等，都是倦怠常見的症狀。倦怠也可能是不安、躁動、過度刺激的結果。在醫學史的發展過程裡，倦怠也和包括憂鬱、神經衰弱（neurasthenia）、神經質（neuroticism）、歇斯底里（hysteria）、過勞（burnout）、慢性疲勞症候群（CFS，chronic fatigue syndrome之簡稱）等病痛產生交集。倦怠研究代表性學者之一的薛芙納

（Anna Katharina Schaffner）這樣定義倦怠：「倦怠大多指有限度的（通常是無法再生的）資源像被吸血鬼榨乾或是有害的消耗，讓一個原本運作良好的人、物、系統或場域進入一種耗弱或無法運作的狀態」（Schaffner, *Exhaustion* 7）。[1] 這樣的定義換到中醫的脈絡，大概會變成類似「氣血虛弱」的說法。薛芙納的吸血鬼比喻寓意深遠，畢竟從文學史的角度來說，吸血鬼小說的出現和流行與現代工業社會內部的一些社會不安和焦慮密切相關。

現行的臨床醫學除了用藥之外，也經常使用倦怠相關的量表、預防和緩解的建議，市面上也頗多這方面的自助書籍，傳授包括瑜伽、冥想、芳療、正念等身心靈修復的秘訣，而這些修復的知識與技能也被作為改善人際關係、職場管理、提升工作和生產效率之用。疲勞或倦怠之所以成為引起關注的學術和臨床問題，主要原因在於休息或許多修復的方法都無法發揮效用，至少短期內看不到效用，日常生活和幸福感長期受到嚴重干擾，有時甚至簡單的勞作或活動都困難重重。當然，何謂「長期」需要臨床上的界定，一般臨床醫學認定持續超過一個月就已經是值得重視的警訊，長達六個月以上就符合「慢性（或重度）疲勞症候群」（簡稱CFS），或稱「肌痛性腦脊隨炎」（myalgic encephalomyelitis, ME）。CFS經常伴隨著癌症、多重硬化、免疫不全、病毒感染和其他疾病發生，但是現今的醫學知識還無法解釋確切的病因。

不同社會和文化傳統自然會發展出表達、理解和應對倦怠的不同方式，暫且拋開exhaustion、fatigue、burnout這些詞彙跨語種轉譯的問題，本書選擇「倦怠」作為核心詞彙，純脆只是基於使用的便

1　本書所有外文譯文皆為作者所譯。

利考量，但會依照使用的情境或上下文脈絡做必要的調整：「倦怠」涵蓋的面向最為廣泛，CFS（「慢性疲勞症候群」）和burnout（「過勞」或「職業倦怠」）則分別對應具體的臨床和職場脈絡。整個來說，本書希望能開展出跨歷史和跨學科的倦怠研究視野，呈現倦怠身心、醫學、社會、政治、經濟、文化的不同面向。

讀者在本書後續的章節（特別是第一部）裡，將會發現各種倦怠的解釋和診斷模式，主宰不同的歷史階段，成為人們理解和回應倦怠的不同依據，當中最主要的莫過於生理和心理解釋模式的拉扯，持續影響有關倦怠的論爭。讀者也會發現，倦怠對存在感產生深刻的影響，經常與厭煩、無力與無助、憂鬱與悲傷、絕望、虛無等感受糾葛在一起。我們因此很難單純從內科、內分泌或精神科等單一的醫學部門解釋、診斷乃至於治療倦怠，而是會看到倦怠總是鑲嵌在複雜的症狀群之中，與之相伴的症狀、詞彙和敘述都可能因時因地而產生變化。

舉例而言，CFS自一九八〇年代正式命名以來，就在倦怠相關的症狀和論爭中佔有核心的地位，關鍵的問題環繞在哪些醫學或社會心理的因素導致或影響症狀的發展。許多研究者和病人自己堅持相信生理或身體上的病因，大部分都普遍認定病毒感染、免疫系統失能、中樞神經系統和代謝方面的病變是主因。也有研究者認為CFS是類似愛潑斯坦－巴爾病毒（Epstein-Barr virus, EBV）或EB病毒所造成，但是心理、行為和社會因素愈來愈受到重視，也顯示復原條件的複雜和困難。

慢性疲勞的原因不僅引起學術界和臨床醫學的關注，同時也影響公共政策和醫療管理的運作，對病人真實的生活經驗帶來深遠的衝擊，改變他們的社會地位和扮演的角色。倦怠者到底是社會發展

和不良的工作環境下身心都受到嚴重傷害的受害者，或者他們罹患的是一種至今仍無解的神秘病症，他們是不是真的欠缺意志力，或者他們的症狀反映了哪些創傷、困苦或失去的經驗，各種的可能性在在影響一個社會如何看待倦怠者的社會角色和地位（Neckel and Wagner 308）。

當代著名的醫學史學者修特（Edward Shorter）提出「症狀池」（the symptom pool）的理論，藉此解釋醫生的態度、醫學知識和技術塑造出症狀的樣態，周遭文化提供人們的無意識心靈一些病症的模板或模型，病人依照那些模型以特定的樣態表現出他們的症狀，倦怠者或慢性疲勞症候群患者也不例外。修特指出，「無意識心靈渴望被嚴肅看待，而不是被譏諷。它因此會努力表現出一些症狀，讓它們對周遭文化而言看起來像是器質性（organic）疾病正當的證據。這樣的努力帶進了一種歷史的層面，一個文化如果改變了對於何者是、何者不是正當的疾病的想法，身心症的（psychosomatic）樣態也會跟著改變」（Shorter, *From Paralysis to Fatigue* 2）。

我在我先前的附魔研究有關「集體附魔」（group possession）的問題上，也談過類似修特的「症狀池」的觀點。根據附魔文獻的記載，一些群體生活較為緊密的地方，例如村莊、修道院、學校和家庭，較容易發生集體行為、心思和情緒感染與模仿，集體附魔事件也因此時有所聞。附魔研究學者列維克（Brian P. Levack）就指出，「所有集體附魔的事例，如同個別的附魔，都有某種戲劇演出的面向；參與者彷彿都照著他們的宗教文化所寫成的腳本演出」（138）。[2] 類似立場的出發點都是個體與所處的環境的關聯決定了

2　請參照黃涵榆，《附魔、疾病、不死生命》，12-13。

集體附魔的發生與否和徵狀,但關鍵在於是否充分掌握附魔「多重決定」(overdetermination)的律則,也就是宗教、醫學、政治、社會等複雜面向交織的決定因素。本書也約莫從類似的視角,探討倦怠在醫學知識與臨床實作、社會形態、經濟生產與勞動模式、科技現實等複雜面向的成因。而修特最大的問題也許就在於欠缺對倦怠「多重決定」律則的掌握。

第二章
憂鬱簡史

我們現在所用的詞語和理解的「倦怠」，經歷了漫長的發展歷程，它在不同的歷史階段以不同的名稱，指涉包括憂鬱（melancholia）、神經衰弱（neurasthenia）、歇斯底里（hysteria）、憂鬱症（depression）、慢性疲勞症候群（chronic fatigue syndrome, CFS）等身心症，但是我們不應該因此無差別地混用它們。在所有倦怠的「家族成員」當中，憂鬱從古代至今的歷史發展也許是最久遠的。長久以來，「憂鬱」一詞被用來描述包括無緣由的恐懼和悲傷、體能和動力耗弱、妄想（delusions）、從正常的暫時性情緒起伏[1]到較為固定的性格特徵。要談憂鬱（症）的變遷歷程，必須先避免在古希臘、中古或任何一個時代的憂鬱和現代醫學臨床的憂鬱症之間劃上等號，畢竟歷史化觀點下的憂鬱從來都不是一個單一且完整的領域。

古希臘希波克拉底（Hippocrates of Kos, 460-370BC）的「體液說」是西方歷史中影響最久遠的一套憂鬱的解釋模式。除了訴諸土

1　也就是通常 "melancholy" 一詞運用的情境。

星的運行和超自然神靈之外,黑膽汁分泌失調也被認為是憂鬱的主因。古羅馬蓋倫(Galen of Pergamon, 129AD-216)延續希波克拉底傳統,其醫學理論一直到十九世紀都還發揮相當的影響力。蓋倫認為人體的運作取決於四大體液(血液、黃膽汁、黑膽汁和痰液)的比例。在這樣的架構裡,所有的疾病不論是慢性病或急症、精神或生理疾病,都能夠依照這四種體液的過量或不足來解釋。黑膽汁分泌過量導致的憂鬱可進一步分成兩大類:一類是黑膽汁讓血液變稠和流動變慢,造成病人有氣無力、行動遲緩、容易精神恍惚;另一類是發炎、消化不良或胃灼熱導致熱氣直衝腦部,造成腦部運作障礙無法感覺和判斷異常(Radden 5; Schaffner, "Premodern Exhaustion" 31-32)。這樣的見解已經觸及憂鬱從生物化學到心理與精神運作的路徑,包括厭煩、無力、麻痺等倦怠的症狀也都有了合理的解釋。

中古世紀的憂鬱症狀和上述的症狀並沒有太大的差別,只不過是醫生處理的憂鬱和基督教僧侶處理的怠惰(acedia或sloth)有所區隔。小亞細亞赫拉克利亞(現今土耳其北部)的埃瓦格里烏斯(Evagrius Ponticus, 345AD-399)條列了八種罪惡的行為或「惡魔的誘惑」,成為後來的「七宗罪」(the Seven Deadly Sins)[2]的主要內容:貪吃、通姦(或色慾)、貪婪、狂妄(或驕傲)、哀傷、憤怒、虛榮和怠惰。埃瓦格里烏斯把「怠惰」定義成心智或靈魂的倦怠顯現在慵懶、無力、無聊、抑鬱、暴躁、厭惡節食的生活等症狀。他認為怠惰會引誘僧侶放棄上帝對他們的靈魂召喚,離開他們的靈修房,忽視他們的靈魂職責。他稱呼這種狀態為「正午惡魔」(noonday

---

2　七宗罪有不同的說法,固定後的版本是:色慾(lust)、貪吃(gluttony)、貪婪(greed)、懶惰(sloth)、憤怒(wrath)、嫉妒(envy)和驕傲(pride)。

demon），這成為世世代代描繪憂鬱（症）慣用的譬喻。換言之，埃瓦格里烏斯認為怠惰（也是憂鬱和倦怠）是外在的惡魔造成的內在的道德性情，但是他相信人類抗拒誘惑的力量，僧侶能夠藉由禱告、誦經、冥想《聖經》的內容、磨練耐心等方式，抗拒惡魔怠惰的誘惑，實踐靈魂職責（Schaffner, "Premodern Exhaustion" 35-36）。

　　古羅馬修士卡西安（John Cassian, 360AD–435），亦稱苦修者約翰（John the Ascetic），以神秘主義神學著稱。他描述了怠惰成性者會對靈修感到噁心，會藐視修會弟兄；心智的無力和徒勞無穫的過動之後，出現極端的身體倦怠和飢餓的症狀，伴隨著混亂的心神狀態。簡單來說，怠惰或倦怠對埃瓦格里烏斯和卡西安而言，都代表欠缺意志力或道德瑕疵造成的靈魂衰敗。靈魂倦怠會帶來懶散或躁動的行為效果：苦行修士們若非癱軟在房間裡，靈修完全沒有進展，就是漫無目的四處閒晃，找人閒聊和貪吃點心。頗值得玩味的是，埃瓦格里烏斯和卡西安兩人針對怠惰提出迥然不同的解方。埃瓦格里烏斯一開始談的怠惰是在隱士的生活情境之中，也就是社會因素比較不是那緊要，所以他主張加強禱告和冥想有助於克服怠惰。卡西安的建議顯得較為務實，以工作作為怠惰的解方，強調的面向似乎轉移到靈魂衰敗的社會後果。阿奎那（Thomas Aquinas, 1225AD–1274）則認為怠惰無力是一種讓人什麼都不想做的抑鬱狀態，對於工作感到厭煩，不斷拖延。靈魂的善是真實的善，不從靈魂的善得到快樂是錯的、不好的，怠惰則是一錯再錯、雙重的錯（Schaffner, "Premodern Exhaustion" 37-40, 43）。

　　自古以來憂鬱也一直都是文學和藝術表現的主題，從古希臘神話，到文藝復興的畫作、莎劇和「氣質喜劇」（comedy of humors），到浪漫主義詩作與十九世紀末頹廢文學，不勝枚舉，甚

至也會被當作創作靈感的來源。在這漫長的歷史過程中，憂鬱作為一種身心症狀的解釋從「本質」逐漸轉移到「特質」（例如冷熱、乾濕和顏色）；到了十九世紀初，當時的法國神經病學家皮內爾（Philippe Pinel, 1745-1826）就不再採用體液說，而是強調徵兆和症狀的觀察與記錄。德國精神醫學家克雷佩林（Emil Wilhelm George Magnus Kraepelin, 1856-1926）為精神疾病提供更科學化的分類系統，例如官能症（neurosis）、性變態（perversion）和精神病（psychosis）的分類，把心理病變連結到腦部損傷，並且區分病變的認知和情感面向。他在「精神病」的類別裡創造出「躁鬱型精神病」（maniac-depressive psychosis），延續到後來俗稱的「躁鬱症」，depression自此逐漸獨立在較為模糊的melancholia之外。

克雷佩林之後有關憂鬱的學理和診斷愈來愈強調情感的面向，常見的生理症狀則依舊包括疲倦、無力、失眠和沒胃口。影響最深遠的莫過於佛洛伊德的〈哀悼與憂鬱〉（"Mourning and Melancholia"）。佛洛伊德一開始先對「哀悼」做出一個清楚簡潔的定義：對於失去愛的客體或某種抽象概念的反應。失去的可以是所愛之人、所愛之物或像是「自由」、「國家」這樣的抽象概念。在許多哀悼的情境裡，「失去」都意味著某種形式的死亡，不管是實質的或象徵性的死亡。這會是一種痛苦的經驗，甚至會有（暫時）脫離現實或背離常態的傾向，如同我們都熟知的「觸景生情」，但本質上不是需要醫學治療的病理狀態。哀悼的主要目的是回歸常態，用佛洛伊德精神分析的詞彙來說，自我在哀悼的階段進行「現實測試」，以及試圖把欲力（libido，音譯為「力必多」、「力比多」。）從失去的客體抽離，藉此緩解悲傷和痛苦。但是這樣的過程並不總是可以順利完成，事實上佛洛伊德自始至終都沒有肯定完

成哀悼的可能。哀悼者在意識的層次上也許知道必須放開，但是有一部分的慾望還是會透過幻想的結構，緊緊依附在已經失去的客體。哀悼是否能夠結束，就看拉扯的力量哪一邊比較強。如果哀悼能夠結束，自我將可以將原欲從失去的客體抽離，也就能夠重獲自由；如果哀悼無法完成就會展成憂鬱。

即便憂鬱和哀悼本質上並不容易做出清楚的區隔，佛洛伊德還是試圖提供一些確切的定義，而他有關憂鬱的定義大致環繞在「客體的失去」、「情感矛盾」和「欲力退縮自我之中」（Freud, "Mourning and Melancholia" 258）這三個面向。他提出憂鬱的五大指標：「極度深沉痛苦的神傷、失去對外在世界的興趣、失去愛的能力、無法從事任何活動、自我評價降低到自我責難和自我懲罰的程度」（244）。關於客體的失去，佛洛伊德解釋那可能是無意識的，失去的或死去的不是客體，而是對客體的愛，如同一段（無意識的層次）已覺索然無味的愛情翻轉出一種被拋棄的憂鬱情結，即便什麼事也都沒發生。主體在這個情境裡並不知道（或者不願意承認）失去的是什麼，而透過妄想的結構一直依附在已經（自己想像）失去的客體。

如佛洛伊德所描述的，憂鬱（症）者自我貶抑、自憐自艾，受困在「自卑的道德幻想」（246），這些情感困境並不會發生在哀悼的時候。佛洛伊德釐清，「哀悼的時候，變匱乏和空虛的是世界；憂鬱的時候，是自我本身變匱乏和空虛。病人表現給分析師看的自我毫無價值、毫無成就、道德卑劣，他不斷自我責難和詆毀，希望被丟棄和懲罰」（246）。這樣的憂鬱主體很明顯飽受罪惡感折磨，但問題是為了什麼感到罪惡？這個問題很難有確切的答案，也就是很難透過科學方法驗證罪惡感的原因，無法從科學或醫學的角度找到證據，讓病人理解那些自我的感受是錯誤的、不應當的。顯然分

析師很難用說理或說服化解憂鬱（症），佛洛伊德甚至指出（某些部分）應該要接受病人所描述的感受的真實性。即便如此，佛洛伊德指出病人似乎從悲傷或受傷的感受中得到滿足，於是他試圖從自我的結構探究可能的原因。

　　佛洛伊德解釋，一部分的自我被超我當作責備或譴責的對象，帶來憂鬱－自虐的滿足，而我們從佛洛伊德精神分析知道，受虐（masochism）總是糾葛著施虐（sadism），也可以說施虐他人是自我受虐隱藏的真相，問題是病人透過自虐是要虐待誰。憂鬱者似乎處在自責的狀態，最嚴厲的責怪對象與其說是自我，倒不如說是病人所愛的或者他認為自己愛的、但不必然真的愛的對象。於是我們看到憂鬱實際上是侵略性的轉移。憂鬱主體剛開始似乎是在責備某個客體，包括自己愛的對象，對客體的責備轉變成對自我的責備。這樣的經驗不一定是出自真實的死亡，更有可能是因為主體對客體失去興趣或者感到失望，透過自我凌虐進行（無意識的）報復，也就是把自我當作施加侵略性的對象，顯示一種自戀的精神結構。佛洛伊德用譬喻的方式解釋，憂鬱（症）者讓傷口一直開著，持續在傷口上灑鹽……憂鬱者時而低沉，時而狂躁，自我受虐／虐待他人的矛盾傾向甚至有可能會演變成自殺。這樣的憂鬱狀態充滿顯示對於客體的愛恨矛盾，它不一定和生離死別有關，也許只是對原本投注慾望的客體失去興趣。

　　melancholia在佛洛伊德之後不再是一個廣泛使用的臨床用語，充其量不過是精神疾病分類的一個註腳。生物學導向的精神醫學傾向從基因結構、生物化學元素和生理功能的不足、過量或失能來界定包括憂鬱症的精神病變，不尋求心理層面的病因，這樣的發展自然和心理學或精神分析的解釋模式形成拉扯。憂鬱症是否被過度診

斷和詮釋,以至於生物個體適應環境與生活狀況而引起的哀傷、沮喪、倦怠等常態性情緒,也被診斷為憂鬱症?這樣的提問正是雷維茲(Allan V. Horwitz)和維菲德(Jerome C. Wakefield)合著的《我的悲傷不是病:憂鬱症的起源、確立與誤解》(*The Loss of Sadness: How Psychiatry Transformed Normal Sorrow into Depressive Disorder*)的主旨。不論如何,面對憂鬱或哀傷的問題,首要之務也許是減輕或解除罪惡感的負擔,畢竟愈來愈多人飽受憂鬱(症)的折磨是不爭的事實。

第三章
煩悶簡史[1]

那些我都明瞭,都明瞭⋯⋯

如同夜晚、清晨、午後那般熟悉。

我一直用咖啡湯匙丈量我的生活⋯⋯

那些眼神我都明瞭,都明瞭⋯⋯

那些眼神用一句套語把你固定,

當我被釘在牆上蠕動著,

我該如何開始

吐出我的人生歲月和道路的碎片?

我還能怎麼想?[2]

---

1 Boredom、*ennui*(法文)、*Langeweile*(德文),在本書之中文隨語境所需譯為「煩悶」、「厭煩」或「無聊」。

2 原詩句為:For I have known them all--- / Have known the evenings, mornings, afternoons, / I have measured out my life with coffee spoons . . . / And I have known the eyes already, known them all--- / The eyes that fix you in a formulated phrase, / And when I am pinned and wriggling on the wall, / The how should I begin / To spit out the butt-ends of my days and ways? / And how should I presume?

——艾略特（T. S. Eliot）〈阿爾弗瑞德・普魯佛洛克的情歌〉（"The Love Song of J. Alfred Prufrock"）

奧地利小說家穆齊爾（Robert Musil, 1880-1842）的代表作《沒有個性的人》（*Der Mann ohne Eigenschaften, The Man without Qualities*, 1943）描述烏爾里希（Ulrich）原本夢想要當軍官、工程師和數學家，變成「一個著名的人」，但都功敗垂成，沒有令他滿意的結果，逐漸退縮到死板且平庸的現實生活，對現實採取被動消極的反射動作，也就是成為一個「沒有個性的人」。烏爾里希的境遇，如同普魯佛洛克的處境，彷彿是現代人一成不變、煩悶與倦怠存在的最佳寫照，也像是現代社會規格化的「單面向的人」的寓言故事。

前面提到埃瓦格里烏斯條列了八種「惡魔的誘惑」，奠定了基督教七宗罪」（the Seven Deadly Sins）的思想基礎。這八種「惡魔的誘惑」裡的怠惰也包括煩悶。他認為怠惰引誘僧侶背離上帝對修士的靈魂召喚，讓他們忽視他們的靈魂職責。他將這種狀態命名為"acedia"（ἀκηδία）或「正午惡魔」（noonday demon）。正午惡魔攻擊修士讓他看到太陽好像都靜止不動，開始厭倦獨居房、工作甚至整個生命。對於宗教事務和信念感到索然無味，受到惡魔誘惑追求更便利和滿足的生活。修士覺得生命似乎無盡延長看不見邊際和終點。宗教思想學者莫蘇林瓊（Sharday C. Mosurinjohn）認為埃瓦格里烏斯這樣的描述涵蓋了她要談的煩悶的元素：「時間的變形和意義的崩解」（17）。按照這樣的角度，我們可以進一步思考煩悶如何是一種人類存在的情境，牽涉外在世界和內在世界的時間的不協調，具有社會歷史和形而上的面向。

古德斯坦（Elizabeth Goodstein）在她的煩悶研究經典之作《沒

有特質的經驗：煩悶與現代性》（*Experience without Qualities: Boredom and Modernity*, 2005）指出，煩悶讓經驗孤立、失去連結，世界變得模糊灰白，那是一種遭遇虛無的狀態。當我們用「煩悶」來命名經驗，反而顯示經驗的不可命名，或是語言的界限與匱乏：簡單來說，那是一種「沒有特質的經驗」（1）。自我失去偽裝，不再能區分「這裡」和「那裡」、「此時」和「彼時」；煩悶主體覺得時空經驗似乎無盡延長，失去與世界的連結，也失去興趣、滿足和意義。這是一種虛無主義的情境，一切似乎變得沒有意義、無關緊要。

不論是古典希臘羅馬文學裡的「乏味的生活」（*tedium vitae*）或「惡地」（*horror loci*）、上述早期基督教文獻裡的 "*acedia*"，都與我們現在所使用的語彙「煩悶」或「無聊」有所重疊。然而，現代社會裡的厭煩顯示的身心困境或對於厭煩的關注，都不是先前任何一個時代所能比擬（Gardiner and Haladyn 5）。"Boredom" 一詞的使用約略可以回溯到1760年代，之後漸漸成為通用的語彙，在十九世紀衍生出動詞 "to bore" 和形容詞 "boring" 的用法。簡單來說，現代的厭煩比較是情感上的單調乏味和無可奈何的冷漠，沒有先前文獻裡那種對於回不去的快樂時光的懷舊感傷（Gardiner and Haladyn 5）。十八世紀後半葉和十九世紀的歐洲不乏關於厭煩無聊的書寫，包括歌德的《少年維特的煩惱》、狄更斯的《荒涼山莊》、福樓拜的《包法利夫人》等等都是代表作品。格外關注個體的存在的法國浪漫主義畫家德拉克羅瓦（Eugène Delacroix, 1798-1863）透過其畫作，表現煩悶的感受源自歌頌個人自律和自由的時代氛圍，當那種自由沒有被實現或保存，就會引發一種無意義的感受，使得人們質疑生命的目的（Gardiner and Haladyn 6）。

十九世紀以降的歐陸哲學不乏對於煩悶剖析。叔本華（Arthur Schopenhauer, 1788-1860）的《作為意志和表象的世界》（*Die Welt als Wille und Vorstellung, The World as Will and Representation*, 1818）談到，人類有限的存在面對無限的時間與空間，事物不斷變動，特別是與意志力相互衝突，因此產生存在的虛無或荒謬感。主體不斷努力追求滿足，等到暫時達到目標，又開始覺得空虛無聊，覺得活得沒有價值。齊克果（Søren Aabye Kierkegaard, 1813-1855）在《非此即彼：一段生命的殘片》（*Enten-Eller. Et Livs-Fragment, Either/Or: A Fragment of Life*, 1843）留下「煩悶是所有邪惡的根源」（227）這樣的金句，隨即補充說明，閒散或無所事事是現代文化裡每一個個體都必須面對的挑戰，個體要努力才能在無所事事的狀態得到滿足，否則就會感到煩悶（230）。言下之意，煩悶意謂著一種沒有內容的狀態，危及個體的存在感（Gardiner and Haladyn 7）。

齊克果和叔本華存在主義視角下的煩悶，到了二十世紀初的海德格（Martin Heidegger, 1889-1976）有了更系統化的現象學論證。海德格從「此在」（dasein）與時間、生命世界和存在的可能性的關聯談幾個不同層次的煩悶，我會在後續的章節裡仔細爬梳。班雅明（Walter Benjamin, 1892-1940）在他有關現代抒情詩式微和機械複製的論文裡，借用「生產線工人」和「賭徒」的形象描繪現代社會的經驗和記憶的萎縮。生產線工人終日重複相同的機械操作，他們的經驗無法連貫和累積成知識和技能，他們已成為巨大的生產機器體系或現代文明的機械化動力的一部分，失去自主性和獨特性。賭徒的經驗一樣是斷裂的，每一次下注的或然率和經驗都是分離的，無法累積成任何有意義、有機的整體；就像是多買幾次威力彩，並不會讓你更靠近頭彩獎金。於是生產線工人和賭徒成了經驗空洞

化、欠缺實質內涵的象徵，也是煩悶的現代經驗的化身。班雅明在他的〈說故事的人〉和生涯中最宏大但未完成的《拱廊街計畫》也將煩悶理解成機械化和都會化生活的經驗萎縮引發的反應。

　　班雅明的摯友鄂蘭（Hannah Arendt, 1906-1975）的重要概念「平庸的邪惡」（the banality of evil）濃縮了布爾喬雅主體或現代凡人（everyman）的平庸與沉悶的存在最令人頭皮發麻的情境。類似像艾希曼犯下「最終解決方案」的罪行，不需要任何形而上的、惡魔般的動機和理由，而只需要一個懂得維持「體面的」日常和社交生活的「顧家型男人」（*paterfamilias*）。他不需要突出於人群之中，他可以是一個沒沒無名的群眾之人（mob man），懂得見風轉舵求生存。艾希曼的平庸的邪惡顯現在他習慣使用的陳腔濫調和成語之類的制式語言，顯現他已經無法用自己的方式說話和思考，這樣的人也已失去創造性，更別說是感受他人的受苦。

　　上述的哲學速記有助於我們理解現代社會的煩悶、乏味或無聊，值得有興趣的讀者深入原典細究。本書在往後的篇章裡會有更完整的論證，特別是連結到當前科技文化現實的倦怠。在此簡單來說，煩悶和疲乏，或者我們可以借用朵夫曼（Eran Dorfman）的用語「煩悶－疲乏」（boredom-fatigue），總是不斷擺盪於「太少」和「太多」、或「匱乏的」和「過量的」狀態之間，離不開科技時代的生活加速和沉滯同時存在——也可以說是「快到麻痺」——的怪異狀態（Dorfman 180, 182）。

第四章
世紀末頹廢
（*Fin-de-siècle* Decadence）[1]

十九世紀是一個混合了樂觀主義和悲觀論的獨特時代，一方面有對科學、技術和歷史進步的信心，另一方面充滿存在的憂慮和焦慮，在包括齊克果、叔本華、杜斯妥也夫斯基、波特萊爾等哲學家、小說家和詩人那裡特別顯著。孔德（Auguste Comte, 1789-1857）、聖西門（Henri de Saint-Simon, 1760-1825）、傅立葉（Joseph Fourier, 1768-1830）、普魯東（Pierre-Joseph Proudhon, 1809-1865）等思想家就都對進步抱持樂觀信念，但也認為他們的時代是一個頹廢和危機的時代（Swart ix-x）。

如果拉開歷史視角，我們會發現生活在消逝和危機年代的感受和想法幾乎和人類歷史一樣久遠，古代的宗教和神話傳說就充斥這種衰敗和危機感的宇宙觀，訴說人類社會如何遭受罪惡和俗民墮落的重大威脅。有許許多多失去純真和逐步敗壞走向最終毀滅的故

---

[1] "Decadence" 在此是語境譯成「頹廢」或「衰敗」。

事，歷史哲學也總是在談論著人類社會如何脫離不了這樣的永劫回歸（eternal return）。古典世界的文學、史學和政治哲學並非都沒有樂觀主義的思想，潘朵拉的盒子就是最好的印證，但是似乎總是把衰敗看成一種不可逆的自然法則，人們多少抱持一種命定的態度看待和接受它，比較不像現代人為之感到憤恨不平（Swart 1-4）。對於像維柯（Giambattista Vico, 1688-1744）、史賓格勒（Oswald Spengler, 1880-1936）、湯恩比（Arnold Joseph Toynbee, 1889-1975）這些現代的循環論歷史哲學家而言，羅馬的崩落是歷史進步的信仰者和任何其他文明必須學習的一課：歷史並非都是循著直線軌跡發展（Swart 7）。

　　猶太教文明相信，歷史的演變在神明旨意的主導下，走向世界終結，開啟永恆生命。基督教傳統大致延續猶太教文明的影響，悲觀的墮落和敗壞感主宰了整個中古世紀。那時候的人們相信人類的墮落無可避免持續到最終審判，衰敗對他們而言並非自然法則，而是上帝考驗選民的謀劃（Swart 7-14）。文藝復興時代帶來世俗化和樂觀的歷史觀，但隨著西班牙和義大利的政治和經濟衰敗，也發展出新的衰敗感。即便義大利人對自身藝術和建築成就的優越感絲毫不減，把歐洲其他民族看成野蠻人，法國在一四九一年的入侵對許多義大利人而言宣告了義大利的衰敗，遠離公眾生活、消沉命定的生活態度和世界觀被當成是這樣一個黑暗的時代最佳選擇。連馬基維利也沒有擺脫這種衰敗感，比較特別的是他的衰敗感頗具現代意義，因為他沒有表現對於光榮過往的懷念，也不是為了基督教道德的式微，而是有感於公民品德和共和主義理想的喪失（Swart 21-23）。反觀十六、十七世紀的西班牙則是瀰漫著一種經濟和技術落伍、整個國家每下愈況的自卑感。一六一九年的卡斯提亞（Castile,

西班牙王國舊名）皇家會議甚至宣告整個國家病入膏肓，需要截肢才能存活，小說家雷耶斯（Matìas de los Reyes, 1581-1640）則是抱怨年輕世代欠缺男子氣概、怠惰、奢侈、沉溺賭博女人和劇場（Swart 25-29）。

　　法國作為十九世紀末的頹廢重鎮並非憑空而來，法國的衰敗感比起歐陸其他國家似乎都來得更為深遠。法國在前現代時期就逐漸成為歐陸新霸權國家，對於歷史進步抱持樂觀態度，但好景不常，十六、十七世紀國內教派和各種政治勢力相互傾軋，整個法國到十六世紀末久已經瀰漫著陰沉的心理氛圍。雖然科學和哲學的成就讓經歷宗教和政治鬥爭的法國恢復民族自信，但是很快又受到各種悲觀的潮流侵襲：人文主義者和政治評論者強力批判獨裁體制，喀爾文教派和楊森主義（Jansenism）運動相信人類具有罪惡和墮落的本質，類此種種。

　　十八世紀的法國持續在樂觀論與悲觀論的糾葛中渡過。啟蒙思潮為法國帶來時代的優越感和對於未來的信心，走向十八世紀末誓言摧毀所有偏見、無知和壓迫的革命狂熱。但是這並非是毫無節制的樂觀主義，類似孔多塞（Marie Jean Antoine Nicholas, marquis de Condercet, 1743-1794）的知識分子哀嘆知識的衰敗、野蠻主義和奴隸制度，基督教會繼續預言充滿罪惡的世紀的到來。反哲學家陣營（包括Louis-Antoine Caraccioli, Jean Antoine Rigoley de Juvingy, Gabriel Sénac de Meilhan, Simon-Nicholas Henri Linguet等）對法國當時的文明形勢提出灰暗的詮釋，他們認為外國文學會帶來有害的影響，也警告空想主義（utopianism）和主知主義（intellectualism）的危險。危機感最深刻的非盧梭莫屬，當時社會的虛偽和不道德讓他作噁，歷史發展對他而言是一個原初社會的美德逐漸退化的過程。有趣的

是，盧梭譴責的卻受到薩德侯爵的歌頌：墮落是追求幸福的前提，人們應該縱情於變態的享樂，釋放出自然生命的動力。樂觀論和進步主義在一七八九年革命到達高峰，但是隨之而來的血腥暴力讓革命被貼上「反基督統治」和「世界末日」的標籤（Swart 35-42）。

十九世紀末頹廢的國際政治背景映照出一八七○年戰爭之後的法國在世界各國中的地位下降，對於和德國與英國的衝突感到惶恐，法國政治局勢也極度不穩定。decadence在現代語境中表示文化衰敗、哲學悲觀主義、科學主義的危險言論，身體、心靈甚至種族的退化等意涵，也可以泛指十九世紀中後期從浪漫主義過渡到現代主義的各種文學與文化活動（Weir xvi）。

「頹廢」模糊不明的意涵一直都是學術研究的難題。史瓦夫（Koenraad W. Swarf）在他的《十九世紀法國的頹廢感》（*The Sense of Decadence in Nineteenth-Century France*, 1964）將「頹廢」等同於一種回應歷史現實的悲觀、危機、衰退、腐敗和毀滅的感覺；文學頹廢則表示從法國浪漫主義發展到十九世紀末的文學運動的撒旦崇拜、個人主義和美學主義。普拉茨（Mario Praz）的《浪漫的苦惱》（*The Romantic Agony*, 1951）把頹廢定義為「梅杜莎之美」，也就是致命的吸引力，或是薩德侯爵作品裡的那種情色感性。但是並非所有研究者都像史瓦夫和普拉茨把世紀末頹廢看成浪漫主義的後續發展潮流，例如卡特的《法國文學裡的頹廢理念，1830-1900》（1958）（*The Idea of Decadence in French Literature, 1830-1900*）就把頹廢風潮定義為對浪漫主義以及它對於原始自然的反撲，歌頌對於人造性的喜愛。也有研究者例如卡林內斯庫（Matei Calinescu）的《現代性的五副面孔：現代主義、先鋒派、頹廢、媚俗藝術、後現代主義》（*Five Faces of Modernity: Modernism, Avant-Garde, Decadence,*

Kitsch, Postmodernism, 1987）把焦點擺在頹廢風潮和後續（特別是現代主義）文學文化發展的關係。大部分法國學者則傾向將頹廢看成一個獨立的斷代，表現革命式的安那其主義（anarchism）和年輕的叛逆，和象徵主義與現代主義美學緊密相連（Weir 2-4, 7-9）。

匈牙利醫師和作者諾道（Max Nordau, 1849-1923）的《退化》（*Degeneration*, 1893）描繪了頹廢寬廣的社會文化脈絡。諾道把世紀末的心境連結到病人無能的絕望，那是一種糾結了性和死亡的心境，可稱之為「文化病症」（cultural pathology）。這也許不是十九世紀末專屬的病症，我們也許也會在二十、二十一世紀交替的年代看到這種世紀末的情感氛圍。諾道指出退化的兩個原因。一方面，人類運作的計算系統無法掌握時間的運轉軌跡，（當時十九世紀末）即將到來的二十世紀似乎背負著承重的宿命論。另一方面，工業化的發展達到前所未有的速度，使得未來變得極不確定。這些現象對十九世紀末的人來說，形同我們在當前的數位時代所面對的「資訊超載」（information overload），一切的發展都導致大腦和神經系統的倦怠。歇斯底里和神經衰弱會在十九、二十世紀接替之際成為歐美的「流行病」似乎並非偶然。諾道作為一個醫生並不怎麼同情那些病人，事實上他擁護達爾文的「自然天擇」，把那些「退化」的人看成歷史進步的障礙。

波特萊爾（Charles Baudelaire, 1821-1867）和小說家於斯曼（Joris-Karl Huysmans, 1848-1907）堪稱法國頹廢派代表人物。舉例而言，波特萊爾的〈屍體〉（"Une Charogne," 英譯為 "A Carcass"）在詩歌的小宇宙裡體現了十九世紀晚期的弔詭：一方面是著迷於腐敗的過程和徵狀所孕育的生命和能量，另一方面則是將文明類比為屍體，撫育著一種頹廢的感性，似乎文明的養分來自自身毀滅的前

景。敘述者帶著科學家的眼光和多愁善感的反諷看待死亡，突顯浪漫與寫實、宗教與科學、靈性與悲觀地接受現實之間的衝突。本詩也不乏厭女的元素，女人被描繪成孕育疾病和死亡的生物，性交帶來無可避免的毀滅，但這種厭女的元素似乎又和對於性變態的熱愛形成一種動態的和諧（Weir xii-xv）。

於斯曼的小說《逆流》（*À rebours*, 1884, 英譯為 *Against Nature*）主人翁笛賽桑特（Duc Jean Des Esseintes）是一個神經質、貧血、厭世的貴族子弟，對一切事物失去興趣，厭惡俗氣、愚蠢的社會和唯利是圖的中產階級，他是世紀末頹廢美學文青的化身。笛賽桑特嘗試各種方法想擺脫倦怠感，例如研究、社交和性活動，但生命能量最終還是消耗殆盡。他隱身郊區，沉溺於室內設計，這樣的怪僻完美地呼應他衰弱而神經質的心神狀態。小說泰半的敘述也就環繞在他這種頹廢的嗜好的細節。笛賽桑特還醉心於圖書館藏書特別是羅馬滅亡的歷史，他極為推崇波特來爾和馬拉美，視其為病態心理學、傷害、痛苦和絕望專家（Schaffner, *Exhaustion* 101-02, 105）。彼特曼（Dominic Pettman）認為笛賽桑特退所到一種官能症的封閉的慾望，他身受「時不我予」的感受所苦，整個時代都讓他感到乏味，但是他不算錯過狂歡，比較像是處在「狂歡之後」（after the orgy）的狀態。這種時不我予的頹廢和倦怠感沒有什麼啟示論的特質，像笛賽桑特同樣活在「狂歡之後」的年代的人們無法確定未來會發生什麼，他們深陷在無止境的退縮和歇斯底里或是「時間終結」的傳染病，如同二十世紀最後那幾年的Y2K恐慌（Pettman, *After the Orgy* 102-03）。

第五章
文明及其倦怠

　　尼采在他的第一本書《悲劇的誕生》對蘇格拉底代表的希臘哲學和文化發出猛烈批判，認為他的形上學思想體系促成希臘悲劇文化的崩落，尼采終其一生也從類似的角度批判基督教思想和道德體系。對他而言，頹廢意謂著卓越理想的墜落。弔詭的是，對真理和救贖的追求，或任何病症、墮落的解藥，就是頹廢的症狀。頹廢對尼采而言不僅止於思想層面，更擴及體質、自我、社會文化創造和世界觀。蘇格拉底過度膨脹理性，乃至於否定生命；尼采所追求的高貴和卓越顯現於美學和社會有機的統合，那也是對生命潛能的肯定。

　　也許我們對「倦怠是現代文明病」這樣的說法感到熟悉，但前面的討論揭示倦怠和相關的心理症狀並非現代人的「特權」。我們也都明瞭古老的年代和現代社會在與倦怠相關的諸多面向都存在著差異，比如說，不同的醫學體系和生產模式，發展出不同的倦怠症狀、診斷和治療。倦怠研究自然就必須兼顧普同性與特殊性、跨歷史與時代性。「文明及其倦怠」這樣的標題毫無疑問是刻意諧擬佛洛伊德經典《文明及其不滿》（*Civilization and Its Discontents*）。在

上述反思的前提下,本書的第一部聚焦在現代社會的倦怠,這並不妨礙我們試圖從佛洛伊德精神分析的角度,反思文明的本質到底出了什麼問題,不滿、不幸福、痛苦、罪惡感乃至於自我凌虐和壓迫的根源到底為何。

《文明及其不滿》的德文原著 *Das Unbehagen in der Kultur* 於1929年出版,是佛洛伊德感慨俄羅斯革命演變成史達林政權的內心寫照。德文 *Unbehagen* 一般譯做法文 *malaise* 與英文 discontent,可指個人、整個階級或國家人民欠缺滿足和抑鬱的心情。人類文明發掘和實現的幸福與滿足如此稀少和短暫,似乎不幸福才是常態。不幸福源自人類的肉身、外在或自然世界的危險與社會的苦難。罪惡感和壓抑的侵略性向外投射,變成具有社會用途的本能衝動;也就是說,文明的社會機制將壓抑的侵略性導向社會認可的用途。這樣的投射與轉移突顯了「死亡本能」(*thanatos*)與「愛欲」(*eros*)的拉扯構成了文明變遷的動力,是整部《文明及其不滿》的主旨。

《文明及其不滿》延續了佛洛伊德一九二七年的 *Die Zukunft einer Illusion*(《幻象之未來》,英譯為 *The Future of an Illusion*)對宗教信仰的精神機制進行批判。佛洛伊德在全書一開始表達了對好友羅曼・羅蘭(Romain Rolland)的宗教觀有所保留和懷疑的態度。羅蘭認為宗教是一種「大海般廣闊無垠的永恆感」(Freud, *Civilization* 24),但佛洛伊德認為那樣的說法沒有科學依據,沒有辦法解釋人的身體與心靈經驗。佛洛伊德依據他的精神分析理念,指出宗教需求源自嬰兒時期的無助和對於「父親」的想望和依賴,因為人們一直對命運的優勢力量感到恐懼;和自然或宇宙合而為一的想像如同一種防禦機制,抵擋外在世界帶來的威脅。自我(ego)的統一和獨立只是表象,根本上和外在世界與無意識心靈並沒有清

楚而穩固的區隔；自我無時不刻不受到各種內在和外在力量的干擾。自我依循著「享樂原則」（the pleasure principle）遠離痛苦，但是「現實原則」（the reality principle）的運作又讓內在與外在世界分離，慾望與現實產生衝突，自我無法得到滿足，這樣的分離反而成了痛苦或心理症狀的根源。

在有關宗教的問題上，佛洛伊德引述他在《幻象之未來》裡的說法，把神的形象詮釋為地位崇高的父親，宗教的情感為世界之謎提供一套解釋，讓信仰者想望苦難在未來能得到補償。這樣的宗教對佛洛伊德而言，如同「緩解措施」、「替代性滿足」和「麻醉藥」（Freud, *Civilization* 41）。從整個心靈機制來說，避免痛苦和受苦變成控制內在需求和本能生命的問題，讓本能得以轉移和「昇華」（sublimation），不會因為不滿足感到痛苦。佛洛伊德似乎有些悲觀或憤世嫉俗地認為，只有少部分的人能夠真的從心靈和理智的工作中得到滿足，藝術能夠提供的也只是「溫和的麻醉」和短暫的脫離，它的效用沒有強烈到讓人忘記真實的苦難。當外在現實變得無法忍受，人們甚至會像個偏執狂脫離現實，建構出某種妄想結構，藉此修正或扭曲現實；佛洛伊德認為人類的宗教就具備群眾妄想的功能（Freud, *Civilization* 50-51）。

文明無法讓人脫離苦難，科技無法完全宰制自然，人們想像原始社會和種族比現代人幸福和滿足，於是將一切不幸歸咎文明；佛洛伊德認為我們可以從這裡進一步看到文明的官能症（neurotic）本質。文明對於自然和人類身體都要求維持潔淨，崇尚較高等的心智活動、科學和藝術成就，朝向功效、愉悅和進步的目標前進。在文明發展過程中，群體的權力取代個人的權力，限制個人自由，要求個人犧牲本能，接受法律的統治，維持公共的正義。工作的本能

和愛則是維繫文明的兩大支柱。工作本能出自生存的外在條件所需,愛則出自不願意放棄原始的性對象:男人不願意放棄女人,女人不願意被剝奪自己的小孩。人們被要求將愛欲本能轉化為普世之愛,求取內在的幸福感。然而,佛洛伊德認為只有非常少數有大智慧的人才有能力達到普世之愛的理想。愛欲本能因此總是受到抑制和帶有缺憾,具有威脅文明體系的潛在危險。文明機制採取一些預防措施限制性衝動和活動,最主要的是把性對象限定在相反的性別,禁制許多性快感的滿足,這些限制和禁制成了不滿足和不正義的根源,佛洛伊德因此說,「文明人的性生活受到嚴重的損傷」(Freud, *Civilization* 86),這些不滿足、不正義和損傷在在顯示文明的官能症本質。

《文明及其不滿》另一個有關侵略性和愛的難題就是「愛鄰如己」,那是西方基督教文明和社會道德的支柱,是從齊克果到拉岡精神分析、當代哲學與倫理學持續闡述與論爭的議題。基本上「愛鄰如己」愛的是在鄰人身上的我的理想自我(ideal ego),但是鄰人同時也是我嫉妒、侵犯或傷害的對象。「他們的鄰人不只是可能的助手和性愛對象,也會引誘他們在他身上滿足其攻擊性,剝削他的勞力而沒有任何補償,不經他的同意就對他發洩侵略性,霸佔他的財物,羞辱他,讓他痛苦不堪,把他凌虐致死」(Freud, *Civilization* 94-85)。我們若隱藏作者佛洛伊德的名號,讀者會不會誤以為這段話是出自史蒂芬金小說、大衛林區、昆丁塔倫提諾之作,或什麼性變態、性虐待的恐怖電影?佛洛伊德似乎在這個環節上,看到人類的侵略性本能和彼此的敵意是文明內在的問題,是造成文明社會崩解的主因。他對於馬克思主義廢除個人財產和廢除家庭和婚姻制度的基進主張沒有多少信心,甚至認為那些主張會更強

化人類的侵略性,但同時他認為領袖在美國式的多數民主制度中已經失去重要性,一樣面臨危機(98, 101)。

　　佛洛伊德晚期的著作,如同《文明及其不滿》顯示的,特別關注侵略性的問題,他的本能理論也是在這個階段大致完備。侵略性並非單方向地往外投射(project)或施加在他人,同時也會內化或「內攝」(introject),也就是侵略性會以自我的一部分作為施暴的對象,這也顯示超我和自我間的拉扯衍生出罪惡感,以及一種自我懲罰的需求。受到外在權威的影響和制約,當自我有了「偷吃步」的念頭,就會受到超我的譴責;但是在佛洛伊德晚期的著作裡,超我變得更無所不在、更具侵略性、更會挑起自我的焦慮,無所不用其極尋找機會懲罰自我,引發無止境的罪惡感(116-17)。

　　整個來說,佛洛伊德透過《文明及其不滿》要表達的主要訴求是化解文明的障礙,也就是人類彼此施加侵略性的構造傾向,但他同時也感慨,「我們為了文明的進步,罪惡感持續的升高,因而付出失去快樂的代價」(131-32)。《文明及其不滿》不單純是一本精神分析思想著作,儼然已是西方政治哲學和文明史批判。佛洛伊德之後的人文思想著作,包括馬庫色(Herbert Marcuse)的《愛欲與文明》(*Eros and Civilization: A Philosophical Inquiry into Freud*)與巴特勒(Judith Butler)的《非暴力的力量:政治場域中的倫理》(*The Force of Nonviolence: The Ethical in the Political*),都持續以本書作為闡述和對話的對象。

第六章
從資本主義精神到資本主義新精神

當類似「神經衰弱」的身心症被理解成「現代文明病」，或是能量和意志力耗弱和枯竭的疾病，醫學家和學術研究者自然會關注倦怠和現代資本主義勞動和生活方式的關聯，也就是說，他們企圖從物質主義的角度提供倦怠一些外在的實質基礎，人類的意識、慾望、情緒乃至於神經系統，都因此和能量與生產力產生連結。「神經衰弱」也會因此被歸結為自由市場經濟、都市化、對於時間和工作的態度，以及更科技導向的生活步調所產生的壓力；倦怠不在只是牽涉個人的內在生命和身心健康，更關乎整體社會發展（Schaffner, *Exhaustion* 117）。科學進步隨之而來的是理性化勞力分化、工業化和科層體制化，徹底讓工作和生活的節奏必須接受包括時鐘時間、生產力計算等抽象法則制約。

事實上我們可以在這個環節對時間進行更深入的哲學思考，一個可行的思考出發點是把時間看成被科技和各種活動與實踐所決定和中介的社會現象，而這樣的「社會時間」與所謂的「自然時間」或主觀的時間體驗有所區隔。毫無疑問，資本主義和時鐘時間的霸權在這時間社會化過程中扮演舉足輕重的角色。古代人當然有有他

們自己丈量和計算時間的方式，不論是透過日月星辰運轉、潮汐、日晷、沙漏等等，但是直到現代社會時鐘才成為管理勞動、生產、貿易和社會關係的霸權科技。自此開始，人們因為各種時間刻度、間隔、時程和期限而疲於奔命，逐漸失去時間的主控權。時間甚至變成最珍貴昂貴的商品，甚至是讓一切事物都被吸納進去一種扁平化的抽象框架，脫離具體、親近、真實的經驗（8）。而對於資本主義體系裡的勞動者而言，他們不只和生產工具分離，他們也和勞動與生產活動的資本主義社會時間分離。商品化或物化總是不離獲利的計算，但利益總是被資本家獨佔，勞動者做得愈多，愈發覺得脫離自己的時間和勞動成果。

另一方面，現代資本主義意識型態或文明觀將息息相關的「生產」、「發展」、「進步」、「健康」等提升為崇高的價值，害怕累積的疲勞將導致社會失去道德約制和國家退化。神經衰弱或其他的身心症和精神疾病被當成反抗工作或者失去生產效能。正因為如此，許多療養院都施行「工作療法」，也就是說，工作被認定有助於恢復身心能力和道德責任感和履行社會義務。

資本主義並非只是成本和利益計算的經濟運作場域，也不只是傳統馬克思主義裡的「基礎建築」，而是發展出一套價值、思想甚至世界觀體系，也就是「資本主義精神」，支撐它的運作。眾所皆知的韋伯（Max Weber）就是從資本主義精神，而不是從資本累積，理解資本主義的運作和發展，他也強調這樣的歷程和新教倫理的同盟關係。包括像「時間就是金錢」、守時、勤儉、專注等工作和生活原則，都是新教和資本主義精神的倫理原則。特別是喀爾文教派不僅不會像清教譴責累積財富，把財富看成是誘惑，甚至認為只要能善盡職責和嚴守紀律，就能夠透過財富彰顯神的榮耀。努力工

作，避免把時間浪費在無謂的活動，變成了喀爾文教派和資本主義的禁慾技術和工作倫理。現實生活中的韋伯則是因為工作過度勞累而精神崩潰，深刻體會過度消耗神經能量或過度刺激神經系統的結果就是倦怠的反撲（Schaffner, *Exhaustion* 119）。更根本的問題是，也許在我們這個時代裡，資本主義精神已經轉型，努力工作、增加自己的生產力和競爭力已經不再有顯而易見的新教倫理，但是會不會各種生涯規劃和管理、迅速致富、賭博式的投資被當成這個時代的救贖？

波坦斯基（Luc Boltanski）和希佩洛（Ève Chiapello）的《資本主義新精神》（*Le nouvel esprit du capitalisme*, 1999）[1]所完成的工作就是從法國社會的變遷探討資本主義精神的轉型。根據波坦斯基和希佩洛的研究，一九六〇年代末期到一九七〇年代和八〇、九〇年代形成強烈對比。一九六〇年代末期到一九七〇年代的法國社會運動和工會主義風起雲湧。雖然並非所有運動都是以勞工階級為主體，但是社會立法改革帶來的價值重新分配讓薪水階級獲利，顯示企業領袖比較沒有能力掌控勞力。八〇、九〇年代的法國（或其他歐美國家）除了少數的人道救援行動之外，社會運動顯得頗沉寂，工會組織似乎有些失去方向感，勞雇關係也在這個時候變得有些危急。

波坦斯基和希佩洛將資本主義的發展分為三個階段：一、以小型家族企業為主的布爾喬雅資本主義（十九世紀末至二十世紀初）；二、大型工業公司階段（1940-1970），大量生產和國家經濟政策為主要特質；三、網際網路和生技全球化金融與生產（自一九八〇年代至今）。他們將「資本主義精神」定義為「證成人們對資本主

1　英文版 *The New Sprit of Capitalism* 於 2005 由 Verso 出版。

義的忠誠、並且讓那忠誠看起來很吸引人的一套意識型態」（2）。《資本主義新精神》特別關注資本主義精神和對資本主義的批判兩者的構造性關聯。資本主義會納入對它的批判以穩固和擴大支持；「資本主義的敵人」提供資本主義所欠缺的道德基礎。波坦斯基和希佩洛區分了兩種批判資本主義的形式：「社會批判」關注個人主義世界的不公平、困苦、剝削和自私，「藝術批判」則強調生活形式的選擇、個人自主權和獨特性的理想。粗略來說，新資本主義精神的出現就是對藝術批判的一種回應。「資本主義新精神」不再依賴階級森嚴的組織，偏好持續競爭、變化、彈性、創新等運作原則，透過網絡和專案的方式讓組織精簡化，但更具運作效能。這種運作模式需要的不是由上而下的威權，而是具有遠見的「經理」、「教練」和「專家」，讓被管理者保持自律性和創造力。資本主義新精神也造就了新的功績主義社會重視流動性和在網絡結構中力求表現的能力，每一個「專案」都是證明自己存在價值的機會。

　　在這裡我們可以針對以上的討論稍作整理，並試圖提出一些暫時性的結論。倦怠不僅顯示身體和心靈的症狀，也會影響社會群體的運作，但它並非現代社會專屬的現象。從古至今，不同的歷史階段出現各種有關倦怠的身心靈症狀的不同理論、術語和標籤，有不少理論或多或少帶著道德規訓的眼光強調意志力和職責，把倦怠看成是意志力的耗弱，當然也有從神學和宗教的立場，把倦怠視為怠惰，是一種該受譴責和懲罰的罪過。在我們所處的新自由主義或資本主義新精神時代裡，也許不太有人為了彰顯上帝的榮耀或來生的救贖而辛勤工作，但是卻存在著各種以「彈性」、「管理」和「投資」為名的規訓甚至壓榨剝削。

第七章
我們如何走到這個令人疲憊不堪的時代？

　　本書的主旨之一是考察我們是如何走到這個倦怠成為普遍現象的時代，這樣的任務姑且可以——借用具有尼采－傅柯色彩的詞語——稱為「現時系譜學」（genealogy of the present），目的在於揭露各種隱藏或深層的脈絡與衝突，藉此重新評估當下的現象與經驗。後續的章節都會有更多細部的討論，在此導論僅提供讀者一些概括性的描述。

　　我們如何走到這個令人疲憊不堪的時代？倦怠必然牽涉到心靈、身體與環境間的複雜關聯，人類學者、歷史學者、社會學家和文化評論者把歷史過程中的各種倦怠症狀的擴散，包括神經衰弱、歇斯底里、憂鬱症、慢性疲勞症候群（CFS）等等，歸因於「現代社會及其不滿」。工業化、都市發展、官僚體系、自動化生產、快速的交通運輸和生活節奏都被看成是病因，當代的金融資本主義與數位科技、更緊迫的資本競爭、更彈性化的勞動模式等等，似乎也都是倦怠的催化劑或加速器。這樣的判斷理由在於人類的身心能量

有限,現代社會的各種認知、情緒、時間和移動的要求和壓力大幅增加,耗盡個人有限的能量。

　　從一個宏觀的歷史角度來說,倦怠彷彿歷經各個不同生命階段,在不同時代表現不同的樣態,倦怠的研究與診治也經歷了一連串的「典範轉移」,從早期的機械反射理論,到婦產科、內分泌學和免疫學,再到精神分析、心理學和神經內科,在在顯示倦怠相關的身心症狀神秘不可捉摸的本質。這些醫學知識體系與實作牽涉到對於病症的定義、分類、診斷與治療,各自有其政治、經濟、社會和技術條件。對於倦怠的理解不可能脫離醫學,但是我們不可能把它簡化成只是身體或器質性的問題,如同我們也不應該這樣理解精神疾病。有關於倦怠,或範圍更廣的病痛,即便我們不可能完全脫離醫學治療,但是必須關注整個「醫學化」(medicalization)的過程。換句話說,我們應該把倦怠理解為各種人員、話語、行動和權力建構的結果,就是一種「社會受苦」(social suffering),甚至從哲學的層次來說,受苦或痛苦都必然是社會性的。即便各種類型的倦怠在當前的時代裡相當普遍,倦怠作為一種社會受苦或健康的問題不見得已經獲得重視;它在整個醫療體系分工的地位仍然妾身未明,不僅需要長期追蹤,更需要跨科別整合性的診斷和治療。當我們把倦怠視為一種社會受苦,我們更需要像當代最重要的醫學人類學之一的凱博文(Arthur Kleinman)強調的,它沒有「主宰敘述」(master narrative),不是系統性的概念化思考所能涵蓋,應該要更脈絡化,更貼近病痛主體的敘述和實際的社會生活(Wilkinson 274)。

　　就醫學臨床診斷和治療而言,即便職業倦怠、CFS和憂鬱症有不小的相關性,仍會被區分出各自的症狀。但如果把倦怠當成一種「社會受苦」,一種社會學或醫療人類學的研究課題,醫學上的定

義、區分、等級、量表等等,顯然不會是唯一依循的準則,也不會要對「生病」或「健康」、「正常」或「異常」做出明確的區隔。畢竟情感總是顯示個體和環境的關聯,過勞必然意謂著個人身心、生活、工作與社會環境間的衝突。

在相當大的程度上,Nike的招牌Just do it!象徵當前主流的社會氛圍或大眾心理:「做了就對!」,在購物和旅遊消費、生活方式、生涯規劃、言論表達、性取向、身體與服飾展演、行為和道德規範等等層面「做自己」。用精神分析的詞彙來說,這是一個「禁制性的」(prohibitive)超我讓位給「放任性的」(permissive)超我的時代,「自主」和「個人責任」取代「順從」成為主流的社會價值。當代新自由主義更強調彈性、效率與競爭,對個人專業技能、自我投資與管理的要求也更高;個人的責任感與成就的壓力提高,自我剝削的程度也加深。從這個角度來看,(職業)倦怠突顯個人的努力得不到回報,或者個人的慾望、追求和滿足出現嚴重落差。當代文化的走向把個人的自我滿足和實現提升到中心的位置,但另一方面「競爭」成為人際互動和社會關係的主要動力,如何提升自我在各方面的競爭力變成人生要務,一種內化的社會壓力,耗盡個人內在的能量與資源。

當然,同樣的社會與文化環境也會行銷各種身心修復和避免倦怠的生活方式、商品和社會價值,包括運動、瑜伽、旅遊、許多自助手冊、「心靈雞湯」或「正念」技術和課程,放鬆、享樂和自我覺察儼然成了社會命令;人們深怕自己被負面情緒所苦,變得更敏感、更焦躁、更脆弱。「彈性」如何成為一種治理和規訓的力量,自我管理與療癒如何像是一種惡性循環反而帶來更多壓力、焦慮和倦怠,情感資本主義和療癒文化何以是問題而不是解答,這些都已

是「精神政治」（psychopolitics）或「神經政治」（neuropolitics）的重要課題，我在本書第二部會特別從包括史蒂格勒、貝拉第、易洛斯等當代哲學家的著作深入探討。

倦怠是再普遍不過的經驗，只不過是倦怠的症狀總是體現了不同歷史階段中的社會、經濟、政治、文化甚至宗教情境，若說倦怠是一面社會的鏡子一點都不為過。倦怠曾經在歷史上被視為體液失調的症狀，也曾等同於「怠惰」，是一種道德上的罪過。在當前的新自由主義社會裡，主流輿論和社會價值觀傾向傾向把問題個人化。倦怠顯示一種意志力的耗弱或欠缺，反映不良的生活習慣，或是時間、生活、事業甚至生命管理失敗的結果。倦怠被歸因於身體或心靈、社會、經濟或科技發展不同的因素，連帶也影響一個社會如何對待和醫治（英文的 treat 在這裡一語雙關）倦怠者，把他們看成是無辜的受苦者或是拖累生產和經濟效益的魯蛇，就像大學對待沒有達到限期升等的助理教授的方式。

倦怠的難題其實也是「健康」、「滿足」、「幸福」和許多存在的問題，畢竟倦怠經常糾葛著失望、無助、困苦、失落甚至絕望的感受，脫離不了人們的真實生活經驗、政治和經濟狀況、歷史事件等等。這也意謂著，面對倦怠如同面對精神受苦或健康的問題，最先需要避免是醫學或身體化約論，也就是把它們簡化成身體、醫學技術、用藥和治療的問題。更複雜也更艱難的是，有關倦怠過於果斷的判斷、歸因和解方（例如琳琅滿目的能量飲、營養補給品、情緒管裡和正念課程等等），會不會是一種精神政治的管控，頗值得我們審慎以對，如同是焦慮早已是醫藥工業龐大利益的來源。

第八章
精神政治初探

　　我們可以從「資本主義精神」到「資本主義新精神」的變遷看到，資本主義的治理模式已變得更具彈性、更細緻，影響所及更滲透慾望、生活態度與價值觀、自我認同與管理，與數位化通訊科技更密切相關。勞動者不僅出售勞力，更必須像企業家一樣持續自我投資和增能。早期的過勞研究以社工人員為主要對象，他們由於工作性質使然，更容易感到灰心，工作與私人生活失去界線；這似乎已成為當前勞動情境與精神政治的常態。

　　什麼是「精神政治」呢？韓裔德籍哲學家韓炳哲（Byung-chul Han）在他的《精神政治：新自由主義與權力技術》（*Psychopolitics: Neoliberalism and New Technologies of Power*, 2017）將生命政治界定為人口治理的規訓權力，與精神政治——包含情感、無意識與慾望的治理——有所區分（21）。韓炳哲的這個區分也許只是字面上的簡便定義，生命政治和精神政並沒有本質上的區隔，比較是研究取徑的不同。本書交錯使用有各自語意與知識脈絡的「精神」（psyche）、「情感」（emotion）與「情動」（affect）。「精神」在本書泛指大腦與神經系統運作、認知、想像、慾望、意識與無意識、意識型

態等構成的整體範疇，當然也包含情感與情動。「情感」則指可表述的個人的感覺，不論是愉悅、恐懼、噁心、或興奮，已具備相當程度的認知性與社會性。情動則指涉前個人的、前意識性的感覺，經常擴散成一種集體氣氛與交互作用的動能。但不論是精神、情感或情動，和「身體」之間都沒有本體上的界線。以下將簡要描述當前精神政治研究的幾個次領域。

（一）. 加速、意外與災難

要探討當前資本主義與科技體系驅動的時間和對於主體的精神狀態的衝擊，簡單來說就是要探討精神政治，「加速主義」（accelerationism）是一個值得嘗試的切入點。「加速主義」最早由科幻小說作家紀蘭尼（Roger Zelany）在他的《光之王》（*Lord of Light*）所創造，爾後由諾伊斯（Benjamin Noys）在2010年的著作《否定性的執拗》（*The Persistence of Negativity*）之中，以「加速主義」一詞描述包括德勒茲與瓜達里的《反伊底帕斯》（*Anti-Oedipus*）（1972）、李歐塔的《欲力經濟》（*Libidinal Economy*, 1974）、布希亞的《象徵交換與死亡》（*Symbolic Exchange and Death*, 1976）等著作，原因在於他認為這些著作都展現一種讓資本主義持續加速、惡化因而自我逆反與崩解的慾望（Noys, *The Persistence of the Negative* 5, 7）。這些後現代主義思想家以一種曖昧的方式介入當時的政治情境，並且企圖重新塑造政治性（the political）的可能，也就是對於1968年學運的解放潮流保持忠誠，並且從迸發的資本流動當中發掘反叛或解放的動能，但諾伊斯同時認為這些加速主義者似乎與真實政治漸行漸遠（7）。

諾伊斯後來在他的《惡性的速度：加速主義與資本主義》

（*Malign Velocities: Acceleration and Capitalism*, 2014）從更為寬廣的視野與批判的立場闡述加速主義。包括二十世紀初期的義大利未來主義、馬克思主義、80與90年代的「別無選擇」（There Is No Alternative, TINA）、電腦叛客（cyberpunk）、蘭德（Nick Land）等，都被諾伊斯納入加速主義陣營。舉例而言，未來主義擁抱法西斯主義的加速美學、科技與戰爭，人類身體、勞動和意志都被吸進機動化的加速和戰爭機器之中。從諾伊斯批判的角度來看，戰爭成了釋放令人陶醉的毀滅力量的場域（13, 15, 18）。蘭德和電腦叛客展現的未來主義似乎也是擁抱人類與電腦的合體，以及資本主義科技體系裡增強的計算速度與能力（57, 59）。但是對諾伊斯而言，電腦叛客的加速主義似乎著迷於資訊流及其絕爽（*jouissance*）之中（58）：那不是出路，更不是解放，而是更高度的抽象化與去真實化。

事實上不只有諾伊斯批判過加速主義。馬凱（Robin Makay）和艾凡內西恩（Armen Avanessian）在《#加速：加速主義讀本》的導論也直指加速主義為一種「政治異端」，把加速資本主義失根和異化的趨勢當成面對資本主義唯一的基進回應，沒有任何基進政治的可能（Makay and Avanessian 5）。在這裡我對於評價的問題先存而不論，期望能探究更複雜的精神政治時間軌跡——不論是加速、怠速、停滯、惰性、回返、扭轉、皺摺或斷裂——以及相對應的心神狀態。

哈山（Robert Hassan）在《速度帝國：政治與社會的時間與加速》（*Empires of Speed: Time and the Acceleration of Politics and Society*, 2009）一書中指出，「速度是全球經濟的本質，全球經濟伴隨著文化與社會都被吸入一種加速的軌道之中，一種時間上的「超現在」（hyper now），沒有人能做出完美的應對」（97）。我們甚至看到

一種對於速度的成癮狀態或者「速度燥熱症」（speed mania）（99, 101），不論是市場經濟、偶發性的銷售與購買行為、環境變遷等等，似乎都無法被預測和條理化。哈山在書中還指出，「超現在」弱化和消除與過去和未來的連結，衍生出定向障礙與超度焦慮，但是（精神政治）系統早已內建一些處理焦慮的方法，包括用藥、瑜伽、冥想、酒精還有暴力（111）。

為了深入研究精神政治裡的加速、意外與災難，維希留（Paul Virilio）的著作將是本書第二部的重點之一。整體而言，維希留以速度區隔現代社會和先前的社會型態，而加速則是在現代社會主要的政治現象；為了理解現代社會的歷史與驅動現代社會的科技，我們不能忽略與速度和加速緊密相關的「意外」。根據維希留早期的代表作《速度與政治》（*Speed and Politics*, 1977），現代性對於速度和進度的迷戀可以回溯到法國大革命。他特別重視速度與戰爭的關聯，而現代性的歷史就是速度的歷史，總是牽涉以暴力或者恐怖主義式的武器技術克服障礙和限制。速度也形同整個西方世界的烏托邦法則，甚至是現代／超現代／後現代唯一的法則，而停止不動則是腐化與死亡的徵狀。

「意外」是維希留理論的另一個重心，那如同速度政治的無意識，隱藏在底層但隨時準備發生。超度連結的資訊與通訊科技讓任何事物能夠以無法預期的速度出現在任何地方，這當中也必然包含我們最意想不到的意外，「超現在」似乎也因此意謂著一種意外的時間性。我們無法預測，遑論控制這樣的時間性，這也造就了整個時代的情感失控或精神危機。從維希留的角度來說，意外暴露了追求移動、速度、進步的現代性本質，而災難的發生則是因為「速度帝國」全速衝向進步的烏托邦願景。什麼事都在發生，災難也如影

隨行。

　　菲樂史東（Mike Featherstone）指出，維希留所理解的現代性就是一種災難性的時代，人們失去理解支撐他們存活的環境或生命系統的能力，也無法理解自身與光速運轉、無盡稠密的媒體科技和虛擬世界的關係，這種災難性的情境自然引發精神病理上的症狀（Featherstone）。不論是在真實或虛擬世界，災難都不斷增生和擴散，不安與恐懼已然是常態性的心理氛圍，時間與方向座標無法運作引發全球性的恐慌症或（比喻性的）老年癡呆（Virilio, *The University of Disaster* 4）。維希留對於災難情境下的精神困境的關照可稱之為「精神官能末世論」（neurotic eschatology）。人類無法跟得上世界運轉的速度而陷入無法行動、沉滯或惰性的狀態。速度帝國帶來的反而是愈來愈多的邊界、高牆和監獄，世界各國先前因應COVID-19所採取的隔離和封城措施也算是這種災難之下的產物。世界的樣態並不如全球資本主義所稱的自由移動，人與人更緊密的相連，也並沒有帶來更多的愛與關懷，反而是更無所不在的監控、懷疑、對他者的厭惡與仇恨，也就是全球性的「純粹戰爭」。

　　維希留的著作並非只是在警醒世人不斷加速的虛擬化科技文化與資本主義帶來的意外與災難。他將意外與災難視為超出傳統哲學視野和既有的知識體系、尚未被妥善理解的哲學議題，以便開展出某種批判性的空間，讓情感與美學的重新圖繪得以發生。但在這樣的批判空間出現之前，或在我們能改變那震懾我們雙眼的一堆又一堆的廢墟之前，如菲樂史東所言，維希留認為我們需要景觀的想像，使我們脫離常態化的意外與災難（Featherstone）。當然，如何脫離對於速度和災難的著迷、什麼都在發生、嚴重壓縮思考的狀態，將是閱讀維希留著作的一大課題。

(二).「憤恨」(disaffection) 的困境

1970年代義大利工人自主主義（autonomism）運動出身的貝拉第對於速度和加速的關照，聚焦在符號資本主義（semiocapitalism）如何改變工作的本質與生產過程，以及如何衝擊工人集體認同與團結，甚至帶來普遍性的情感困境。根據貝拉第的論述，後福特主義生產模式或符號資本主義透過數位科技控制、分配和網絡化勞動過程，將心靈、語言、創造力當作價值生產的主要工具（*Soul at Work* 21, 88）。貝拉第考察了70年代義大利工人運動之後的勞動狀況發現，（符號）資本主義運作出對於工作新的情感依附或慾望投資，工作愈來愈依賴心靈活動、語言符號與情感的行動（*Soul* 84）。如同史密斯在為貝拉第的《做工的靈魂：從異化到自主》（*Soul at Work: From Alienation to Autonomy*, 2009）所寫的序言中提到，「當代認知資本主義主體不僅是知識的製造者和符號的管理者，資本主義也關乎情感的動員和心情的組織」（Smith 10）。在這樣的環境之下，我們的身體律動、美學感受、社會行為和心理運作無不產生變化，也必然承受各種精神困境。貝拉第著作的要務之一是要理解這些精神困境。貝拉第認為認知勞動的高度連結性帶來的是經驗的匱乏或扁平化，而治理原則愈來愈依賴速度、危機、例外狀態甚至混亂導致普遍化的憂鬱症狀。其他症狀還包括注意力匱乏患疾、閱讀障礙（dyslexia）、恐慌症、述情障礙（alexithymia）等等。這些症狀加上高度競爭的環境帶來的挫敗感和罪責感，顯示當前的新自由主義體系已然是一部巨型的「不幸福工廠」（factory of unhappiness）（Beradi, *Soul* 91）。然而，我們同時也看到一種自我實現與追求幸福的意識型態當道，結果是精神藥物的普及化或濫用，貝拉第稱之為「百憂解經濟」（Prozac-economy）（*Soul* 97-

98）。

貝拉第在他另一本近期著作《AND：終結的現象學》（*AND: Phenomenology of the End*, 2015）持續關照與《做工的靈魂》一書中類似的議題。*AND* 一書聚焦於具有高度複雜性的「資訊域」（infosohere），其運算之速率遠超出人類的認知與情動能力所能反應。貝拉第企圖形塑一種「感性現象學」（phenomenology of sensibility），做為理解這快速變動、解疆域的資訊域的概念框架（11）。這樣的場域形成了精神政治與文化體制，使主體陷入情感的疏離和美學的去感性（desensitization）的困境。資訊域的超高度連結不僅沒有提高反而損耗我們的共情（empathy）能力，更將我們推向宅居的狀態，更讓影像制約我們的本能反應。我們更被吸入超度真實的資訊域，更容易感到無聊煩躁，無法實現的期待或壓抑的慾望則可能以集體恐慌的樣態爆發出來。

貝拉第在他另一本近年的著作《英雄：大屠殺與自殺》（*Heroes: Mass Murder and Suicide*, 2016）分析的案例，包括美國科羅拉多州柯倫拜高中殺人事件（1999）、芬蘭奧維寧事件（2007）、美國維吉尼亞理工學院大屠殺（2007）、挪威布列維克大屠殺（2011）等，也許看起來極端，卻在在反映了和上述相似的社會經濟現實與精神困境，用貝拉第的話來說就是「自殺體系」。貝拉第的個案研究突顯符號資本主義和擬像社會帶來的虛擬化與破碎的現實，以及原子化的個體。這是一個債務與貧窮化的世代：普遍化的債務成為新的勒索形式，更成為本體存在的情境（46）。無所不在的臨時工意謂著不穩定的勞動成了普遍狀況，人的時間和生命被抽象化的資本時間嚴重切割，變得支離破碎，造成嚴重的剝奪感，未來提早被掏空、被奴役，精神和生命能量都處在一種極端緊繃且耗弱的狀態。焦

慮、憤怒、仇恨、失落感、述情障礙等等,都是普遍的外顯情感困境。但是貝拉第分析的那些個案裡的主角都還抱持極端的信念或意識型態,特別是仇視多元文化社會、移民甚至人性本身:簡單來說,仇視他者。貝拉第為這些主角的無差別殺戮是他們神經疲勞的一種反射動作,也是一種透過自殺尋求解脫的行為。

史蒂格勒(Bernard Stiegler)和韓炳哲的相關著作也是本書第二部「邁向資本主義的精神政治批判」的討論焦點。史蒂格勒提出「憤恨的個體」(disaffected individuals)[1]的概念,指涉個體的情動以及個體與他者的連結被當前的資本主義科技、控制社會與消費文化所壓制。這種不滿的狀態的另一面是一種自戀的主體性,情感外包給商品,失去追求生命知識、藝術、語言和愛的熱情也失去與生命世界的連結;這也是史蒂格勒所稱的「象徵性困苦」(symbolic misery)。對史蒂格勒而言,政治及是美學,反之亦然。政治與美學都關乎與他者一同感受彼此的存在,或者是感受的共同體(*Symbolic Misery, Volume 1* 2)。象徵性的困苦也是一種「解認同」(dis-identification)的精神困境,造就了退化的、自殺性的行為。這種既無感又自戀的主體對政治批判和改革也失去動力。

韓炳哲的《倦怠社會》(*The Burnout Society*)的立論點在於類似艾斯波西多闡述的「免疫模式」——也就是身體或政體面對危機所啟動的自我保護反應,以否定性或排除為主要的運作機制——已經不適用於當前的社會型態。韓炳哲認為,當前的社會型態已從以訓練歸順有用的身體的「規訓社會」,過渡到重視成就表現、自動

---

1 在本書的脈絡裡,史蒂格勒談的disaffection除了可譯為「憤恨」之外,也可理解為「無感」,和「象徵性困苦」、述情障礙等都有連帶關係。

自發的「功績（Leistung）社會」，也是一個他者性（界線）的消失與充斥肯定性暴力的世界。成就壓力或者績效成為無上的命令，心裡產生自我剝削和自我攻擊。過度活動與過多的刺激形同神經暴力，讓人疲憊不堪，覺得心靈像是被燒毀，現實感知支離破碎，散亂而無法專注，甚至連感到無聊的時間都沒有。韓炳哲在《倦怠社會》和《精神政治》中對於資本主義體系運作引發的精神與情感困境的關注，以及他談的到底是「典範的轉移」或是不同的視角，都同樣頗值得探究。在面對當代精神困境的時候，史蒂格勒和韓炳哲也都在思考解決之道，兩人從各自的脈絡強調降速和專注力對於修補受創的情緒和精神的重要，延伸出來的是美學感受力或美學的救贖如何作為一種身心技術，實踐速度政治、控制社會、實證精神醫學或藥物資本主義之外的可能性。

（三）. 情感資本主義（emotional capitalism）與療癒文化（therapy culture）

貝拉第回顧七〇年代義大利的罷工運動時提到，慾望已然是決定性的場域，關係到社會改造的過程、想像力的改變和集體能量的轉移；我們必須從慾望的角度理解工人為何會透過罷工和破壞，拒絕薪資關係和將自己的生命屈從於生產線的時間計算（*Soul* 93）。隨著愈來愈知識化與情感化的勞動狀況，整體社會愈發追求各種層次的「自我實現」，資本主義體系也能吸納慾望與創造力，更新其精神、意識型態與經濟能量（*Soul* 96）。面對這種狀況和以上簡述的精神困境，我們似乎必須從整個整個技術經濟機器抽離出來，「恢復身體感知的強度」（*AND* 291）。從維希留到貝拉第延伸到其他人的著述，本書將試圖建構出一套有助於理解資本主義加速機

器或「速度帝國」引發的精神困境的思想脈絡。

當代情感資本主義研究代表學者易洛斯（Eva Illouz）在她主編的《情感商品：資本主義消費與本真性》（*Emotions as Commodities: Capitalism, Consumption and Authenticity*, 2018）一書的導論裡，簡要敘述了資本主義發展與私人生活的關聯。易洛斯指出，現代資本主義主體依循理性思維和利益導向採取行動，同時也注重性、感官和情感經驗。易洛斯甚至認為當前的資本主義強化情感生活的程度前所未見，情感的滿足已經成為自我最重要的關注和追求（5）。消費不再是自我虛假的外衣，而已然成為身分屬性、情感與社會關係的核心；消費與情感生活已密不可分、相互定義（5, 7）。資本主義市場透過包括音樂、旅遊、親密關係與友誼（例如各種節日的卡片和禮物）等管道製造消費者的情感，物件的消費總是在特定的情感動機和意向的框架中進行，而那些動機和意向是由消費文化所塑造。除此之外，個人也被要求培養情感的自我理解、控制與改善（17）。

要洞悉情感資本主義（或是「資本主義的情感邏輯」），還必須考察精神治療學術論述和專業實務如何建構情感，以至於形成整體的療癒社會與文化，這也是必將傅柯的自我技術和精神醫學權力，以及「資本主義的精神」，拉近／進市場經濟和商品消費。夏恰克（Mattan Shachak）指出，一方面市場會認可塑造特定的情感（例如，運動賽事的亢奮、後災難或後創傷的悲傷），另一方面情感管理與治療帶動新價值、實踐、商品與市場，知識系統、專業實務、國家和市場之間形成一種連帶關係（149）。對於專家、政策制定者、消費者和業界，調整心情和情感的方法和治療的技術必須有證據基礎和具有成本效益，這也會牽動心情和情感的重新分類，

並且擴張精神病理的範圍（155）。主流的行為論和認知心理學不將情感連結到無意識的心理運作，而是注重情感如何是個人、社會與環境因素交互運作的產物。情感與精神治療的邏輯與目標也因此變成提供「客戶」或「消費者」一些技能，讓他們能夠訓練自己辨識、釐清、監控和記錄自己的情緒波動，瞭解它們代表的意義、後續反應與結果，進而改變那些適應不良的、失能的情緒（157）。貝克憂鬱量表（the Beck Depression Inventory）就是這種脈絡下的產物。英文版的使用者回答的每一個題目有四個選項，配分從0-3，例如「我不覺得悲傷」（0），「我覺得悲傷」（1），「我一直覺得悲傷，無法擺脫」（2），「我悲傷和不快樂的程度已經無法忍受」（3）。21題得分1-10為「正常的情緒起伏」，11-16為「輕微的心情錯亂」，17-20為「輕度憂鬱」，21-30「中度憂鬱」，31-40「重度憂鬱」，40以上「極端型憂鬱」。這樣的量表（或者情感和自我技術）將憂鬱病理化，把它建構成一種被觀察、評分、比較和控管的客體，依據診斷目的、科學解釋、公共衛生政策目標、社會和經濟開銷與獲利等等，將憂鬱的成因與結果標準化。也就是說，情感被帶入一種計算的場域，成了十足的政治、經濟與社會問題（Shachak 158-59）。

與情感資本主義密切相關的是療癒文化，表示情感與精神狀態的監測、管理與治療已超出精神醫療的臨床範疇，深入社會、經濟、日常生活等等的運作。心理諮商與治療因此成為商業利益豐厚的行業，而類似「壓力」、「焦慮」、「成癮」、「症候群」等精神醫學意味濃厚的詞語已成為日常語言，反映出當前的高風險的主體性。在學校、職場、家庭等場域，任何的人際互動都是情緒適應與彈性的挑戰，增加主體的心理負擔和無力感。富理迪（Frank

Furedi）在《療癒文化：在不確定的年代裡培養脆弱性》（*Therapy Culture: Cultivating Vulnerability in an Uncertain Age*, 2003）提出「情感短缺」（emotional deficit）描述這種普遍性的情感脆弱危機。上述的情緒商品（化）、整體的情感資本主義和療癒文化，都為人們提供了某種腳本，經由療癒的風氣（ethos）詮釋婚姻、生育到各種失去與傷心，能夠讓人走過各種脆弱的經驗，人生不至於分崩離析（12）。

不論在醫學、教育、司法、社會福利、政治等範疇，情感的重要性都得到認可，向大眾做情感告白的自傳和回憶錄成為主流的出版類別。在強調自我實現的社會氛圍裡，要維持良善的情感狀態就必須願意主動尋求協助，而阻礙人們自我實現的情感就會被視為負面情緒（Furedi, *Therapy* 32, 34）。當情緒的重要性被這樣提升的同時，矛盾的是，也造就了「情感決定論」：情感被當成是許多問題的根源，包括種族主義、家庭暴力、偏差的養育、貧窮等等（Furedi, *Therapy* 26）。富理迪認為社會運作因此退縮到個人的內在生活，而且造就一種不斷質疑自己面對挑戰與困境、減損的、非社會性的自我模式（*Therapy* 107-08）。心理壓力和精神症狀的界定範圍不斷擴大，治療的時代精神烙印在大眾的感受和想像之中，「有病」的感覺愈發普及。

富理迪批判情感和精神症狀普及化帶來「受害者化」（victimization），把承受身體或心理病痛的人看成是環境的受害者，而且不斷將「受害者」的適用範圍擴大，包含犯罪案件實際的受害者的親人和朋友；施加在女人身上的犯罪行為不僅僅是對個人的犯罪，同時也是厭女的犯罪對普遍女性的仇恨，每個女人都成了實際或潛在的受害者⋯⋯（*Therapy* 178-79）。在這種情況下，治療不過

只是存活的工具,無關乎任何啟蒙;與其說人們得到療癒,倒不說是在追求無止境的復原。療癒文化的整體效應對富理迪而言只是在於管理人們的內在生活,並沒有帶入任何開放性的情感模式（*Therapy* 204）。

富理迪的視角似乎過於單一扁平,假定某種同質性的體系。許多容易消化的、簡便的自我救助和療癒、速食的心靈雞湯類型的著作的確擁有廣大的讀者群,一直都是暢銷排行榜上的常客,也就是情感資本主義和療癒文化利益豐厚的一環。但是我們也不應該一概而論,以一種犬儒的姿態斷定情感與精神困境不過只是商業化的產物或者都是精神政治控制的工具,即便商業化和政治控制的力量一直都在。

有關情感資本主義和療癒文化精神政治考察不能忽略物質條件,也就是必須關照精神用藥和實際的精神醫療運作。蘇特（Laurent de Sutter）的《毒品資本主義》（*Narcocapitalism*, 2018）提供了頗具參考價值的研究方向。本書考察了許多藥品或化學物質,包括古柯鹼、嗎啡、氯丙嗪（chlorpromazine）等,被應用在精神治療的政治經濟脈絡,以及這些藥物產生的效應。舉例而言,常用來治療思覺失調症的氯丙嗪會產生脫離感,把病人轉化成自身精神狀態被動的觀眾,這也阻斷了病人的愉悅感,或者弔詭的是,唯一的愉悅感就是愉悅的不在場,把情動力降到最低程度（15）。曾被用來治療憂鬱症相關症狀的古柯鹼也有類似的效用,刺激中樞神經的興奮反應,但暫時阻斷與身體其他部位的連結（38-40）。這些藥物在當前憂鬱症成為一種普遍的生命狀態的時代裡,如同是資本主義精神政治的程式,寫進病人大腦和神經系統之後,驅動荷爾蒙以及制約生理反應,以符合資本主義生產效益。蘇特甚至直指資

本主義必然是毒品資本主義，它製造憂鬱的病因，同時也提供「解藥」（43）。除了蘇特的《毒品資本主義》之外，希爾立（David Healy）的《藥界末日》（*Pharmageddon*, 2012）和惠克特（Robert Whitaker）的《精神病大流行：歷史、統計數字、用藥與患者》（*Anatomy of an Epidemic: Magic Bullets, Psychiatric Drugs, and the Astonishing Rise of Mental Illness in America*, 2010）也具相似論點。

弗格森（Ian Ferguson）《精神疾病製造商：資本主義社會如何剝奪你的快樂》（*Politics of the Mind: Marxism and Mental Distress*, 2017）也同樣關照精神政治的物質條件，與其他相關著作最大的差別在於本書採取鮮明的馬克思主義唯物辯證法的立場，強調精神損傷所牽動的需求、慾望、不幸與苦難的社會與政治經濟因素，特別是不平等的資源與生產關係，而不是只從生物取向的神經醫學理解精神損傷。本書的「政治性」也在於提供讀者檢視精神醫學發展歷史與現況的批判性視角，也就是批判精神醫學自身所帶來的壓迫。

事實上作者弗格森並未停留在批判的層次，而是更進一步具體探討當前資本主義或新自由主義社會和精神疾病的關聯。他的論述基調是：資本主義從職場、經濟、政治、社會到情感，都在決定我們的生活，但是卻讓我們失去掌控權，無法如我們所願規劃自己的生活，造成今日四處可見、高度蔓延的心理健康問題。弗格森引述英國心理健康基金會二〇一七年的一份報告，指出財務問題與精神疾病之間的高度連結，失業、收入下降、債務、居住和貧困等因素環環相扣，生活不幸福和失去生活意志，因而導致身心健康出問題和酗酒、自殺等現象（26-27）。政府的公共衛生和社會福利資源緊縮，媒體搧點火貶抑失業者，不僅加深社會隔絕與排斥，更可能引發仇恨犯罪。

弗格森從他的馬克思唯物主義立場開展出對現代精神醫學和精神病院史的批判。他質問「一切都在大腦裡嗎？」（第二章標題），顯示他企圖挑戰單純透過神經內科處理精神損傷。在這樣的企圖下，他深入地分析和批判幾乎主導了整個神經內科和精神醫學的《精神疾病診斷與統計手冊》（*Diagnostic and Statistical Manual of Mental Disorders*, 簡稱 *DSM*）。由美國精神醫學學會編撰的 *DSM* 由 1950 年代出版以來，至今已進入第五版。*DSM* 精神障礙分類，為各種症狀製作清單，讓精神科醫師可以按圖索驥，維持診斷的一致性。在過去二、三十年來，精神障礙的項目不斷增加，表示不斷擴大精神疾病的定義，許多日常生活中的不安與痛苦、正常老化引起的健忘、孩童亂發脾氣等等，都被視為精神疾病，分別取得「廣泛性／焦慮／障礙」（generalised anxiety disorder）、「輕度神經認知障礙」（minor neurocognitive disorder）、「侵擾性情感失調障礙」（disruptive mood dysregulation disorder）等正式病名。這樣一來更多人成為病人，也因此暴露在具有潛在危險的藥物之中（79-80）。對許多像弗格森這樣的精神醫學批判者都會批判「精神醫學—製藥工業複合體」，也就是精神醫學與大製藥公司之間的勾結。弗格森質疑那些精神藥物是否真的有效，藥物上市的實驗過程數據對照組等等都是黑箱，*DSM* 也並非一直維持效度，經常無法精確判斷憂鬱症與思覺失調症等主要的精神疾病，而且過度強調生物學遺傳解釋，不願去正視和處理社會和經濟因素。

　　作為一個參與社會實踐的馬克思主義者，弗格森勾勒的精神或心智政治學不僅要瞭解異化和精神痛苦的關聯，更希望能夠改變產生這些精神痛苦的物質條件。他深信在一個不是以剝削和壓迫為基礎、一個資源分配更平等、更民主的社會主義社會之中，精神損傷

的現象會減少很多。他重視集體抗爭改變勞動條件、薪資和社會福利以及改善醫療服務的必要性。除此之外，面對如上簡述當前的精神醫學的霸權與侷限，弗格森考察了當代創傷、依戀理論和神經科學的研究成果，尋求學科知識突破的可能性。

關於這本書

　　《沒有最累，只有更累》這本書彙集了我過去幾年部分的研究、教學和演講成果。「導論」為全書描繪出一些歷史、社會、文化和思想脈絡，為後續細部的討論預作準備。本書的論述主體分為兩部。第一部「現代社會的倦怠圖像」從現代科學與醫學、文化與社會的發展脈絡，描繪各種類型的倦怠，包括體化症（somatization）、身心症（psychosomatic disorder）、神經衰弱（neurasthenia）、歇斯底里（hysteria）、慢性疲勞症候群（chronic fatigue syndrome, CFS）、過勞（burnout）和COVID-19大流行疲勞（pandemic fatigue）。我特別關注這些不同類型的倦怠和身心症為何是臨床診治的難題，身心症病人和倦怠者透過各種身體和精神症狀，在對醫生、醫療體系和社會傳遞什麼訊息，以及更深刻的問題：我們該如何看待身心症，如何理解和同理病痛。第二部「邁向資本主義的精神政治批判」透過維希留、史蒂格勒、貝拉第、韓炳哲、易洛斯等當代哲學家的著述，分析當前持續加速的時代、數位（或符號）資本主義與新自由主義體系裡的勞動、生產、資訊傳遞與消費模式，如何衍生出各種情感、精神、存在與道德困境。幾篇的「外

掛」都是針對前面的篇章涉及的議題，包括煩悶與無聊、繭居族（*hikikomori*）與社會退縮和述情障礙（alexithymia）做進一步補充和延伸，讓本書描繪的思想脈絡更具多元性與能動性。

　　我作為一個學術工作者雖然長期投注跨領域研究，我無意也無能提供任何治療倦怠的具體解方或藥方，我能做的只是盡我所知所能，為讀者們描繪出一些思想圖像與脈絡，為讀者理解——如果讀者願意理解——那些讓人不得安寧的身心症狀的各種特性以及各種內在與外在原因，提供一些思想引導，理解我們是如何走到這個令人疲憊不堪的時代，對工作失去熱誠、資訊刺激過度負荷，甚至對我們的身心狀態失去察覺，失去和他人與外在世界的互動……一切似乎都變得不對勁又說不出口，成了不折不扣的「累人們」。

　　我要特別感謝國科會人文處長期對我的研究計畫的支持，謝謝臺師大英語系的同仁和可愛的學生們，你們都是我的工作不可或缺的支柱。我也要感謝我臺北和臺南的家人，你們的包容和支持無價。我自己一直以來都有睡眠障礙和查無病因的神經痛的問題，身邊也不乏飽受身心症所苦的家人和朋友，能夠深深體會沒有確切語言可以描述的倦怠和病痛是怎麼一回事。

　　這本書也為各位「累人們」而寫！

第一部
現代社會的倦怠圖像

社會學大師涂爾幹（Emile Durkheim）和其他同時代的十九世紀後半葉的學者和思想家大多認為，神經倦怠是現代社會的普遍現象；那不僅是心理煎熬的經驗，也會有情緒和身體的痛苦。涂爾幹認為這種普遍的神經倦怠是工業化過程造成的結果，讓許多人在心理和道德層次上感到徬徨無助。現代人集體的焦慮、厭世、抑鬱和沮喪都是這種普遍現象的症狀。

然而，即使到現在，倦怠的原因仍然沒有確切且一致的說法。古羅馬醫學家蓋倫（Claudius Galenus, AD129-216）的「體液說」（theory of humors）並沒有因為年代久遠而失去影響，仍然有現代醫師從內分泌學的角度，主張缺乏神經能量是造成倦怠主要的器質性（organic）因素。還有人則認為倦怠的主要原因在於認知系統受到過多的外來刺激和壓力因而長期處在緊繃狀態，也有人認為是病毒感染導致免疫系統耗弱或者各種生物化學元素失衡所造成。在這些可能的診斷下，倦怠者被視為受到外來的寄生物或病源所苦的無辜受害者，或者是遺傳了不良的基因，他們也可能會被認為要自己的耗費能量的不當行為負責，像是工作過度勞累、飲食習慣不佳、

不必要的擔憂或者過度的性活動。

　　當然也有研究者比較強調性格特質、個人的心智狀態和生活態度，以及文化和社會壓力如何造成倦怠的身心問題。這種立場的另一面通常會是把樂觀、投入、滿足、彈性、自我理解等，看成是生命能量的要素。不論倦怠被看成是意志、心智或社會發展的問題，連帶也會影響回應和治療的方式。即便我們能夠從不同的歷史脈絡裡歸結出倦怠的病因，把過去的歷史階段連結到當前的社會文化和技術發展如何損耗人類的能量，我們似乎總能夠從各種倦怠學說或理論看到人類面對社會關係、老化和死亡的永恆焦慮。試圖解釋倦怠的因果、提出一套學說和治療方式，等於是回應個人和集體面對有限能量和生命的恐懼，也就是尋求一種管理或控管恐懼和焦慮的策略。當然，現今精神醫療社會和工業經由各種能量飲食、神經優化補充品和藥物、各種心靈成長課程等等，讓倦怠和焦慮成為商業利益的範疇。

　　即便在當前的時代裡，倦怠論述和出版品正迅速大量的產出，受倦怠所苦的人急速增加，我們無法確切比較和證明，現代社會或我們所處的此時此刻必然比其他時代更讓人感到倦怠，或是我們感受到比前人更多更深重的倦怠，如同我們無法斷定要餵養一屋子小孩的前現代的貧窮農婦、十九世紀工廠工人和現在的辦公室職員誰比較疲累。即便在同一個時代裡，我們也不太能像典型的倦怠敘述和研究把十九世紀末盛行的「神經衰弱」看成中上階級（特別是女性）的「文明病」，或者把倦怠簡化為白領階級或「勞心者」專屬的病痛，只關注他們承受的社會心理的壓力。

　　現代倦怠理論大多主張科技文明帶來工作、移動和傳播的便利和加速，有助於我們減少時間和能量的消耗，但是也帶來新型態的

壓力。不管立論基礎為何，這樣的倦怠研究如同文化批判，提醒我們不要一味追求甚至迷信經濟和科技進步。在批判我們所處的當下的同時，也不應該過度誇大或無限上綱「我們」所遭遇的倦怠，天真地想像和歌頌一個回不去的或根本不存在的黃金年代。避免這種詮釋上的侷限或謬誤最妥當的做法是採取「多重決定」（over-determination），也就是將倦怠研究帶入比較寬廣的臨床、文化、思想與與技術歷史的視野。

第一章
體化與身心症

　　本書的導論討論了「頹廢」作為一種倦怠的表現形式如何牽動政治、社會、文化和文學生產，如何糾結著危機、耗弱、厭世甚至毀滅的現實、時間、道德與存在的感受。這樣的取徑也顯示本書進行的倦怠研究強調多重面向或「多重決定」。當我們企圖理解各種現代社會的倦怠樣態，我們必然會涉入醫學知識和實作、技術、經濟生產、社會形態和生活環境，甚至是意識型態和想像，這些面向也都影響著人們如何表現、理解和感受病痛。從比較廣泛的角度來說，倦怠是一種「體化」（somatization）的過程或「身心症」（psychosomatic disorder），牽涉到心靈或心智如何詮釋身體所傳送的訊號，而心因性的症狀又是如何表現在身體上。當然，「體化」是否可被納入「身心症」，和身心症的異同，或是身心症的定義和類別（更別是說是診治的方法），都有很大的爭論空間。根據斯坦伯格（Paul Ian Steinberg）的說法，體化症牽涉超出思考範圍的身心衝突或得不到滿足的需求，但是不像身心症涵蓋器質性的（organic）病症（Steinberg, *Psychoanalysis in Medicine* 97）。

　　「體化」一詞最早是由法國醫師和心理學家布里克（Paul

Briquet, 1796-1881）提出，用來解釋歇斯底里的特徵。體化症通常不會只有單一症狀，包括頭痛、暈眩、疼痛、疲倦、皮疹、腸躁、便秘、腹瀉、體重急速變化等，大多會以多重症狀的方式出現，也就是所謂的「多重體化症」（Multiple Somatic Symptoms, MSS）。這些症狀來來去去，特性捉摸不定，似乎一直處在演化過程，不斷游移在身體不同的部位，找不到起源，看不動終點（Rubanovich 12）。即使醫師診斷出症狀的來源，而劇烈的刺激來源已經解除，體化的現象還是有可能持續，作為對社會壓力的一種回應。體化症因個別文化而有不同的表現方式和解釋，但是大致上都顯示心靈和身體運作無法統合。心靈處理壓力的能力有限，超出界限之後就會產生不論是消化、神經或生殖系統的身體症狀，病人的內感也會變得更加敏銳。持續發生的體化現象也會牽動悲觀甚至災難的憂慮（Kradin 74）。

　　許多人在人生的不同時間點都曾經體驗過身心症，甚至也有人可能一直飽受身心症所苦，對於無法預測、難以控制和不適的身心症狀態，應該不會感到陌生。這些經驗在醫學上沒有確切而完整的解釋，不乏各種推論、假設甚至誤診，非醫學性的解釋更是眾說紛紜。莫名的疼痛、消化不良、倦怠、發炎、感覺錯亂、免疫功能變弱，這些常見的身心症狀造成睡眠、學業、工作和人際關係上的困擾和障礙。許多人可能因此把病因歸咎於壓力，或者乾脆說「都是腦袋的問題」（all in the head）。「都是腦袋的問題」似乎是身心症不證自明的速記，身心症牽涉身體和心靈的交錯應該也不是什麼新鮮的說法。然而，「都是腦袋的問題」作為一種通用的身心症速記或文化標記，似乎指涉一種無法納入醫學類別的想像的、匿名性的病痛，這樣說來其實意義不大，根本無法釐清身心症牽涉的醫

學、社會、文化或譬喻性的各層面的糾葛（Farkas 1; Stone and Hooker 41），甚至可能被當作誤解或排斥的藉口。

當我們提到「身心症」的時候，我們談的可能不是同一件事，醫學、心理學、社會學等專業有關身心症的分類、診斷和治療，也很難達成共識。本書在使用「身心症」一詞的時候，採取較為廣泛的定義，涵蓋歇斯底里、神經衰弱、慢性疲勞症候群等。從這樣的廣泛角度來說，身心症已然是集病人、醫生、照護者和整體社群成員之間各種碰撞、爭議、不諒解和反感的場域，當中更不乏汙名化。身心症──如同本書導論討論的頹廢與憂鬱──經由文學、藝術、電視和電影的再現，也已成為文化傷病與社會疏離的象徵（Farkas 2）。

回到醫學的層次，身心症有可能影響身體任何部位，引發實質的身體病痛和失能，但是和醫學檢查所能證實的不成比例，似乎沒有規則可言，多少具有神秘的色彩（O'Sullivan 6）。從古至今的文獻記錄了一些反覆出現的典型的身心症狀，包括慢性疼痛（主要是下背部、頸部與四肢）、腸躁、重度疲勞、肌肉纖維疼痛、突然無法說話、兩眼眼皮不協調和不自主的動作、身體或四肢抽搐、無法下床等等。著名的醫學史學者修特將身心症狀分成四大類：知覺（如皮膚癢和疲勞）、動作（如麻痺）、自律神經（如反胃）和心因性疼痛（Shorter, *From Paralysis to Fatigue* 2-3, 5）。《精神疾病診斷與統計手冊》第五版（*The Diagnostic and Statistical Manual of Mental Disorders, DSM-V*）將身心症稱為「身體症狀及相關障礙症」（somatic symptoms and related disorders），並分成下列七類：

1. 身體症狀障礙（somatic symptom disorder）

2. 罹病焦慮症（illness anxiety disorder）
3. 功能性神經症狀障礙症（functional neurological disorder）
4. 受心理因素影響的其他身體病況（psychological factors affecting medical condition）
5. 人為障礙症（factitious disorder），分為本身引起（imposed on self）或是他為（imposed on another）導致
6. 特定的身體症狀及相關障礙症
7. 非特定的身體症狀及相關障礙症。[1]

從這些界定我們不難看到，體化和身心症幾乎涵蓋了普遍的人類生命情境，反映身心統合的困難，突顯生物醫學和精神醫學微妙的分合關係，也因此相關的症狀會有不同的分類方式和診斷。紐約大學醫學院的康復醫學教授薩爾諾（John E. Sarno, 1923-2017）從更為廣泛的角度將心因性的生理反應分成五大類：一、諸如臉紅、緊張等無害的暫時性現象；二、傷病以外的因素（例如家庭或工作方面）引發的焦慮強化疼痛；三、病人在重大傷病之後了解到自己存活下來並且受到照顧，身體上的疼痛得到緩解；四、歇斯底里症狀，包括肌肉無力或麻痺、失去知覺、失明、失語，但是沒有確切的生理結構異常；五、身心症。薩爾諾以他專攻的緊張性肌肉發炎症候群（tension myositis syndrome, TMS）為基準，對身心症做了更具體的區分和診斷。包括消化潰瘍、食道痙攣、潰瘍性結腸炎、橫膈裂孔疝氣、偏頭痛等，都是和胜肽自律系統——也就是水分、鈉和脂肪

---

[1] 特徵與診斷見附表一（摘自楊秉鈞、林義卿、張庭綱，〈身心症在家庭醫學：DSM-5的診斷與實務〉，《台灣家醫誌》27.2 (2017)，102-11。

循環有關──的心身病症。身心症的疼痛則是導因於身體結構某個部位血流量不足引起的缺氧現象，連帶造成麻痺、刺痛或實質的肌無力，但是經常被誤診為骨、關節、脊椎、肌腱異常或其他軟組織的病變。特別值得一提的是，薩爾諾強調無意識情緒在身心症的關鍵作用。他以自己經手的一個個案為例，說明案主的那些疼痛症狀都是為了防止無意識的憤怒痛苦和悲傷的情緒進入意識的領域；疼痛於是成了一種避免無意識情緒爆發的轉移策略或防禦機制（Sarno 92）。

第二章
神經的發現和神經衰弱

　　不同歷史階段的科學與醫學知識和實踐也會影響和改變身體和心靈運作的理解和想像，以及身心症的樣態和診斷。伴隨著十八、十九世紀的機器動力、能量、電力等科學理論和技術應用的發展，醫學對於神經也有了較為清楚的了解，也因此得以提出神經衰弱（neurasthenia）和歇斯底里（hysteria）等身心症的診斷和治療。長久以來一直流傳著有關神經的各種說法或想像，認為人體內有很多管線，在裡面流動和傳送的液體和物質會決定身體的能量、人的行為和人格特徵。十八、十九世紀的神經醫學理論主要環繞在神經系統的反射功能和電力在神經活動所扮演的角色，神經因此愈來愈和刺激反應、過敏和耗弱相連（Schaffner, *Exhaustion* 86-87）。

　　早期的蘇格蘭精神科醫生、哲學家和數學家凱恩（George Cheyne, 1672-1743）就已經提出，神經耗弱是造成我們現在所說的身心症的主因。凱恩所指的「神經」是實體的管線，負責循環和分解身體活動和存活所需的液體；這些液體在體內的循環若無法暢通，就會導致神經耗弱和各種情緒錯亂。凱恩也認為神經耗弱可能是先天遺傳或後天養成（例如不良的生活方式），主張飲食和運動

是有效的治療方式（Schaffner, *Exhaustion* 87-88）。蘇格蘭醫師懷特（Robert Whytt, 1714-1766）專長領域包括無意識反射動作、腎結石和歇斯底里，把歇斯底里看成情緒和心智錯亂。愛爾蘭外科醫師羅利（William Rowley, 1743-1806）提出的身心症觀點已經和現在的醫學研究相去不遠：心智的運作會製造身體的症狀，病人會當作是器質性病變，覺得疼痛來自身體，感覺再真實不過。倫敦外科醫師霍維爾（Dennis de Berdt Hovell, 1818-1888）主張心因性疾病的治療藥要能獲得成效，必須要在醫師和病人間建立一種同盟關係，而不是只是治療「發炎的卵巢」或者進行水療 （Shorter, *From Paralysis to Fatigue* 234-37）。

有關神經的醫學理論和診斷歷經了一波波的更替，大致上十九世紀婦產科和內分泌醫學的發展使得反射理論失勢，進而被新興的神經內科和心理學模式取代，醫生因此更能接近病人的心理狀態。新的神經理論更重視大腦組織的器質性病變，遺傳性的「神經構造」缺陷被認為是精神疾病的重要因素，這樣的演變也持續主宰整個精神醫學，包括歇斯底里的診治。這個時代也是機器加速的時代，生活更為匆忙和破碎，神經受到更大量而雜亂的刺激和驚嚇，造就出一個神經質或身心脆弱的現代社會（Shorter, *From Paralysis to Fatigue* 210-14）。

「神經的發現」伴隨著新的身體形象、論述或想像，其中最重要的是十九世紀科學發明開啟了「人體馬達」（human motor）的譬喻。在十九世紀的後半葉，把大腦看成電池，把神經纖維看成傳導身體能量的電線，把身體當作能量保存和轉換的場域，都已經是習以為常的現象。這樣的現象等於是將物理自然的科學發現轉換成現代社會、身體和生命的新洞見和想像。事實上早在十七世紀，笛

卡兒就把人類的身體當作是上帝之手打造的機器，說那算是一篇「賽博格宣言」應該不為過。到了十九世紀，就已經很流行把人類身體和工業機器看成是馬達，把能量轉化成機械動力，甚至認為整個自然運作都展現出千變萬化的機器特質。

這樣的發展也影響自由主義有關於社會運作和勞動的觀點，一個具有高度反應力、動能和生產力的社會，也反饋到十九和二十世紀的烏托邦政治意識型態對於無限的生產力的信仰，也反映各種自然力由一套普遍法則連成一個整體的世界觀。眾所皆知的熱力學之父亥姆霍茲（Hermann von Helmholtz, 1821-1894）提出能量守恆定律，主張自然界的各種機械、電子、化學等力量形成不會增加也不會毀滅的單一普遍性能量。克勞修斯（Rudolf Clausius, 1822-1888）提出「熱力學第二定律」，引介「熵」（entropy）的理念：也就是，既存力量和能源只有一部分能被轉換，散失是無可避免的現象。這些科學原理的發現也為理解疲勞的擴散提供必要的知識基礎：身體會反抗無止境的進步和生產，倦怠成了工業化歐洲的障礙。也差不多在這樣的時代脈絡裡，勞動力成為政治學、經濟學、醫學、社會學等專業學術研究的議題，甚至被看成是現代歷史的驅動力。身體更因此成為實驗室研究、各種測量技術（包括計時技術）和攝影企圖捕捉和宰制的對象。肌肉無力面色蒼白身體弱無力等——簡而言之，身體功能的耗弱——和連帶的無聊、慵懶、虛弱和厭世感，被診斷為疲勞的症狀。疲勞有如身體和心靈的極限，顯示保存身體獨特的資本——也就是勞動力——的重要性，以及誤用這種資本導致的不良後果，身體和心靈的能量自然也成了諸多技術介入或部署的對象（Rabinbach 3-8）。

最早使用「神經衰弱」這個詞語的是美國紐約神經醫學家比爾

德（George M. Beard, 1839-1883），用來描述神經能量或意志力不足所導致症狀，包括身體和心智的倦怠、易受刺激、消化不良、失眠、暈眩與昏睡、心悸、偏頭痛、無助感、恐懼、花粉過敏、齲齒、手腳冰冷、頭髮和皮膚乾燥、早洩等等（Schaffner, *Exhaustion* 91）。比爾德認為神經衰弱的症狀主要是現代工業和科技社會（包括蒸汽動力、電報、科學發明、女人的身體和心靈負荷）加速生活所造成，更是現代美國專屬的病症。然而，當時歐陸的醫學專家並非都認同比爾德將神經衰弱「美國化」的做法，對神經衰弱也沒有一致的看法。例如德裔奧地利精神病學家克拉夫特－埃賓（Richard von Kraft-Ebing, 1840-1902）把神經倦怠當作道德崩壞的症狀，也就是生命政治的問題，因為那威脅到整個政體的神經資本（Schaffner, *Exhaustion* 99）。即便如此，當時的醫學專家大部分都還是深受比爾德的醫學理念和實踐所吸引，認為神經衰弱是一種「文明病」，更加關注現代社會的各種過量的刺激碰撞帶來的感官過度負荷和能量衰竭。這些問題對於活在新自由主義科技資本主義時代、普遍化的工作壓力甚至過勞的我們，應該再熟悉不過。（本書在後續的篇章還會更深入討論這個議題）即便這個時代不同的神經醫學專家有各自的理論和關注的重點，他們大多認定神經倦怠的病因比較是器質性的神經力量的耗弱，外在環境吸乾了神經能量造就了虛弱的神經體質，極有可能會遺傳（Schaffner, *Exhaustion* 106）。

神經衰弱最核心的症狀當然是倦怠或疲勞。倦怠的身心狀態最直接反映的就是能量和生產力的下降，引起不少醫學家和心理學家的關注和憂慮，「疲勞研究」的雛形會出現在這個年代似乎是頗自然的發展。和疲勞有關的症狀包括動機、意志力和道德感的喪失、智力遲緩和退化、感覺過敏、神經衰弱等等。身處十九世紀末的法

國的神經醫學家蒂西（Philippe Tissié, 1852-1935）倡議國家公共衛生計畫以對抗疲勞，因為他認為疲勞的個體不在自由，無法持續專注和行使意志力，是「生產體系的敵人」；疲勞顯示可作為社會使用的能量的消耗和枯竭，威脅到整個現代社會（Rabinbach 147）。法國人類學與生理學家拉尼奧（Gustave Lagneau, 1827-1896）關注過重的學校考試和功課造成學生「智力枯竭」，他認為大腦疲乏即使沒有造成病變，也會造成神經過度刺激和心智過動。拉尼奧因此提倡體操和軍事訓練作為因應之道（Rabinbach 148）。對現代精神疾病分類具有深遠影響的克雷佩林也同樣關注疲勞的負面效應。根據他針對學生所做的研究發現，疲勞會造成認知技能、任務和整體表現的偏差。克雷佩林認為當時的心理學在生物學的基礎上自認為是一門探究資質、反應和行為的客觀科學，似乎把人看成工具，人在各種條件都安置妥當就能有效運作。但是疲勞的問題顯示客觀身體與主觀感知的落差，也就是「累人們」不一定知道他們疲累的客觀事實。他認為為了回應一現代文明的生產要求，有必要建置一套追蹤和排序系統，他因此提倡學校的活動時程做必要的安排（例如休息時間），以保持學生的學習成效（Rabinbach 150-51）。

　　有關於神經衰弱的問題，佛洛伊德的見解和比爾德不同，他認為神經衰弱的病因不是過度勞動和現代化的生活方式，而是「性官能症」（sexual neurosis）。根據佛洛伊德的診斷，只有在性功能障礙導致神經耗弱的前提下，過勞才會造成神經衰弱。他在〈官能症病因學〉（"The Aetiology of Neurosis," 1893）一文中提到，「性倦怠就能單獨造成神經衰弱。如果沒有，性倦怠對於神經系統的運作的影響將會導致身體病痛、憂鬱情緒和過勞變得無法忍受。這些因素如果沒有性倦怠，將無法造成神經衰弱，只會有正常的疲勞、正

常的悲傷和正常的身體衰弱，也會驗證一個正常人多能忍受這些有害的影響」（180, 引自 Wilson 17）。佛洛伊德將神經衰弱列入「實質官能症」（actual neurosis）的類別，和歇斯底里、強迫性官能症、憂鬱症等「精神官能症」（psyshoneuroses）有所區隔；它的症狀較直接，病因的時間較近，類似當代定義下的身心症。佛洛伊德診斷的神經衰弱有幾個確切的特質。第一，神經衰弱的根源在於病人生活的特定行為，例如自慰，女性的個案也許還會加上精神衰弱的丈夫。第二，神經衰弱的病因比較是肉體而非精神，也因此精神分析較無法介入。不過，佛洛伊德後來不再把神經衰弱限縮在實質官能症，而是納入精神官能性的憂鬱症。身體系統的耗弱削弱了慾望和本能，使得病人在精神的層次上感受到憂鬱。對佛洛伊德而言，神經衰弱的症狀既是肉體的也是神經性的，不能夠完全歸諸社會和文化因素（Wilson 23）。

神經衰弱除了在十九世紀後半葉盛行之外，文獻也記載了從二次世界大戰廢墟中創造經濟奇蹟的一九五〇年代的德國，也「流行」過神經衰弱。我們所處的這個數位化和金融化的時代裡，各種形式的競爭滲透到社會生活的各個面向，也呼應了先前神經衰弱流行的時代脈絡。然而，「神經衰弱」毫無疑問是倦怠（研究）史最神秘、最曖昧的角色；即便它現在已經不再是一個被廣泛使用的醫學用語，只出現在少數的文獻，我們還是不難在其他病理現象中發現類似的症狀，對於我們理解當前時代的病症還是有參照的價值。

舉例而言，神經衰弱和過勞是各自的「時代病」，它們不必然是臨床上的病症，而是也會發生在常人之中。從歷史脈絡來看，神經衰弱和過勞都經歷「去階級化」和「民主化」的歷程，都從較高的、受過教育的階級遷徙到勞動階級，愈來愈和經濟與勞力剝削密

不可分（Schaufeli 115-16）。神經衰弱、歇斯底里和憂鬱症都同樣具有多變的神經、動作、知覺和心理症狀，這當然會構成診斷上的障礙。如普林斯頓大學歐洲歷史學家歷史學者拉賓巴赫（Anson Rabinbach）所說的，「神經衰弱給醫生帶來兩難，它是一座由變動的、不可靠的『客觀』症狀還有更不可靠『主觀』獨白建造而成的虛擬迷宮，亟需訓練有素的眼睛和耳朵」（159）。

在歷史脈絡中，「神經衰弱」發展出四個不同層次的含義：一、經常與「神經倦怠」一同出現的次級性憂鬱；二、慢性疲勞和女性婦科相關的易受刺激和倦怠的症狀；三、女性歇斯底里的男性對應病症；四、廣義的精神病的同義詞（Shorter, *From Paralysis to Fatigue* 227）。當神經衰弱變得愈來愈普遍，大部分的醫生都傾向從生理疾病的客觀事實解釋主觀性的身心症狀，更強調大腦皮層、脊髓和神經系統的敏感性，而病人則堅持內在的主觀的知覺，兩者似乎在爭奪症狀的權勢權。

「神經衰弱」這個神秘的病症所經歷的變遷過程也同樣神秘，它在十九世紀晚期和二十世紀初期逐漸被「強迫症」取代，自己退居慢性疲勞的子群。當官能性憂鬱從一九二〇年代開始變得更為普遍和主流，「神經衰弱」的地位變得黯淡，一次世界大戰之後逐漸消聲匿跡。由於欠缺明確界定的症狀特徵，而且精神分析和生物腦科學導向的精神醫學也都已經提出其他更具有解釋效力的病理術語，「神經衰弱」變成一種過時的診斷。在一九八〇年正式被《精神疾病診斷與統計手冊》（*The Diagnostic and Statistical Manual of Mental Disorders*，DSM）丟棄，《國際疾病分類》（*The International Classification of Diseases, ICD-10*）則繼續收錄，把精神層次的疲勞列為主要症狀，和身體性的精神衰弱區隔開來。

第三章
歇斯底里

　　歇斯底里在西方醫學的爭議由來已久，主要原因在於歇斯底里常見的症狀，包括肢體抽搐與麻痺、身體異常腫脹與疼痛，或是飄忽不定的情緒起伏，都很難找到確切的生理病因，造成診斷和治療的困難，經常披上神秘的面紗，其真實性甚至因此飽受質疑，經常和「疑病症」（hypochondria）混為一談。更神秘的是，即便到了現代醫學階段，歇斯底里還是經常與附魔的傳說或迷信糾纏不清。這種現象一方面顯示歇斯底里從來都不是一個具有清楚輪廓、條理分明的疾病範疇，另一方面我們也可以看到醫學知識與權力、社會風俗與想像、以及人類心靈最幽微的恐懼和焦慮，如何交互建構像歇斯底里這麼難以言說的疾病與生命狀態。

　　早在西元前五世紀的古希臘，公認是西方醫學源流希波克拉底時代，就已經出現有關歇斯底里的文獻記載。事實上 "hysteria" 這個詞語就是來自古希臘文，原意是「迷路的子宮」（wondering womb），這當然顯示歇斯底里從它的醫學史源流就被歸類為女性專屬的疾病，性別分化甚至偏見的疾病觀不言可喻。馬佐尼（Cristina Mazzoni）的《聖歇斯底里：歐洲文化的官能症、神秘主

義與性別》（*Saint Hysteria: Neurosis, Mysticism, and Gender in European Culture*）主要探討包括聖女貞德（Joan of Arc）、亞維拉的德蘭（Saint Teresa of Avila）、安耶絲（Jeanne des Anges）等女性神秘主義體驗的個案。馬佐尼的研究穿梭在宗教、醫學與文學文獻之間，展開歇斯底里在有機的與功能的、肉身的與靈魂的、自然與超自然間一連串的置換（或用德希達的術語來說是「延異」）。這些複雜的面向顯示，歇斯底里的身體經驗、快感和性慾似乎已超出官能症或任何單一的病理框架。

　　十六、十七世紀的英國醫師喬登（Edward Jorden）就主張歇斯底里是巫術、附魔或超自然力量的產物。在接下來一、兩百年的時間裡，歇斯底里被當成是生理或體質運作的失衡，接近我們現在所說的「內分泌失調」，顯示這個階段的醫學已經慢慢關注且試圖解釋身心狀態、遺傳和環境的關聯。現代醫學（特別是神經內科）拜牛頓物理學和其他科學發明之賜，對於神經纖維和網絡和反射動作有比較清楚的理解，經常透過「反射應激性」（reflex irritability）的概念解釋女性的歇斯底里傾向（Scull 72-73）。十九世紀的歐洲出現的歇斯底里和神經衰弱「大爆發」，一般認為是現代文明發展的速度和刺激所導致的大腦和神經系統過度負荷。這樣的發展再次印證本書導論所借用的修特的「症狀池」（the symptom pool）：也就是說，不同時代的醫學理論、宗教信仰、文化和社會習俗如同一座各種症狀的資料庫，讓歇斯底里病人選取，在肉體的層次上表現出那些症狀，包括昏厥、抽搐、麻痺、出神、憂鬱、厭食等等（Scull 186-87）。

　　歇斯底里到了十九世紀從傳統的「發作」（fits）變形「麻痺」（paralysis），「歇斯底里的女人」也差不多在這個時代大量出現

在歐洲各國的醫院，儼然是一種成為廣為人知的身分象徵。十九世紀後半葉包括巴黎慈善醫院、波爾多聖安德魯醫院，以及現代神經醫學之父沙可（Jean-Martin Charcot, 1825-1893）主持期間的薩佩提耶（Sapêtière）醫院，都曾大量收治女性歇斯底里患者。這時候的歇斯底里發作主要的症狀包括突發性昏睡、幻覺、抽搐、倦怠、食慾不振、體重減輕、尖叫、角弓反張等等。這些女人來自不同的社會階層，到了二十世紀之後更不乏男性和工人階級。這些症狀不難讓人聯想到恐怖電影經典《大法師》，似乎那些病人的無意識心靈早已被寫入附魔症狀的腳本，藉由那些頗具劇場效果的神秘症狀，傳遞特定訊息或完成某些目的。

歇斯底里麻痺到了十九世紀之後才變得比較常見，經常在和歇斯底里發作在相同的個案中交替出現，引起催眠師、水療師、電療師和醫學教授的關注，也逐漸走入日常的醫療行為。著名的美國醫師和科學作家克利夫斯（Margaret Abigail Cleaves, 1848-1917）是電療和放射治療的先驅，她以接觸的案例和自己患病的經驗為素材，描繪了歇斯底里的主要症狀，包括病人堅信有器質性的病因、一些像是憂鬱、恐慌發作、重度疲勞等心理上的痛苦，以及存在的錯置感。有的病人則是飽受劇烈的頭痛和脊椎疼痛所苦，感覺變得異常敏銳，有時甚至他人用手指輕碰都會引起尖叫。十九世紀的醫生們曾經認為歇斯底里主要的原因是神經液體輸送不均或喪失，事實上他們沒辦法清楚區分歇斯底里的心理和神經病因（Shorter, *From Paralysis to Fatigue* 103-06）。

現代神經醫學之父沙可宣稱「瘋狂」並非他感到興趣的範疇，他主張以科學原則取代宗教原則，研究和宗教狂喜有著密切淵源的歇斯底里，並且透過臨床觀察、實驗和解剖，探究腦神經病變引發

的視力、語言、肢體運動、肌肉功能障礙。然而,沙可並不如他所宣示的那樣脫離宗教神靈或超自然元素。他和呂切爾(Paul Richer)合著《惡魔的藝術》(*Les démoniaques dans l'art*),該書搜集了中古世紀以來的一些附身相關的圖像或「視覺檔案」,企圖提出醫學解釋。他也從包括洛丹(Loudun)修女院附魔事件等宗教神靈或超自然經驗的歷史文獻探討官能症。他甚至把他最著名的歇斯底里個案奧古絲汀發作的時候,所表現的異常力量和抽搐扭曲的身體形態,類比為附魔現象,把整個發作過程命名為「歇斯底里大發作」,並且進一步區分成癲癇、劇烈扭曲與移動、塑像儀態(*attitude passionnelles*)、失神與幻境等四個階段。

不論歇斯底里的身體多麼具有不確定和神秘的特質,沙可企圖透過各種醫學和視覺技術,觀察和捕捉歇斯底里的每一個個別元素和特性、不同階段和時間軸,不論是身體的抖動、抽搐或陣痛,提出鉅細彌遺、無所不包的描述,確立歇斯底里的醫學知識,讓身體的真實存在屈從於理性。然而,這樣的醫學理性無法脫離「醫學凝視」。他主持期間的薩佩提耶和現代神經內科彷彿一座「歇斯底里劇場」,充滿戲劇性的景觀和視覺效果;這也可以說是一座能夠辨識水晶隱形的紋路的「大型歇斯底里光學機器」(Did-Huberman 9)。沙可在他著名的星期二講座公開向各地慕名而來的學者/觀眾展示他的歇斯底里的實驗和治療,以及他的醫學權威(或法術?)。他透過催眠導電音叉、針刺、麻醉藥物或其他外力介入,讓病人「展演」出肌肉抽搐、僵直、昏厥等歇斯底里症狀。除此之外,他還建造了大量細彌遺的照片、素描、圖表、石膏模型等歇斯底里與神經內科身體的醫學視覺檔案。值得一提的是,照相術對沙可而言同時具有實驗、博物館學和教學的功能,也讓他得以克服科

學的兩大障礙語言和感官，甚至成為他的視網膜，用來涵蓋所有和病人有關的現況和歷史，不只要「看到」，還要「先看到」，也就是「預視」（foresee）（Didi-Huberman 30, 32）。

即便如此，沙可持續遊走在實證科學與超自然神秘之間，包括用鈍器在病人背部輕描類似 "Satan" 這樣的字體，在皮膚上留下時序長短不一的赤紅痕跡。他的視覺檔案帶有奇幻的戲劇元素，主要原因在於歇斯底里姿態的確切因素不容易掌握，因為牽涉個人身心狀態、記憶、慾望、想像和醫學診斷與處置、社會文化複雜的交錯。歇斯底里病人經常表現下肢軟弱無力甚至癱瘓（astasia-abasia），而歇斯底里麻痺包含肌肉痙攣和鬆弛性麻痺兩個版本，如同「症狀池」裡兩個可互換的選擇或交替使用的劇目。沙可顯然是企圖同時捕捉這兩個版本表現的矛盾時間性，也就是突發的片刻（痙攣）和時間的沉滯或閒置（麻痺）。

根據修特的觀點，肌肉痙攣的版本如同以附魔傳說為素材，肌肉的動作失去控制，像是在展示某種惡魔的超自然力量；鬆弛性麻痺像是以民間傳說裡的「僵直症」（catalepsy）作為模板，表現出神或死亡的姿態，不論心智運作是否有產生變化（Shorter, *From Paralysis to Fatigue* 109）。修特歸結出造成歇斯底里麻痺的三種可能的生活情境。第一種是類似鐵道脊髓症、產後感染感染等創傷性損傷。第二種是引發極度不安、恐懼或悲傷的事件，麻痺的症狀可算是回應那些事件和處理極端情緒的方式。第三種是風格化的姿態（mannerism），也就是病人選擇時興的風格表現症狀（Shorter, *From Paralysis to Fatigue* 113-15）。修特提醒我們無需認為這些歇斯底里姿態有什麼愚蠢或挑釁，麻痺的症狀似乎提供那些行為和行動受到社會和醫學體系制約的女人某些回應那些制約的方式（Shorter,

From Paralysis to Fatigue 117）。當然，這樣的「歇斯底里劇場」在當前的時代裡已經被重度疲勞、肌痛症、多重化學物質過敏等取代，歇斯底里女人也已讓位給更多元、更無所不在的各種「累人們」。

佛洛伊德曾在沙可主持薩佩提耶醫院期間，於一八八五、八六冬季到那裡見證沙可的「歇斯底里大劇場」（這當然是作者本人較為戲謔的說法）。但是必須澄清的是，佛洛伊德和沙可一樣，都不認為歇斯底里完全是女性專屬的疾病。佛洛伊德將歇斯底里歸因於心理創傷，這也使得他逐漸脫離當時主流的按摩、電療、水療、催眠等治療方法，發展出我們所熟知的「談話診療法」（talking cure），挖掘病人早年家庭歷史壓抑的創傷記憶，也就是沒有卸除的情緒壓力，如何表現在身體的症狀和病變，包括肌肉失調、神經麻痺和其他前文提到過的症狀。從我們現今已知的觀點來說，佛洛伊德處理的這些歇斯底里症狀或多或少都顯示大腦、肌肉和周邊神經系統失去聯繫，但是又無法對應到身體器官與組織的確切位置。佛洛伊德主張歇斯底里的心因性症狀是需要詮釋的訊息，經常糾結著病人壓抑的創傷記憶，但是那些記憶總是支離破碎，無法斷定和身體症狀確切的因果關連。佛洛伊德有一段時間推測那些記憶具有性含義，可能起因於嬰孩時期的性誘惑和性傷害；但那些記憶真真假假難以確認是否為真實事件。也因為如此，佛洛伊德的歇斯底里研究逐漸放棄「誘惑理論」，轉而建構更通用、更具有解釋效力的心靈理論。

朵拉（Dora）是佛洛伊德最重要的個案研究之一。佛洛伊德在一九〇〇年發表了《夢的解析》之後，隨即開始治療時年十八的朵拉，整個治療時程從一九〇〇年十月到該年年底，但在四年後才發表朵拉個案。朵拉從她父親的家族遺傳了脆弱的體質，他的母親則

是「家庭主婦精神病」（housewife psychosis）患者，嚴重的潔癖讓她無法安心待在家裡，甚至對朵拉有很強烈的敵意。朵拉自述陷入父親和K太太之間的曖昧關係，後來甚至受到K先生的引誘。朵拉早在八歲就已經出現歇斯底里症狀，包括兩年的憂鬱期、飲食障礙、不斷和家人發生口角、逃避社交活動、先天性發燒、痙攣、神經質咳嗽、失憶、失聲等。她甚至出現被壓的幻覺，還留下一封自殺遺書，似乎是在報復父親和K太太的曖昧關係。

根據佛洛伊德的詮釋，朵拉的健康狀況隨著發生在週遭和自己身上的事件而產生變化，例如她的失聲和K先生不在有關，顯示所謂的「身體順從」（somatic compliance）的症狀，也就是身體上的病痛似乎有某種心理動機，或者特定的心理狀態比較容易發展出生理病痛。佛洛伊德在朵拉的個案裡從心理創傷和情感衝突的角度進行心理治療，但他也發現那些創傷不足以解釋症狀特性，無法證實兩者之間確切的因果關聯。談話診療過程充滿前後不連貫的描述和事件發生的順序，有許多無法填補的空缺，顯示朵拉某些錯誤和壓抑的記憶。朵拉不見得都同意佛洛伊德的詮釋，比如說暗戀K先生。她還可能因為嫉妒表妹比自己先訂婚，剛好表妹得了胃痛，朵拉就表現出胃痛的模樣給佛洛伊德看。總結來說，佛洛伊德在這個階段還在透過談話診療和夢的解析摸索釋放壓抑的心理內容的技巧，逐漸發展出更複雜的心靈運作機制的理論。

傅柯在《不正常的人》（*Abnormal*）講座第八講頗令人意外地談了附魔者的問題，提供了我們思考歇斯底里另類的批判觀點。他在一開始就提到一種新的身體，他稱之為「肉身」（flesh）。這個歷史轉變顯示一種新的檢查程序幾乎涵蓋個體生命的所有面向，任何一個細節都必須訴說和接受檢查，這也意謂著精神導師獨佔的權

力。那不是禁止或壓制說話的權力,而是要求命名、談論和表現肉身的權力。傅柯指出,當附魔者的身體成了魔鬼力量的受器,那樣的身體就成了無窮盡的抗拒、動作、顫動、痛苦和愉悅的場域,他也用包括「戰鬥」、「圍城」、「劇場」等譬喻形容附魔者的身體已然是各種力量交戰之處。在這一個「抽搐的肉身」之中交戰的一邊是宗教與神祕主義,另一邊是醫學與精神醫學,這也是傅柯整個瘋狂史和生命政治考察的核心議題。兩邊的力量都企圖獨佔身體,但身體永遠無法被消音和壓制,會透過抽搐發出吶喊、顫抖和排斥。傅柯提示我們必須將「抽搐的肉身」重新放入政治權力的脈絡,他同時也強調抽搐在十八世紀成為醫學特別關照的客體,甚至是最重要的瘋狂的形式。這樣的時間點約莫已是醫學取得科學的光環得以控制性慾和健康,以及神經系統成為醫學病理學最重要的領域之一。

歇斯底里在後佛洛伊德精神分析和女性主義仍佔有一席之地。拉岡在他的生涯裡一直都在挑戰身體作為客觀知識基礎或者客體。除了身體之外,女人、絕爽(*jouissance*)與上帝也都早已是「分身」(double),如同第二十講座的主題 *encore* 顯示的意義「再一次」或「更多」。身體和陰性在拉岡的精神分析裡都抗拒科學論述、語言和再現。神祕主義、陰性和歇斯底里在西方歷史中一直都有著連結關係。這樣的連結也顯示在沙可最著名的個案奧古絲汀:她的歇斯底里儀態展演著性幻想,一種不在場的存在(上帝與她換幻想中的情人)牽動的絕爽。從拉岡的觀點來說,神祕主義追尋著某種代表完整卻又不在場的超越性意符(signifier)。拉岡強調性與身體的差異是語言運作的結果。女性性慾的問題對拉岡而言就是知識的問題,而他總是在挑戰笛卡兒式的主體和知識,因此陰性必然具有無

意識的特性。

拉岡企圖鬆開語言對於身體虛幻不實的控制，形塑一種平等主義的象徵體系，他相信女人就具備完成這個任務的策略位置。拉岡就在這樣的思想脈絡下發展出「不全」（not-all）的陰性邏輯。女人那裡總有什麼逃離了話語，因此是神秘的，總有什麼不在陽具體系之中，因此拒絕男性的發言位置。陰性無法在身體之中和透過分析話語被固定，女人經驗身體的存在，但是無法言說那樣的經驗。女人沒有／不是本質，必須標記為 ~~woman~~。拉岡反覆引述神秘主義文獻，甚至認為自己傳遞的知識就是一種神秘主義；這對於拉岡的批評者，或者修習拉岡精神分析的學生，應該再真實不過了！他特別關照自己的精神分析教學與實務、分析師與被分析者之間尚未被表達的。然而，拉岡的歇斯底里論述具有曖昧的本質，一方面他突顯一種男性精神分析的宰制，如同一位陽具之父站在女性主義的對立面，但同時又不時顯露自身宰制立場的空缺（Hollywood, *Sensible Ecstasy* 160）。

歇斯底里在整個現代疾病史的舞台上起起落落自然不在話下，到了二十世紀後半葉似乎就不再是一個普遍使用的病理分類名詞，不再被當作一種具體的疾病，其面貌愈發模糊，蹤跡也愈發飄忽。這樣的變遷在相當大的程度上牽涉到精神分析和生理導向的精神醫學間的張力。長久以來，精神分析總是在生理或生物導向的精神醫學的陰影中發展，到了這個時代，精神分析治療精神疾病的效力受到普遍的質疑。即便歇斯底里似乎逐漸退出精神疾病的舞台，這座舞台並沒有因此縮減。美國精神醫學協會（American Psychiatric Association, APA）的《精神疾病診斷與統計手冊》（*The Diagnostic and Statistical Manual of Mental Disorders*，簡稱 *DSM*）每次改版，似

乎都持續擴張精神疾病的定義,把更多原本被視為「正常的」日常生活情緒波動(包括悲傷和小孩鬧脾氣)、痛苦與老化的症狀,納入精神疾病的清單,也因此讓精神用藥更為普及化。

六〇年代女性主義運動或「第二波女性主義」對於「歇斯底里」失去臨床病理的效力,也許會抱持樂觀其成的立場,這樣的發展對他們而言意謂著歇斯底里的「去性別化」,畢竟從女性主義的觀點來說,女人在幾世紀以來持續被婚姻、生育、家庭和醫學治療的枷鎖所綑綁。如果說沙可、布羅伊爾(Joseph Breuer)和佛洛伊德「發明」了現代歇斯底里,他們也同時發明了現代女性特質,如同現代醫學和父權體制「肯定」女性生育小孩的生理與社會功能。這樣的肯定對於西方帝國主義和工業資本主義所需的「自然與正常」的結構,都發揮了不可或缺的作用;這也和作為一種種族保存和再生的優生學論述有著密切的關連。在同樣的時代脈絡裡,愈來愈多的女人必須面對傳統角色與外出工作的衝突。

當歇斯底里在一九七〇、八〇年代逐漸從臨床醫學中消聲匿跡,它卻轉而成為學院女性主義的重心。歇斯底里因此強勢回歸,成為包括西蘇(Hélène Cixous)、伊瑞葛來(Luce Irigara)、吉爾伯特(Sandra Gilbert)、古巴爾(Susan Gubar)、肖華特(Elaine Showalter)、克莉絲蒂娃(Julia Kristeva)等女性主義者論述的重要課題。歇斯底里的那些不自主、無法控制的身體症狀被視為社會與文化成因大過醫學成因,體現女人所受的各種壓迫(Devereux 20)。然而,這些女性主義者並沒有完全將歇斯底里等同於性別壓迫,而是把它當做一個反抗的場域,鬆動固定的女性再現。

有別於法國女性主義者的「陰性書寫」(l'écriture féminine),肖華特提出 "hystories" 的概念,也就是把歇斯底里當作文化敘述或

「元語言」（protolanguage），而不在是一種女性專屬的疾病；她的《Hystories：歇斯底里傳染病與現代文化》（*Hystories: Hysterical Epidemics and Modern Culture*）目的就是要解析這些敘述如何產生、糾結和擴散。對肖華特而言，歇斯底里並沒有消失，而是進入一個新的時代，經由自助書籍、報章雜誌、電視談話節目、電影、網路等管道四處流通，變得更具傳染力。肖華特的分析範本個案涵蓋慢性疲勞致候群（CFS）、波斯灣戰爭症候群、（虛構的）性侵犯、外星人綁架、陰謀論等等。她的研究發現，許多人抗拒為他們的歇斯底里症狀尋求心理學的解釋，而是歸咎於包括病毒、性侵犯、化學毒素、撒旦、外星人入侵等外在因素。九〇年代美國的千禧年恐慌、宗教基本教義派和政治偏執症也都顯現集體的歇斯底里，四處尋找和獵捕代罪羔羊和敵人。肖華特參與其中的學術社群「新歇斯底理學家」（New Hysterians）不把歇斯底里看成耗弱、缺陷、欺瞞或不負責任，而是一種焦慮和壓力的文化症狀，是真實而普遍的衝突所造成的。所謂的 "hystories" 就是由病人、心理學家、神職人員、父母和社群共同建構的敘述（Showalter 9）。歇斯底里依舊是重要的女性（主義）議題，畢竟它長期以來一直被陰性化，也被用來消解女性抗議的理由。肖華特期盼女性主義能更投入各種病痛、創傷、控訴和陰謀論敘述，區分具有療癒和毀滅性的敘述，看清背後的各種傷害和壓迫。

第四章
精神分析與身心醫學

　　佛洛伊德他在職業生涯中,不論在理論建構或臨床實踐,都持續探索和治療歇斯底里和各種類型官能症的身心症狀,但他終究並未對身心症提出一套完整的精神分析理論。即便如此,精神分析曾經在二十世紀初期身心醫學扮演重要角色,只不過是在後來的階段裡似乎逐漸被忽視。二次大戰之後在歐陸、美國與拉丁美洲(特別是阿根廷)出現不少精神分析的身心症研究與臨床實踐,反思傳統精神分析理論和技術的侷限,企圖與其他包括生物醫學和神經醫學整合,開拓新的理論和臨床技術,對身心醫學做出實質的貢獻。

　　在相當大的程度上,佛洛伊德的驅力(或本能)理論挑戰了西方身體／精神二元論(或「心物二元論」),精神分析取向的身心醫學會以此作為學理基礎似乎頗為合理,為身心症研究與治療揭露了身體與精神運作無比錯綜複雜的關聯。佛洛伊德的本能理論歷經不同階段的摸索與修正自然不在話下,他在一九一五年發表的〈本能及其變化〉("Instincts and Their Vicissitudes")的說法,就相當具有代表性:「如果我們從生物學的觀點理解精神生活,本能似乎就是一個處在精神和肉體邊界的概念,如同從生命體內部來到心靈的

刺激所形成的精神代表物,如同因為和肉體連結而產生對精神的要求」(121-22)。這裡所說的「精神代表物」和「對精神的要求」並非像是燈光刺激眼睛那樣,也就是不能把本能簡化成(精神上的)「刺激」,因為本能不是像暫時性的力量那樣運作,而是一種持續性的、恆常的力量,似乎總是在尋找對象卻又找不到。

佛洛伊德大致上用「享樂原則」(*Lustprinzip*、pleasure principle)解釋精神生命,那是一種以自我保存、維持穩定或「恆定狀態」(homeostasis)為目標的本能,其運作隨著佛洛伊德本能理論的發展,有了更細緻複雜的闡述。享樂原則面對的是「死亡本能」(*Todestrieb*、death drive)的對立或反抗:死亡本能很執拗地阻止欲力(或力比多、利比多)(libido)得到滿足,甚至從不滿足或痛苦中得到滿足。自我透過享樂原則以追求滿足,維持生命狀態的穩定或延長生命,它除了要面對死亡本能的挑戰之外,也必須與「現實原則」(*Realitätsprinzip*、reality principle)妥協。當現實條件不允許或者生命受到威脅,自我就會轉移對象或耽擱願望,以迂迴或較可接受的方式實現享樂原則。

然而,即便佛洛伊德至始自終都沒有放棄享樂原則,他的本能學說到了一九二○年代漸漸確立了「超越享樂原則」,這也顯示晚期的佛洛伊德走向較為陰暗悲觀的生命觀與文明觀。佛洛伊德發現享樂原則不足以解釋心靈運作的全貌,需要加上更多條件;心靈運作並非都是以快樂目標,需要探究滿足更為複雜曖昧的面向。「超越享樂原則」最經典最為人熟知的範例當屬佛洛伊德在〈超越享樂原則〉("Jenseits des Lustprinzips," "Beyond the Pleasure Principle")一文中談到他的小孫子玩的「去來遊戲」(the fort-da game)。小孩子反覆進行丟撿玩具的動作,顯然是在練習或適應母親暫時的離

開，問題是那樣的反覆動作無法完全用享樂原則來解釋，畢竟母親離開（更廣泛的「分離」）本質上是不悅的，甚至是傷痛的。除了「去來遊戲」之外，佛洛伊德也用精神分析診療過程的移情，也就是被分析者把具有侵略性的情緒投射到分析師，以及日常生活中的許多情境印證超越享樂原則的「反覆衝動」，思索不愉快或痛苦帶來（無意識的）滿足。[1]

超越享樂原則的死亡本能經常以反覆的樣態運作，由焦慮感所驅動，像是一種警告訊號，啟動心靈防衛或壓抑機制，為危險或創傷事件預做準備，降低過強的心靈刺激。佛洛伊德在他晚期的代表作《精神分析概要》（*Abriss der Psychoanalyse, An Outline of Psycho-*

---

[1] 細節請參考黃涵榆，〈病毒、感染與不死生命：當前生命政治情境的一些反思〉，121：根據佛洛伊德的觀察，小男孩很聽話，媽媽不在也不太會哭鬧。小男孩逐漸發展出一種遊戲，把玩具丟開，再把它撿回來，後來在玩具上綁了線，丟出去的時候同時發出「去」（德文「fort」）的叫聲，把玩具拉回來的時候狂喜地大叫「那裡」（德文「da」可指「這裡」、「那裡」），而且反覆進行相同的動作。佛洛伊德一開始試圖從享樂原則詮釋這個「去來遊戲」。遊戲對小孩而言是玩耍「消失」與「回來」，一方面代表小孩企圖適應媽媽的離開（也等於學習有時候得斷絕占有母親的慾望），提供某種心理補償，另一方面也是迎接媽媽回來，得到愉悅的感覺。但佛洛伊德在思考過程中無法斷言快感真正的來源，以及為何需要反覆進行相同的動作，似乎意識到自己自始至終都不曾放棄的享樂原則必須附加一些條件。他提出一個假設，「去來遊戲」如同其他小孩玩的遊戲，滿足小孩控制的本能。一旦將去來遊戲連結到本能，佛洛伊德似乎不得不面對其中頗為暗黑的面向：丟玩具的動作一方面可視為小孩對母親不在的回應，另一方面母親的消失成了死亡的轉喻，讓小孩感受到死亡的威脅，小孩因而透過丟玩具的動作發洩情緒，滿足報復的本能。佛洛伊德還以小孩其他的生命經驗證明自己推論的合理性，好比醫生給小孩看病或進行某些醫療措施，小孩會發展一種遊戲，把玩具或玩伴當成是報復的替代品，也是施加暴力的對象。（"Beyond the Pleasure Principle" 14-17）

analysis, 1940）提出最終版本的本能理論。本能顯示心靈接受到肉體提出的要求，處理內在和外來的刺激。它的本質都是保存性的（conservative），不計代價要抓住生命的進程中被拋棄或克服的早期的狀態，這也意味著本能總是帶有不可理喻、抗拒改變的特性。佛洛伊德區分出兩種本能：愛欲本能（*Eros*、sexual instinct）和死亡本能（*Thanatos*、death instinct）。佛洛伊德指出，愛欲本能的作用是要建立連結和更大整體，死亡本能則是要切斷連結，回復到一種非生命的狀態（17-19）。這兩種本能的時有消長，顯示身心動態的、不平衡的狀態。頗令人感到意外的是，佛洛伊德認為具有侵略性和毀滅性死亡本能的外化，對於維繫生命具有正面的作用。但是我們別忘了這樣的侵略性也會往內以自我為對象，如同超我對自我百般嘲諷、苛刻甚至凌虐，或是憂鬱症的自我凌虐，或一些病人抗拒治療且從他們的病痛中得到滿足。

「凡走過必留下痕跡」。我們的身體和生命歷程所經歷的不一定都能有對應的記憶和得到理解與安頓，那些不被理解、沒有得到安頓、被壓抑的經常會回來擾亂我們的身心狀態。從精神分析的角度來說，體化症是前語言的生命經歷的殘留物，尚未習得語言的嬰孩更會暴露在體化狀態，也就是更容易在身體上顯現他們所經歷的不愉快或痛苦的感覺、沒有得到回應或滿足的身體和情感需求。斯坦伯格（Paul Ian Steinberg）就從精神分析的角度區分體化症、轉化症（conversion symptoms）和身心症。根據史坦伯格的區分，轉化症無法以醫學上的疾病解釋，雖然它們有可能會模仿那些病的樣態，或是企圖表現某種無意識的衝突或壓抑的情感。在沒有明確的生理損傷的情形下，不適的器官顯現的症狀沒有預期會出現的特性，因此無法做標準化的判讀。心靈像是利用身體要表達什麼，阻

止被禁止的、壓抑的衝動和願望被實現，不讓難以忍受的感覺進入意識的層次。反觀體化症的個案中，斯坦伯格則認為並沒有無意識的訊息或得不到滿足的需求導致的衝突，也因此沒有確切的符號意義。根據斯坦伯格的觀點，和體化症相較之下，身心症通常有較為明確的生理病變，但兩者又同樣在思考和涵納痛苦情感的能力上，顯示較大程度的錯亂（96-98）。

如前文所述，體化症和身心症的區隔並沒有定論，本書採取的是比較寬鬆的、涵蓋層面較廣的身心症定義。從一般的精神分析身心醫學的角度來說，當無法忍受的情緒狀態沒有形成相對應的心靈內容，就會以肉體病痛的樣態回返。著名的法國精神分析師、同時也是身心症代表性的研究者麥克道格爾（Joyce McGougall）[2]甚至發現有些病人無意識裡想要保存他們的病痛，以確認他們的身體界線和精神存在。也有不少身心症病人經常不帶任情緒描述他們自己或其他人的狀況，以一種不尋常的無感描述創傷事件，似乎是藉此避免意識到巨大的情緒風暴，但他們的身體卻如實地展演出那些風暴。於是過敏、腸胃、心血管等部位的反應都可能形成防護措施，讓個人能夠抵擋因為得不到愛或完全滿足的幻想破滅造成的有如嬰兒感受到的死亡威脅。為了達到這樣的防護目的，當身心症病人覺得自己處在有如嬰兒生命遭受威脅的情境，就會有種警告訊號跳過語言，讓個體可以不會察覺和思考危險的存在，身心症的病痛就是這樣產生的。除此之外，病人還可能會因為無法察覺和表達情緒、欠缺想像力，而有暴飲暴食、酗酒、不當用藥、打架鬧事、危險駕

2　見 *The Theaters of the Body: A Psychoanalytic Approach to Psychosomatic Illness*, New York, Norton, 1989.

駛的行為。

　　精神分析取向的身心醫學自二次世界大戰後經歷了幾波的發展。最具影響力的當屬馬蒂（Pierre Marty, 1918-1993）在一九四〇、五〇年代開創的巴黎身心症學派（The Paris Psychosomatic School），主要成員還包括Michel Fain, Michel de M'Uzan, Christian David等。巴黎學派以驅力理論作為學理基礎，主張驅力若非上升為精神內容物，就是回縮到肉體的根源，引發身體病痛，身心症則意謂著身心失序或瓦解，沒有特定的象徵意義。反觀Georg Groddeck（1866-1934）、Smith Ely Jelliffe（1866-1945）、Wilhelm Stekel（1868-1940）、Angel Garma（1904-1993）等，則認定身體疾病具有象徵意義，延伸佛洛伊德的轉化症歇斯底里的觀點，也就是把身體的症狀看成無意識幻想透過身體語言的表現；這些症狀自然也適合做精神分析詮釋。亞歷山大（Franz Alexander, 1891-1964）和他的芝加哥學派同仁們主張身體症狀無關乎象徵，而是身體構造特性和強烈的情緒激動造成的生理變化交互作用的結果；在這種情況下，精神分析治療的目標是詮釋並且化解造成情緒激動的無意識衝突（Taylor, "Symbolism" 182）。病態的情緒過激狀態當然也有可能顯示語言或象徵功能的損傷，這時候詮釋的重點就轉移到創傷和解離現象，不再侷限在詮釋壓抑的衝突（Taylor, "Symbolism" 183）。

　　初期的精神分析身心症學派以轉化障礙為對比的對象，對於身心症是否有重要的深層象徵意義提出不同的見解，但是各種身心醫學病理模式幾乎都是以內在的精神衝突以及相對應的情感狀態為基礎。這個階段的身心醫學模式也重視生理因素，但是似乎假定身體和心靈間存在一種線性的因果律，診斷和詮釋的重心擺在疾病的「精神發生論」（psychogenesis）。這樣的治療取向和精神官能症

的治療方式大同小異,兩者都需要詮釋和經歷(working through)與本能有關的衝突,治療的成效相當有限。有些病人的症狀也許會略為緩解,當然也有人的病情沒有任何變化甚至惡化,這樣的狀況顯示以衝突為基礎的身心症治療模式的侷限(Taylor, "Psychoanalysis and Psychosomatics" 306)。

身心醫學共通的立論基礎是情緒和人格會影響身體功能,會成為病因,但是情緒和疾病的因果關聯,一直都沒有定論。身心症患者表現的憂鬱、憤怒、敵意和焦慮,到底和他們罹患的支氣管哮喘、基本型態高血壓、消化性潰瘍、潰瘍性結腸炎、甲狀腺毒症、類風濕性關節炎、神經性皮炎等「古典身心病症」之間的確切關聯為何,以及語言功能或心智化(mentalization)和疾病風險的相關性為何,都有待驗證。另一方面,即使有身心醫學專家和學派否認身體症狀的象徵意義,也就是濃縮了壓抑的慾望和記憶,創傷與疾病的關聯已是身心醫學研究和實務的重大課題。雖然包括「童年逆境經驗研究」(The Adverse Childhood Experiences Study)、美國「全國併發症調查」(National Comorbidity Survey)等醫學研究與調查沒有證明未被語言表述、未心智化的精神創傷如何造成身體健康的變化,精神分析取向的身心醫學大多還是認定幼童時期的創傷(包括性、身體、情緒虐待、家庭暴力、離婚或心理疾病)會增加心血管、消化、呼吸、免疫系統各方面疾病的風險。

可以確定的是,身心醫學的共識在於情緒與生理現象、自律神經系統和包括臉部表情、手勢、語調變化等等肌肉動作密切相關。這當然不是說情緒純然是生理現象,而是強調身體、大腦、心智運作和社會體系之間的連結;情緒經過認知過程的處理,或是與他人互動的情緒經驗轉化為語言再現或精神內容,孕育出記憶、幻想與

夢境，有助於調節和吸納情緒困擾。這些情緒認知能力如果在小孩子在成長過程中能夠發展成熟，他們就不會過度依賴父母來降低精神緊張和規範行為（Taylor, "Psychoanalysis and Psychosomatics" 308-09）。但是一旦談到身心症的精神分析臨床治療，我們還是會發現困難重重，應該使用什麼樣的分析技術都還是充滿爭議，分析的情境也離不開移情和反移情的緊張。分析師必須要有能力詮釋病人前語言、前象徵的身心症狀，但病人總是想方設法展現自主性，有時候甚至會展演出一些症狀來逃避分析師的話語和聲音。分析師得適時保持被動，以便創造某種精神空間，讓病人表現身體症狀，分析師再接著進行詮釋，進而梳理創傷記憶和自戀性的自我傷害（Schmid-Gloor et al. 76）。

情緒的解離或去象徵化，也就是病人對自身症狀的漠然，肯定還是身心症臨床治療最大的挑戰。根據美國臨床心理學與精神語言學者布奇（Wilma Buci），幼兒在成長過程會透過與他人反覆的互動發展出「情緒基模」（emotion schemes），形成人格組織的基礎。在這樣的架構下，情緒解離導因於發展不全、嚴重的衝突或精神創傷，連帶造成身體與肌肉組成元素的過度刺激。為了防衛和修復這樣的解離現象，心靈會利用一部分的身體部位組織（情緒）基模，製造出帶有象徵意義的疑病或轉化症狀。當然，解離現象的嚴重程度也有可能超出個體自我調節和組織的能力（Taylor, "Symbolism" 187）。

身心醫學在歷經魯施（Jurgen Ruesch, 1910-1995）從一九四〇年代末期、到一九七〇年代的尼米亞（John Case Nemiah, 1918-2009）和西凡尼歐斯（Peter Emanuel Sifneos）的研究，才描繪出「述情障礙」（alexithymia）的基本圖像：一、辨識和描述感覺的困難；

二、區分感覺和伴隨情緒刺激發生的生理反應;三、想像運作受到限制(或幻想的匱乏);四、外導型認知風格(Taylor, "Psychoanalysis and Psychosomatics" 309-10)。述情障礙不限定在經典的身心症個案,也會出現在類似疑病症、恐慌症、厭食症等功能性患疾。有研究顯示在女性厭食症患者實驗組別中,同時患有述情障礙和包括背痛、消化障礙、呼吸障礙和皮膚病的相關性超過七成(Taylor, "Psychoanalysis and Psychosomatics" 310)。研究數據似乎可以判定述情障礙和生理病痛的相關性,但不見得能夠證實病因和症狀之間確切的因果關係。

第五章
慢性疲勞症候群和過勞

　　慢性疲勞症候群（chronic fatigue syndrome, CFS）和十九世紀末、二十世紀交替時流行的神經衰弱有著頗為相近的時代脈絡，都顯示工作、生活步調、社會環境和科技現實對於個人造成過重的身心負擔。CFS、肌痛性腦脊隨炎（myalgic encephalomyelitis, ME）、職業倦怠、憂鬱等病症各有其定義和診斷標準，但經常就疲勞程度、認知症狀、睡眠障礙、疼痛等的面向做比較。例如，疲倦感持續六個月才符合CFS的判斷標準，ME的疲倦感覺屬於神經免疫方面，但沒有確切的時間標準，憂鬱症的時間標準一般是要超過兩星期，重症者甚至是每天，倦怠感會持續出現甚至增加。（見附表二）這幾種病症之間的界線事實上並不是那麼絕對，經常會一同出現，CFS和ME甚至經常被當作同義詞。

　　美國疾病管制與預防中心（the Centers for Disease Control and Prevention, CDC）的研究人員於一九八八年創造了CFS這個用語，一九九四年設立CFS的診斷標準，定義CFS是無法判定其他身體上的原因造成的疲勞，嚴重干擾工作和日常活動，症狀持續達六個月，並列舉出八項指標，明確指出符合四項即達到CFS的診斷標準：

超過二十四小時的「勞動後倦怠」（postexertion malaise）、睡眠障礙、短期記憶或專注力明顯的損傷、肌肉疼痛、關節痛、頭痛、頸部或腋窩淋巴結疼痛、經常性或重複性的喉嚨痛。

上述症狀的臨床診斷大多歸因於病毒感染、免疫系統失調、神經系統或新陳代謝的病變。這些器質性的病因和具體症狀之間的因果關聯並非毫無爭議，於是有些醫師放棄生理模式，把CFS當作一種身心或行為上的問題，經常有認知功能、專注力、記憶、處理資訊的能力減損的現象，與憂鬱和焦慮息息相關，應該被列入精神疾病（Schaffner, *Exhaustion* 184-86）。許多受CFS所苦的人不論怎睡都還是覺得累，甚至連睡都睡不好，整個人幾乎完全無法運作，像是經常處在當機狀態。常見的治療方式包括認知行為治療、運動療法、冥想、服用抗焦慮和免疫調節方面的藥物。

英國的愛潑斯坦（Michael Anthony Epstein）和阿衝（Bert Achong）以及愛爾蘭的巴爾（Yvonne M. Barr）等病毒學家於一九六四年共同發現主要經由唾液傳染的「第四型人類皰疹病毒」（Human herpesvirus 4, HHV-4），又稱愛潑斯坦－巴爾病毒（Epstein-Barr virus, EBV）或EB病毒。此病毒據說會引發倦怠、四肢疼痛、情緒錯亂等症狀，但是和CFS的確切關聯並未得到充分的證實。

頗為神秘的是，在上個世紀的後半葉，包括美國的華盛頓特區和佛羅里達州的彭塔戈爾達（Punta Gorda）的精神病院、洛杉磯郡立醫院、英國倫敦的皇家慈善醫院（the Royal Free Hospital）傳出好幾起疑似集體感染或傳染CFS的案例，主要症狀包括知覺喪失或錯亂、疲倦、肌肉疼痛和認知功能損傷。一樣神秘的是，後來連許多沒有暴露在這些「傳染」的病人也表現出幾乎一模一樣的症狀。

CFS近年在國內已經得到不少關注和討論，不少網路社群媒

體、醫學知識網站或個別醫師臉書頁面分享相關的症狀、治療、保健和生活作息建議，但仍缺乏較為系統性的研究成果。行政院衛生署（衛福部前身）委託臺北醫學院（現臺北醫學大學）執行的科技發展計畫「新浮現疾病『慢行疲勞症候群』的研究：感染免疫功能與精神狀態」（計畫主持人呂思潔，研究人員蔡上穎、蘇千田，執行期間一九九八年七月至一九九九年六月）納入32位CFS個案，以年輕女性居多（平均年齡32歲，平均發病年齡為24），其中7位為病毒感染，6位患有包括腎臟、糖尿病、心血管等疾病，確定無生理但有憂鬱或其他官能症之精神疾病者有18位，另有一位無法確定病因。研究報告最後建議有關病因、診斷分類、治療策略等面向的心理與生理科別整合，同時也提醒注意年輕族群感染和睡眠狀況不佳的問題，以避免疲勞症狀惡化。

　　道寧－歐爾（Kristina Downing-Orr）自己身為臨床心理學家也罹患過CFS，她指出許多職業心理和精神科醫生過度誇大身心病，不重視生理上的症狀，只是使用抗焦藥或其他精神用藥進行治療和建議病人減少活動。她提出同時兼顧醫學、營養和心理的「融合模式」（the fusion model）。舉例而言，道寧－歐爾在醫學的面向提出一套如何透過包括尼莫地平（Nimodipine）、銀杏、月見草等藥物與補給品控制血壓、改善血液循環和腦神經傳導；營養部分則建議避免食用澱粉、糖漿、花生、泡菜等高糖高油和刺激性食物；心理層面耶提共了許多正念的自主訓練。

　　歐美媒體和社會大眾對於CFS的關注（或恐慌？）在一九八〇和九〇年代戲劇性攀升。倦怠會傳染或流行嗎？前面提過精神醫學歷史學者修特提出「症狀池」理論，推論身心症的病人會將他們的症狀套入他們那個時代的醫學思想和實作、社會感受甚至大眾想

像,使得他們的病症能夠得到醫學專業人員的認可,成為「合法的」病症。修特從CFS一波又一波的流行也觀察到一種「症狀的飄移」（symptom drift）,也就是從神經內科範疇轉移到疼痛、疲勞、情緒不穩定等主觀的面向。的確也有研究者指出,不少慢性疲勞病人似乎傾向把對於自己身體的主觀感受提升到和醫生的客觀醫學知識相等的地位,甚至形成了一種「次文化」。這種對於體制的不信任也突顯了自我實現與滿足成為物神崇拜（fetishism）的對象,一種流行價的值或文化象徵。在這種社會文化中,個人似乎透過疼痛和疲勞,對於社會期待帶來的壓力表達不滿和抗議,CFS似乎也很合理地成為一種時代病（Schaffner, *Exhaustion* 193-96）。儘管「時代病」的說法飽受爭議,而CFS神秘的面貌至今仍未完全被揭露,但可以確定的是,它的病因是一個複雜、充滿異質性的網絡,不應該也無法無法單一歸因。

"Burnout"（職業倦怠或過勞）一詞一般公認最早由美國心理學家弗瑞登伯格（Herbert Freudenberger, 1926-1999）和金斯伯格（Sigmund G. Ginsberg）在一九七〇年代開始在他們的著作中使用。[1] "Burnout"一詞並非弗瑞登伯格的發明,但他系統性地分析他從同儕觀察到的過勞現象,包括他自己本人也經歷過,因此被尊稱是職業倦怠研究的創始者。在初期的研究脈絡裡,過勞被發現經常發生在包括社工服務、醫護、照料、教育等需要大量情緒勞動、同理心、個人投入和內在動機的工作場域。疲勞、經常性的頭痛、腸

---

[1] Herbert J. Freudenberger, "Staff Burn-Out," *Journal of Social Issues* 30. 1 (1974):159–65; Sigmund G. Ginsburg, "The Problem of the Burned-out Executive," *Personnel Journal* 48. 8 (1974): 598–600.

躁症、失眠、岔氣等等，都是常見的過勞的生理症狀。行為和情緒的變化則包含挫折感、憤怒、懷疑、憤世嫉俗、憂鬱、不當用藥，例如鎮定劑和巴比妥酸鹽類。弗瑞登伯格強調必須從組織面介入而不只是針對個人，包括縮短工時、固定的工作輪替、員工訓練等措施，才能有效預防過勞的問題（Heinemann and Heinemann 132-33）。

　　過勞研究由後來的社會心理學家馬斯拉奇（Christina Maslach）繼續拓展，她針對醫學從業人員、社工人員、教育人員、學生和一般民眾所制定的「馬氏職業倦怠量表」（the Maslach Burnout Inventory, MBI）已被廣泛使用，評估的面向包括身心、倦怠、人格解體（depersonalization）、個人成就感、專業效率等等。這樣的研究取向顯示一種「資源保存理論」（the conservation of resources theory），職業倦怠涵蓋的情緒倦怠、身體疲勞和認知層次的厭煩，都是源自持續暴露在工作和生活緊張所導致的能量資源的衰竭（Schaffner, *Exhaustion* 215）。芬蘭學者引述一份二〇〇〇年的芬蘭健康研究資料，指出過勞個案中的倦怠佔40%，憤世嫉俗的比例為30%，專業效能降低佔30%。相關疾病包括心臟病、糖尿病、一般性感染、肌肉骨骼疼痛；47%的重度過勞個案有肌肉骨骼病變，28%有心血管疾病（Ahola and Hakanen 13）。

　　十九世紀末就已出現的疲勞研究主要關注如何提升勞工的能量和生產力，過勞的問題不僅有學術研究，更帶動了實作導向的文化產業，工作坊、諮詢、自助手冊與參考書、精神治療等等應運而生。「人類服務」（human services）成為早期職業倦怠研究的重鎮，主要是因為年輕世代投入這個領域，企圖以專業知識協助解決人類的基本需求和改善生活品質，但是許多專業人員因為感受到自己的工

作熱誠和價值觀不見容於講究功效的組織與社會環境，他們和接受關懷的民眾之間也欠缺平等互惠的關係，甚至得不到認同和感激，因而感到挫折與幻滅（Schaufeli 109-10）。這樣的情境只是整個現代西方社會變遷的冰山一角，包括教會、鄰里、家庭等傳統社群和網絡所發揮的功能逐漸式微，這樣的變遷也已經是現代眾多學術理論和研究的重要議題，我們對於「所有堅固的事物都在空氣中融化」、「對大敘述的不信任」、「象徵秩序（或大他者）的式微」諸如此類的宣告都耳熟能詳。這也是當代資本主義或新自由主義的運作變得更具彈性的時代，影響層面擴及勞動生活方式、慾望、情感甚至整個精神世界。資訊科技帶來更多的便利，更快更有效率的生產和溝通互動，卻也帶來更多的社會心理壓力；更大的彈性甚至成了一道詛咒，一種可怕的自由和自主，人們必須更無時不刻承擔自我監測和提升的責任，更感到筋疲力竭。本書往後的篇章（特別是第二部「邁向資本主義的精神政治批判」）會再更深入討論這些問題。

職業倦怠和壓力研究雖屬不同的學科領域，並且有各自的發展脈絡，但是兩者的關聯已經無需爭論。出身於前奧匈帝國的加拿大生物醫學研究者謝耶（Hans Selye, 1907-1982）提出影響深遠的生理學和內分泌學壓力模式，將壓力定義為身體對於接收的要求做出非具體的回應，包含「警覺反應」、「抗拒」和「倦怠」三個階段，顯示身體像是一部能量和適應力有限的機器，運作狀態受到壓力的限制。更值得一提的是，謝耶指出社會普遍接受和看重的理想是造成動機匱乏的主因，這也是現代社會最大的問題（*Stress of Life* 27, 460, 引自 Schaffner, *Exhaustion* 205）。壓力研究到了一九六〇、七〇年代產生了「社會心理轉向」，也就是研究焦點從生物化學－生理

適應機制的運作，轉向社會文化環境和心理壓力源如何榨乾我們的能量資源。約莫也是在這個階段開始出現一些職場和公共衛生的改革呼聲，重新檢視工作與生活的平衡（或失衡），倡議職業健康、生活品質、勞工福祉等訴求；瑞典醫學專家列維（Lennart Levi 1932- ）就是這一波轉向的重要推手（Schaffner, *Exhaustion* 210 – 12）。

職業倦怠研究從一九八〇年代開始在德國、荷蘭和北歐國家有了更蓬勃的發展。先前略為帶有馬克思主義色彩的語彙被換成一些當代批判理論的術語，例如「加速」、「主體隸屬化」（subjectivization）、「自我優化」（self-optimization）、「自我實現」、「自我剝削」、「彈性化」等等。「職業倦怠」在荷蘭和瑞典甚至成為醫學診斷的類別，有了明確的界定。和憂鬱症相形之下，職業倦怠在那裡似乎比較不帶有恥辱的標記，雖然兩者的症狀很難清楚區隔。職業倦怠被認定是和工作有關的外來因素所造成，無關乎基因構造，也比較不會以精神藥物治療（Schaffner, *Exhaustion* 216）。

在這樣的發展趨勢下，過勞變成不只是個人健康問題，同時也是重大的經濟問題，包括職業健康心理學家、健康政策顧問、保險公司、管理教練等人力和機構都成了相關的行動者。過勞被認定有可能導致重大的財務危機，因此職員的福祉、機構價值、企業形象與精神更受到重視，各式各樣的手冊、專案、課程、營隊、工作坊和研討會也因應而生。

除了壓力的問題之外，憂鬱症和過勞的連結似乎並不令人意外，畢竟兩者最核心的要素都是倦怠。芬蘭學者亞和拉（Kirst Ahola）和哈肯能（Jari Hakanen）的研究顯示，輕度職業倦怠的個案中有11%和憂鬱症有關，重度則為45%，兩者的相關性在女性個

案中的比例高過於男性（Ahola and Hakanen 12）。這些個案共通的症狀還包括缺乏能量、自尊降低、負面態度等等。即便憂鬱症和過勞的相關性毋庸置疑，兩者並非完全重疊，而是有各自的質性差異，並非所有的憂鬱症個案都和工作有關，而是可能出現在任何一個生活領域中。只不過是大部分的憂鬱症的診斷都以長時間抑鬱的心情、缺乏興趣與動力等症狀為基礎，欠缺對於個別生活與工作情境的問題意識。雖然過勞的症狀泰半都和工作條件和環境有關，但是也經常會擴散到工作以外的生活情境，逐漸發展成臨床上的憂鬱症，但不見得牽扯無意識的罪惡感。我們可以確定過勞和憂鬱有許多重疊之處，工作倦怠和過勞的人要不憂鬱，如果不是不可能，可能性應該也蠻低的，但是怎麼釐清兩者之間的因果關係，各自的生理、情緒或精神症狀診斷的標準，可不可能建立一套統合性的理論模式，在理論和實務的層次上都還有很多工作有待完成。

　　我們活在一個過勞已經成為常態的時代嗎？（二〇二四年一月十七日）用谷歌引擎搜尋 "burnout" 得到兩億六千七百萬條結果，而有關職業倦怠的出版（包括許多自助參考書和類似德國記者、傳播學教授 Miriam Meckel 許多名人的自傳回憶錄或「病痛敘述」[2]）和學術研究也的確從上世紀最後幾年持續成長，顯示過勞已經是一個引發普遍關注的病症。我在本書一開始提到的過勞報告還只是特定職業職災傷害（包括心血管疾病和精神疾病）和死亡、補償和保險理賠和方面的統計資料，真實生活中還有多少不論是不是職業相關的倦怠個案、事實、經驗和感受，潛藏在客觀的統計資料之外？但是不可否認的是，職業倦怠研究和臨床診斷還是需要參照一些定

2　*Brief an mein Leben:Erfahrungen mit einem Burnout* (Hamburg: Rowohlt, 2010).

義、分類和量表。除了上述的「馬氏職業倦怠量表」之外，荷蘭皇家醫學會（the Royal Dutch Medical Association）在二〇〇〇年提出一套和職場壓力有關的疾病等級分類：「輕度勞累」（distress，或稱「痛苦」與「窘迫」，相對而言次要的症狀，僅影響「部分」的工作能力）；「嚴重性勞累」（職場功能暫時「完全」無法運作）；以及「過勞」（工作相關的神經衰弱和長期無法工作）（Schaufeli 123）。

大部分的倦怠研究都會把問題歸因於社會生活和各種危機加速發展，資本主義全球化、私有化和自由化也都對工作生活帶來根本性的改變。勞動者必須要能培養更多的技能，適應不同的工作情境，而且還要維持高效能的狀態；快速升級的數位資訊設施和科技更模糊了工作和休閒時間的區隔，人人必須練就多工的本領，否則就會被淘汰，時間永遠都不夠用，時間成為壓力源……不僅是勞動，而是普遍的現實和生活本質令人感到愈來愈不確定和不安，隨之而來的是普遍性的倦怠和憂鬱。另一方面，我們同時也看到碎裂化與個人化的社會文化發展趨勢，個人慾望滿足被看得無比重要，一種「自戀文化」或「me文化」儼然成形：只顧自己的、具有強烈佔有慾和操控慾的個體不斷要求立即性的或及時行樂的滿足，但是卻更無法滿足。

上述的社會文化發展具有相當的普遍性或全球性，但不可否認的是，個別國家和文化傳統對於工作的期待和價值觀、職場文化和理解倦怠乃至於病痛的方式，值得做進一步跨文化比較研究。舉例而言，"burnout"在德文語境和德國社會裡，和在新自由主義社會裡事業有成所必須經歷的搏鬥有關，被用來涵蓋所有會降低生產力的身體和心理症狀，甚至成為一種榮譽勳章。在美國的脈絡裡，

"burnout"的用法一方面保留了人類服務和照護工作壓力症狀的原始含義，另一方面它演衍生出與病症無關的意義，指生活方式導致的結果（Heinemann and Heinemann 142-43）。Burnout也好，中文的「過勞」或「職業倦怠」也好，顯然文化和社會的差異而有不同的語意，更反映對於工作和勞動不同的認知和價值觀。工作到底重要到什麼程度使得我們需要付出如此巨大的身心代價？越做越累，也不見得得到合理的報償，更別說是成就感。真的只能這樣嗎？

第六章
大流行疲勞[1]

上述有關CFS和過勞的討論突顯了倦怠、生活與勞動條件之間的關聯，或是倦怠特定的社會、經濟與文化情境。倦怠是如此的普遍，有著悠久的歷史，卻總是能不斷從各種層次汲取新的元素，發展出不同的型態，即使連COVID-19疫情期間和後疫情時代也不例外。在疫情高峰期間，世界各國政府施行包括封城、隔離、停班、停課等各種食衣住行育樂的限制或禁令，包括戴口罩、施打疫苗等各種公共衛生防疫措施更不在話下。再加上不確定的疫情起伏，病毒傳染途徑具有高度的不確定性，許多人在感到憂慮與恐慌的同時，也漸漸感到厭煩與倦怠，各國反防疫措施和反疫苗施打的行動時有所聞。

事實上世界衛生組織（World Health Organization, WHO）早在二〇二〇年十月就已發布"Pandemic fatigue: Reinvigorating the public

---

[1] 本節有關疫情之部分內容曾以英文發表於 *Critical Asia Archives* 2022 之 "Vaccine: Molar and Molecular" 專刊（https://caarchives.org/the-uncanny-logic-of-the-covid-19-coronavirus/）。

to prevent COVID-19"這份報告，顧名思義是要提振全球民眾共同面對「大流行疲勞」（pandemic fatigue）、防堵COVID-19的行動力。這份報告開宗明義將「大流行疲勞」界定為欠缺遵守公部門推薦的防護措施的動機，這樣的疲勞會隨著時間逐漸出現，也會受到許多情緒、經驗和感受的影響。報告明白指出，「大流行疲勞是一種對於長時間的公共衛生危機可預期的自然反應，特別是因為COVID-19大流行的嚴重性和規模催生了一些侵入性的措施對每一個人（包括那些沒有直接被病毒感染的人）的日常生活造成前所未見的衝擊」。

這份報告分析了「大流行疲勞」的三大因素。首先，當人們習慣了病毒的存在，也就降低了對病毒威脅的感覺，即使資料顯示病毒的風險持續提高。因應疫情採取包括封城和行動限制的措施讓人們遭受的損失會與時俱增，權衡得失對一些人來說很難，面對疫情必須付出的代價可能會勝過人們所能感覺到的病毒風險。其次，防疫限制持續很長一段時間，對日常生活帶來不便，或者讓人們覺得超出他們的控制，因而激起他們對於自決和自由的要求。第三，即使最嚴峻的疫情因為延續一段長時間，也會讓人覺得習以為常，對於疫情的威脅不以為意。這樣的大流行疲勞或無感似乎成了另類的、人民版的「例外狀態常態化」，而不是指超越常態法律的防疫措施變成常態。針對這樣的大流行疲勞，該報告提出四大策略供各國政府參考，重振公眾對於防疫措施的支持：1. 了解人民，搜集事證以制定目標明確的政策和進行有效的介入與溝通；2. 尊重人民過自己的生活的權利，也必須能夠降低風險，但範圍過大的限制長期而言並不可行；3. 個人和社群共同參與防疫；4. 體認並回應大眾在疫情期間經歷的困境。報告也提示了包括在地思考、持續評估防禦

措施、要溝通而不要責備民眾等行動指引。

大流行疲勞不只是防疫措施引發的反應或反彈,事實上我們對於疫情的關注也不應該侷限在生命政治視野,雖然這樣的主張並不表示我們可以否定不管是疫情當下或後疫情時期的生命政治現實。所有防疫措施、一波又一波的傳染病和相關的慢性病,都需要有高度密集和高效率的人力物力、空間、技術的部署,各種相關資訊的蒐集、整理、管理與流通,都是十足的生命政治議題,醫療體系的運作和醫療資源的運用也都不離生命的治理。病毒傳播與感染、傳染病的擴散、後續慢性病都漸趨普遍化和日常化,勢必也都會衝擊人們的身心狀態、時空經驗與存在感受。倦怠作為一種疫病的衝擊,我們有必要做更深刻的理解。

COVID-19疫情高峰期間(在臺灣是二〇二一後半年)的封城、隔離居家上半上課、關閉部分公共場所,諸如此類的防疫緊急措施離我們並沒有很遙遠。在那樣的狀態下,時間似乎失去我們習以為常的速度和指標,失去可辨識的區隔,如同每天長時間面對電腦螢幕上視訊課的那種令人感到扁平、稀薄、破碎但又無盡延長的時間感和現實感。那種近似沉滯的狀態卻又隨時都有可能被無法預測和掌控的病毒擴散和疫情大爆發打破。疫情的擴散也造成感染帶來的後遺症或慢性病更為普遍化。如同施打疫苗不是零感染的保證,而是為了降低重症和死亡風險,慢性病的普遍化或常態化也讓「管理」取代「治癒」成為主流的醫療邏輯。這也勢必帶來時間的質變,可稱之為「慢性病時間」(chronic time),當時間失去清楚的間隔、階段和進程,愈來愈難(甚至不可能)期待或想像終點,這也是彈性疲乏、倦怠的時間與現實感。

回顧二〇二二年三、四月,全球Omicron病毒確診個案到達一

億之多,超出二〇二〇整年的COVID-19確診個案總數。由於疫情的「類流感化」,包括美國、英國、德國、丹麥、南韓、新加坡等國都宣布進入「與病毒共存」的階段。這樣頗具套套邏輯意味的宣布──「與病毒共存」,或病毒一直都「參與」人類和其他物種的演化,不早已是不證自明的事實嗎？──頗值得深思。即使臺灣當時的確診數還沒有明顯下降的跡象,政府宣布要施行一種較為溫和的與病毒共存方案,適度鬆綁而不是立即停止防疫措施。姑且不論各國的時間表和具體作法的差異,全球性的共同趨勢顯然是不論快慢解除防疫措施,以達到回歸常態的目標。這樣的決策和趨勢某種程度上是預支後疫情時間,或是讓未來提前來到仍不確定、尚未明朗的現在。事實上「後疫情」論述或想像在更早的時間點就已經在各種政府宣告、商業廣告、社群媒體和學術論壇流通,被用來談論國際關係、經濟開發、醫學革新、都市計畫、觀光旅遊、藝術實踐、教育等各種議題。這樣的後疫情論述實質上模糊了「預先買斷」和「展延」的部署。後疫情裡的「後」的時間性並非任何時間段落或序列的終點,如同上述的病毒或慢性病時間看不見終點。隨著病毒的持續複製和變種,這個「後」的時間性打破任何時間的整體性和目的論,在極其細微或「分子」的層次上裂解成「延遲」、「延長」、「迂迴」或「擴散」。如此詭奇的時間性不分晝夜地折磨著我們,對於後疫情的展望或想像不過只是愈加暴露我們疲憊不堪的身心狀態。

  輕症或無症狀變成主流似乎不是什麼好消息,因為感染的後遺症或後感染的慢性病偏離政治經濟和醫療管理的理性,無法被完整預測、防止和控制。病毒篩檢陽性和陰性的擺盪,或接種疫苗後仍被Omicron或新型態的變種病毒入侵,都已非少見的例外。「與病

毒共存」意謂著例外與常態的區分模糊化（如果不是徹底崩壞），也是與無法估算、看不見終點的慢性病（時間）共存。正是這樣詭奇的邏輯逼迫著我們重新思考或修正生命政治和免疫模式的修辭和概念。我們宣稱要與之共存的病毒已不再能用「入侵者」描述，已經徹底拆解了免疫生命政治思維、計算和行動依賴的時空界線和軌跡。這詭奇、如此親近又陌生的病毒總是已經在那裡（always-already-there），儼然是我們的本體存有條件，而以否定或二元對立區分為運作法則的免疫機制自然不適用，疾病控制和預防已不可能「清零」，也不可能是零和的戰爭。這是否表示當前的免疫生命政治體系和個人對於環境變因必須更具彈性、更敏感，必須能夠隨時調整行為？這樣的彈性是否也是當前新自由主義的運作原則：最低開銷、最大獲利，降低風險，極大化機會？普遍性的倦怠是否正是這「彈性成為命令」的時代產物？

　　COVID-19疫情在二〇二〇年初爆發之後，包括「生命政治」（biopolitics）、「生物權力」（biopower）、「免疫」（immunity）、「隔離」（quarantine）、「例外狀態」、（state of exception）、「裸命」（bare life）等生命政治詞彙在學術論壇與媒體大量流通，「例外狀態常態化」成了防疫管制的代名詞。這種去脈絡化的詞彙流通現象不乏誤讀與誤用，很容易讓對不同情境的特殊性與複雜性失去覺察。舉例而言，印度學者杜薇維蒂（Divya Dwivedi）與蒙罕（Shaj Mohan）在二〇二〇年三月疫情初期，就從生態和物質複雜性的角度反思義大利哲學家阿岡本（Giorgio Agamben）被過度使用的「例外狀態」。依據他們的批判性觀點，人類是「技術例外狀態的製造

者」,² 包括施打疫苗的免疫生命政治措施都是人類施加在生態體系和自然時間的例外狀態。他們還指出即便是阿岡本和南希（Jean-Lu Nancy）這麼重要的當代思想家的生命政治論述，仍然沒有關照人類與其他非人物種和生命形式之間的連結。人類為了生存所採取的免疫生命政治措施，包括大量使用口罩、酒精和其他具有消毒功能的化學元素，會對環境和其他物種造成什麼衝擊？生命政治（論述）要如何回應環境和其他物種和生命形式對人類社會提出的倫理要求？面對各種日常化的傳染病我們除了感到倦怠之外，身心還有什麼出路？³

後疫情時代的論述或想像如何超越生命政治視野，要如何緩解大流行疲勞或是伴隨著疫情緊繃與感染後的慢性病而來的倦怠感，這些問題千絲萬縷，並沒有立即且簡要的解答。本書作者在這個環節只能弱弱地說：集體恐慌是最先需要避免的。我們愈是恐慌就愈會深陷「回歸常態」或後疫情的誘惑，以為我們不需要做任何改變，這難道不也是一種倦怠的症狀嗎？這種倦怠的另一個面向是某種犬儒主義一廂情願的幻想，一種政治冷感或憂鬱症，什麼事都不用作，疫情擴散到一個高點，資本主義體系就會瓦解……然後呢？生命政治並非本質上的錯誤或罪惡，一切事情無限上綱歸咎生命政治充其量不過是一種不負責任的、空洞的逃避主義，畢竟整個社會的醫學治療和照護需要各種人力資源、物質、器材、空間與行動高效

2　見 See "Coronavirus and Philosophers," *European Journal of Psychoanalysis* (http://www.journal-psychoanalysis.eu/coronavirus- and-philosophers/)

3　更完整的疫情生命政治思想論戰，見黃涵榆《閱讀生命政治》，台北市，春山出版社，2021，333-46。

率的部署和龐大的預算挹注，這些都是十足的生命政治。如果後疫情時代的「與病毒共存」要能有話術之外的任何意義和作用，也許是要重新思考常態與例外、可能與不可能、樂觀與悲觀區分的結構性因素，重新思考並且改變我們的思考、飲食、生產、移動、居住、消費的方式。

第七章
作為社會溝通與受苦的身心症

　　容我重申,本書到此為止有關包括神經衰弱、歇斯底里等身心症的劇場性或視覺性的討論,完全沒有任何抨擊或嘲諷的意圖,也無意把身心症扭曲成虛構和偽裝。我強調的是身體與心靈、慾望與想像、個人與環境、醫學知識與診治、社會文化之間錯綜複雜的互動。簡單一點來說,身心症(或是普遍的病痛經驗)是一種社會溝通與受苦,並且會隨時代的不同而經歷表現方式、理解和診治模式的變遷過程,我們也該這樣來理解倦怠。

　　當前有關身心症和精神疾病的知識與治療體系發展到以神經內科和腦科學為主導的模式,但是回顧十九到二十世紀的歷史過程,心理學和精神分析模式的貢獻仍不容忽視,雖然一直以來它們總是在神經醫學的陰影下發展。沙可持續在中歐的神經醫師間發揮影響。德國神經學家莫比烏斯(Paul Julius Möbius, 1853-1907)認為歇斯底里病人的意念就足以引發身體病變,所有歇斯底里症狀都可以被意志力誘發;他甚至大膽地推斷這樣的傾向存在於每一個人之中。萊比錫後來成為十九世紀晚期包括史特林佩爾(Adolf Strümpell, 1853-1925)、馮特(Wilhelm Wundt, 1832-1920)、克雷

佩林（Emil Kraepelin, 1856-1926）等心理學派的發展重鎮。新一代的神經科學家則開始區分大腦病變和心理疾病，同時也肯定心理學模式的專業醫學地位。神經內科和精神科到了一九三〇年代結束的時候，已經完成分工：神經內科處理神經系統的器質性疾病，精神科則處理心因性疾病（Shorter, *From Paralysis to Fatigue* 244）。

精神分析在世紀交替之際確認在精神醫學與治療的地位，它處理的病症當然有別於正規醫學治療的器質性疾病。精神分析大致上依循以下幾個原則處理身心症。第一是眾所皆知的「談話診療」，也就是一種深度的談話，拉近醫生和病人之間的接觸；這算是一種「淨化」或「宣洩」（cathartic）方法。第二個原則比較是技術導向，針對身心症的個別狀況選擇對應的技術，特別強調隨興聯想和夢的解析。第三個原則不限定治療身心症，而是適用於整個精神官能症，包括歇斯底里、強迫症甚至是器質性疾病的一些心理因素（Shorter, *From Paralysis to Fatigue* 253-54）。

當身心症的心理學和精神分析模式盛行的階段，似乎也恰巧是歇斯底里漸消聲匿跡的時候，或者應該說是身心病的症狀歷經了另一波變化，取而代之的是更難以確認的感官性（比較不是運動性的）的症狀，包括噁心、頭痛、胸悶等等。最明顯、最具戲劇性的發展當屬慢性疲勞和心因性疼痛持續至今的流行，且經常伴隨著壓力、憂鬱或其他症狀。當神經系統模式成為診斷身心症的主要基礎，疲勞和疼痛似乎是最適合病人回應或呼應主流醫學和社會文化趨勢的症狀表現方式。雖然倦怠有著更為悠久的歷史，和神經理論的發展歷程不盡相符，但是可以確定的是，絕大部分治療模式的成效都很有限，而且也很難有清楚的界定。臨床上有所謂的「接待員症候群」（receptionists' syndrome）（並非只限於接待員這個行業的

人會得），指的是在一天工作之後專注力、興趣和記憶急速下降，心情和人格特質都陷入混亂，人變得很神經質、焦躁、易怒或過度敏感，有時候又會突然爆哭，莫名的憂鬱和失眠，幾乎所有心因性的症狀一樣都不少。有些患者甚至變得頤指氣使、很難相處（Shorter, *From Paralysis to Fatigue* 280）。

歇斯底里、神經衰弱、慢性疲勞症候群、各種身心症，以及更普遍的倦怠一直都是病理分類、臨床醫學診斷和治療、醫病關係的難題。除了是症狀本身的複雜性使然，也關乎主流的生物醫學模式和醫學理性的侷限。討論這些問題，也等於是討論我們需要在什麼樣的架構和脈絡下重新理解身體與環境的關聯、倦怠和身心症的病痛。

傅柯有關臨床和醫學凝視的論述是一個很有幫助的參考指標。根據傅柯的《臨床的誕生》（*Naissance de la Clinique,* 1963），十八世紀末之前依據相似性和從屬關係建立起一套疾病分類系統，用固定數字呈現得病的時間長度，建構一套透明的醫學知識，疾病就因此被放入無深度、扁平、同質化的空間，包括各類的圖表。然而，「觀看」或「凝視」逐漸在這樣的時代脈絡裡，對於測量人體構造和生理運作發揮愈來愈重要的功能。自此，觀看的對象不再是透明的現象和本質，而是具有無法穿越的厚度的身體、疾病和生命。整個醫學知識和訓練都環繞在這種觀看。這種觀看是一種直接觀察與察覺，從視覺出發，把觀察到的現象轉化成語言，也等於把疾病的現象切割成最小單位進行仔細分析，而且也要和其他元素組合，考察彼此的相關性（類似併發症的概念，像是病人咳血、呼吸困難、體溫升高等現象，最後判定是胸膜炎或其他病變），再建構成系統化的醫學知識。這也會涉及到時間軸，也就是掌握症狀的前世今生

和接續的發展。傅柯從《臨床的誕生》到後來的《精神醫學權力》（*La Pouvoir psychiatrique: Cours au Collège de France, 1973-74*）和《規訓與懲罰》（*Surveiller et punir: naissance de la prison*, 1975）持續關注凝視的權力效應。臨床的凝視擴散到涵蓋範圍更大的「人口」，而醫學不僅在個人也在集體生命的層次，持續發揮更大更深的介入功能，成為生命政治控管的一環，包括公共衛生、傳染病學等新興的醫療科學形成綿密交錯的凝視／生命政治權力網絡。

主流的生物醫學模式透過系統化的分類，創造穩定與可預測的類別，精準解釋個別項目與類別之間的關係，統整知識的秩序，將個體連結到整體人口，作為後續研究的種樣參考。在這樣的醫學模式中，醫生代表理性，站在不帶情緒、客觀中立、可靠的位置對病人的症狀進行科學專業評估，而病人的「人設」則是被動的、耗弱的、不穩定的、不可靠的（Stone and Hooker 43）。倦怠和身心症的臨床診治之所以會困難重重，也許部分是因為不符合這種醫學模式裡的醫病人設或醫病關係的想像。當醫生接觸到「多重體化症」（Multiple Somatic Symptoms, MSS）的個案時，傾向將它看成治療過程中的間歇性階段，終究還是希望能透過最新的醫學發現、科技、手術和藥物，將症狀轉化成可辨識和可治療（Rubanovich 14）。診斷也等於是命名病人的體驗，為症狀提出合理化解釋和緩解。也許用藥和注射可以減輕多重體化症病人的痛苦，但是不應該被當作唯一的選項，而因此忽略了其他形式的社會心理救治（Rubanovich 16）。

醫學的臨床診斷將病人的身體和感知切割成片段並試圖加以統整，囑咐病人該注意或忽略什麼、該和自己的身體維持什麼關係；這不僅是介入、建構病人的身心狀態，也是在形塑他們的生活態度

和常規,以及和周遭環境的關係。臨床診治事實上也是一種社會中介的過程,確認正常和異常的區別,目標是將病人重新納入社會網絡。這樣的過程也關係到病假和相關補貼、保險給付、醫療照護等相關資源(Stone and Hooker 49)。當然我們同時也必須意識到,這樣的醫療網絡是利益導向的醫藥企業爭食的大餅,醫療人權和疾病受苦的社會心理因素都可能因此被漠視。

在肯定醫療救治的必要性的同時,我們也應該意識到身心症或與倦怠相關的症狀經常受到醫生的懷疑和誤診。舉例來說,「肌纖維痛症」(fibromyalgia)就經常被誤診為關節炎、肌風濕病、憂鬱症、焦慮、疑病症等。身心症長久以來在各種醫學文獻、文學作品、社會觀感等範疇被建構成具有「欺瞞的」特質,是看似(但其實不是)身體損傷的心靈想像投射。疼痛變成了一種面具,遮蔽自我、創傷或出問題的社會與權力關係之中的受苦(Stone and Hooker 42)。對於身心症的懷疑很難消除,其中一個原因在於類似肌纖維痛症或其他類型的疼痛經常沒有明確的病因,不被當成一個確切的病理類型。此外,自十九世紀後末期以來,身心症在醫療文化中就被認定與包括神經衰弱、憂鬱症各種精神受苦有關,即便時至今日還是沒有完全脫鉤。慢性疼痛也還不是一個被嚴肅看待的類別,結果就是病人的主訴經常被當作欠缺事實基礎的主觀感受(Rubanovich 23-24)。病人可能會拒絕接受醫生的診斷,堅稱自己是沒有精神疾病的正常人。他們需要醫生確認他們真的有病,但是即使意志夠堅強還是無法消除疼痛,而醫生自然不可能完全滿足病人的這種要求或期望。於是病人在沒辦法從醫生那裡得到滿意答案情況下感到灰心失望,導致「逛醫生」(doctor-shopping)的現象在身心症患者裡越來越普遍(Stone and Hooker 24),他們希望

能藉此為他們的受苦找到不同的解釋和證明。但是一次又一次的檢測結果顯示正常，病人不顧一切地再繼續找尋其他答案（O'Sullivan 9）。

　　經常伴隨著身心病出現的疼痛和倦怠都同樣是普遍性的人類存在經驗，人們如何感受、表達和回應疼痛則是依照不同的醫學知識和實踐、社會文化背景（包括身分認同、性別角色、家庭背景、職業等）而有所差異。神經系統模式的流行增加了人們對於疼痛的理解，疼痛的案例也同時明顯增加。心因性疼痛一直以來都無法確切定位，乃至於有時候病人痛到受不了會要求醫生乾脆為他們截肢。如同在慢性疲勞的個案裡，女性罹患心因性疼痛的比例似乎比男性高出許多，疼痛與性別差異的關聯也已經是現今醫學、公共衛生和勞動政策研究的重要議題。[1] 從更根本與更批判的角度來說，我們需要反思醫學理性，更深刻理解主流醫學模式在身心症診治上的侷限。

　　另一方面，如同本書導論討論過的「療癒文化」，情感與精神狀態的監測、管理與治療擴散到臨床醫學以外的範疇，進入社會、經濟、職場與日常生活的運作。心理諮商與治療也在這樣的時代脈絡裡成為商業利益豐厚的行業，而類似「壓力」、「焦慮」、「成癮」、「症候群」等詞語也逐漸脫離原來的精神醫學脈絡成為日常用語。任何場域的人際互動都是情緒管理與適應的挑戰，風險相對

1　可參考陳德人等，〈性別差異對於疼痛感覺之影響〉，《疼痛醫學雜誌》14.1(2004)，7-16 (DOI： 10.29792/TTJP.200403.0001)；E. J. Bartley and R. B. Fillingim, "Sexual Difference in Pain: A Brief Review of Clinical and Experimental Findings," *British Journal of Anaesthesia* 111 .1(2013)，52–8 (2013) (doi:10.1093/bja/aet127)。

也提高不少,個人的心理負擔和無力感也因此增強,身心病的普遍化斯乎並不令人感到意外。本書在後續「精神政治」的篇章裡還會繼續從「情感資本主義」的角度延伸這些問題的討論。

大眾媒體在這樣一個身心症的年代裡扮演著不容忽視的角色,甚至有時凌駕正統的醫學權威。免疫學和內分泌學的發現經由大眾媒體與出版品——各種談話、生活與保健節目、書刊雜誌和醫藥產品廣告、自助療癒方面的工具書等等——的散佈,讓許多身心症患者也從這樣的角度解釋他們的病症,成為他們固定的疾病歸因(fixed illness attribution)或信念,即便他們並不確切了解相關的科學和醫學理論。慢性疲勞的患者堅信他們同時還有其他病,不論是細菌感染或食物過敏。要理解自己的身心狀態對身心症患者而言總是困難重重,固定的疾病歸因似乎提供了一套解釋框架,用來對醫生、照護者和親友傳遞他們的感受。但是身心症的病痛敘述終就是前後不連貫或支離破碎,顯示病體要在個人體驗、醫學診治體系和社會溝通之間建立連結所經歷的掙扎。

許多研究文獻都指出,身心症患者像是在測試醫生的耐心,他們可能會用前後不一、紊亂的敘述抗拒醫生的建議。身心症作為一種臨床上的問題,一直以來都糾葛著挫折、對立、痛苦、反抗、責難和不確定性。面對這樣的狀況,我們只能悲觀地認為身心症的診治注定失敗嗎?會不會這些狀況反而是契機,是敘述、詮釋和尋找意義更強大的驅動力?會不會沒有穩定性格和情緒的角色、沒有直線情節發展、衝突,最終也沒有解決的身心症敘述,也就是並非我們原先期待的「理想敘述」,才是最真實的(病痛)敘述?當我們開始思考這些問題,我們也已經踏入晚近漸漸受到重視的「敘述醫學」(narrative medicine)。用最簡要的方式來說,敘述醫學透過文

學詮釋的方法,仔細推敲過程中的不同故事中的細節、模式和主旨;敘述醫學強調傾聽的重要性,培養出臨床情境中雙向互動的醫病關係(Rubanovich 12)。

在敘述醫學——也是醫學人類學和醫療人文學——的框架裡,我們所談的已不再只是(客觀分類與特性的)「疾病」(disease),而是「病痛」(illness),強調個人生理和心理經驗的詮釋。這必然需要面對個人和群體的埋怨、恐懼、挫折感甚至恥辱(Kleinman, *Illness Narratives* 4-5),不再受限於實證醫學客觀性的臨床診斷與治療,轉而更關照生病的真實經驗的人際關係、社會和文化意義。諸如芮德利(Alan Radley)的《病痛的作品:敘述、繪像與重大疾病的社會回應》(*Works of Illness: Narrative, Picturing and the Social Response to Serious Disease*, 2009)、弗蘭克(Arthur W. Frank)《受傷的說書人:身體、病痛和倫理》(*The Wounded Storyteller: Body, Illness, and Ethics*, 1995)和其他敘述醫學的代表性研究都有助於我們理解病痛主體如何以碎片般的病痛敘述,體現他們的重建自我和生命秩序的痛苦掙扎。不悅、倦怠、疼痛乃至於涵蓋更廣的病痛多少具有不可言說的特性。當我們這樣把身心症看成社會受苦,我們需要的不只是醫學體制的基礎設施和資源,更需要情感和道德支持。

專長為身心症和罕見疾病的英國神經內科醫生歐蘇麗文(Suzanne O'Sullivan)從她經手的個案中發現,有些病人的下意識自我會選擇透過抽搐讓自己不良於行或坐輪椅,藉此不去面對內心的痛苦煎熬。歐蘇麗文說她剛開始有時候會抗拒對病人的懷疑以及對他們的動機的困惑,但是她後來發現某些失能狀態的戲劇性程度大到無法從下意識的動機或目的去解釋(15)。歐蘇麗文的兩難顯示身心症患者透過他們的症狀,訴說著某些不可言狀的內在衝突,

逼使她不斷重新檢視醫病關係，從而建構出某種交互主體性（reciprocal subjectivity）。[2]

美國傳播學者埃利斯（Carolyn Ellis）以極具親近性的方式寫成《最終的協商》（*Final Negotiations*），記述個人在前後共九年的時間裡，陪伴患有肺氣腫、本身是社會學者的伴侶衛恩斯坦（Gene Weinstein）走向死亡的過程。埃利斯毫不保留地寫下過程中的各種情感起伏和身心狀態的退化，她不僅是為了社會學而寫，更是為大眾讀者的療癒而寫。埃利斯把對話和他個人觀點——而不是一般學術論文的客觀觀點——的敘述融入社會學著作，形塑出一種可稱之為自傳社會學或自我民族誌（autoethnography）的著作類型，強調自我省察和情感表達，讓讀者能夠體驗日常生活中意義的協商過程，也讓我們更完整地透過（而不是忽略）情感去理解生命。埃利斯的自我民族誌顯示特殊事物的價值，而不是為了要論證什麼通用

---

[2] 請讀者容許本書作者在此略微暴雷，提供歐蘇麗文在她的《都是腦袋的問題》（*It's All in Your Head*）裡的一個個案。少女寶琳因為無法解釋的神秘抽搐被送進急診室，接下來發展出疼痛的症狀。歐蘇麗文在查無確切病因的情況下，開了抗生素讓她服用。持續幾個月之後，寶琳的尿道感染、關節腫大疼痛，於是尋求風濕科的診治。她的狀況時好時壞，行走越來越困難，大部分的時間都足不出戶，感覺被孤立，越來越憂鬱。她的體重莫名地減輕，也開始掉髮。所有的症狀完全沒有任何規則可循，她有時候甚至會需要用雙手和膝蓋在地上爬行。她變得很容易恐慌，逼家人把她送到急診室。即便醫生跟她和家人解釋檢測結果一切正常，寶琳仍然不斷尋求診斷，也不斷覺得被誤診、找不到病因，這樣的惡性循環似乎永無止境，永無寧日。醫生試著尋求心理創傷的解釋，包括被性騷擾的恐懼和家庭風暴，但是寶琳和她的家人及男友拒絕接受精神病變的可能性，歐蘇麗文感覺到寶琳及其家人似乎在捍衛他們的尊嚴拒絕配合和屈服。令人感到驚奇的是，寶琳的抽搐症狀神秘地消失，之後就再也沒有就醫。

的或宏大的假說；它同時也給予個人用敘述詮釋和理解自我經驗的更多的權威，而不是強加科學家的客觀觀點。埃利斯在訴說她的故事的時候，並沒有像一般學術著作滿滿的引用理論概念或社會模式的解釋，試圖捕捉真實生命的完整性，邀請讀者的理解和情感反應。這樣的書寫跨越了事實和虛構、客觀性和主觀性的界線。就此而論，它比抽象的社會學學術著作能夠更有效地讓讀者想像他們也經歷同樣的病痛生命過程，並且從中培養知識。這樣的書寫傳遞的是敘述和情感真理，更能讓讀者產生共鳴，過於普遍化和抽象化的社會學著作則會稀釋情感效應（307）。

埃利斯她在寫作過程中頻頻遭受學界同仁不諒解的、甚至充滿敵意的回應，批評她的作品不夠科學和分析性。但是埃利斯堅持親近關係對於知識的建構的重要性，她充滿感性地提問，「我們不都需要知道我們並非孤單地受苦？療癒和學術、獨特和普世並非互斥的」（300）。她反對學術著作必須排除和否定研究者的情感，也反對研究者必須和研究對象劃清界線。簡而言之，她主張將情感融入知識的建構和追求。這樣的見解對於我們理解作為社會受苦的身心症，也有所啟發。

在當前情感資本主義的脈絡裡，情感、自我（形象）、慾望、個人品味與生活方式、快樂與幸福等等，都已然是資本主義體系運作的環節。我們從這裡，如同從「資本主義精神」到「資本主義新精神」的變遷，可以看出資本主義的治理模式越來越日常化，越來越具有彈性。這樣的發展趨勢是十足的精神政治的問題，牽涉到符號訊息傳播、通訊科技和勞動模式，也和各個層面的加速、時間和速度的質變有關，這些都是本書接下來要深入探討的問題。

第二部
邁向資本主義的精神政治批判

第一章
資本主義異化的時間

馬提努（Jonathan Martineau）的《時間、資本主義與異化》（*Time, Capitalism and Alienation*）有助於我們建構一些概念框架，理解當前資本主義生產模式、科技文化和社會的速度和加速的問題。《時間、資本主義與異化》主要處理資本主義政治經濟和生產模式如何改變了我們和時間的關係，以及我們如何使用和管理時間。「我們活在怪異的時間之中」，「時間彷彿是一種絕對的力量，超出我們的意志而運作」（1），整本書就以如此奇特的陳述開始，我們也可以從這樣的陳述進一步了解我們所存在的時間弔詭的本質。我們無法真的控制「我們的」時間，我們甚至覺得被迫活在一種抽象但又精準計算的時間秩序之中，時間失去親近感，時間異化了！在時間科技和資本主義生產模式的發展過程中到底發生了什麼，才導致時間的異化？這是貫穿《時間、資本主義與異化》的核心問題。

馬提努切中要點地指出，「時間不是一個物件，而是許多過程的聚集，無法被納入標準的概念思考」（3）。時間是被科技和各種活動與實踐所決定和中介的社會現象，而這樣的「社會時間」與

所謂的「自然時間」或主觀的時間體驗有所區隔。毫無疑問，資本主義和時鐘時間的霸權在這時間社會化過程中扮演舉足輕重的角色。古代人當然有有他們自己丈量和計算時間的方式，不論是透過日月星辰運轉、潮汐、日晷、沙漏等等，但是直到現代社會，時鐘才成為管理勞動、生產、貿易和社會關係的霸權科技。自此開始，人們因為各種時間刻度、間隔、時程和期限而疲於奔命，逐漸失去時間的主控權。時間甚至變成最珍貴昂貴的商品，甚至是讓一切事物都被吸納進去、被化約和扁平化抽象框架，脫離具體、親近、真實的經驗（8）。

我們都知道有許多種具體的時間，包括自然季節變化、娛樂休閒、情緒起伏、身體運作、生老病死等等。這些具體時間並沒有消失，而是和管理生產活動和社會關係的（資本主義）抽象（時鐘）時間維持矛盾的關聯。勞動者不只和生產工具分離，也和決定他們的勞動與生產活動的資本主義社會時間分離。商品化或物化總是不離獲利的計算，但利益總是被資本家獨佔，勞動者做得愈多，愈發覺得脫離自己的時間和勞動成果。當然，異化的時間會發生在其他許多脈絡和情境中，包括新聞播報、體育賽事、學術活動等等。我們愈來愈依賴即時科技（real-time technology）縮短活動時間，我們愈來愈渴望事件立即出現在我們眼前。我們對於時間、現實甚至自己的身體的感知也都被這樣的即時科技所制約（如果不是綁架）。當智慧型手機的使用愈來愈普及化，手機的「智能」愈來愈提升，我們等於也將愈來愈多的日常生活活動和能力外包給科技物，衛星導航已不足為奇，搜尋資料、監控血壓脈搏、啟動家中冷氣都可以透過手機遠端控制，我們的生活變得無所不科技，事事皆智能。這一切都拜訊息的光速傳送所賜。

回到馬提努的《時間、資本主義與異化》。現代資本時間的異化主要的動力之一是「泰勒主義」（Taylorism），運用科學方法管理和提升勞動和生產效率。勞動和生產過程精準地細分成不同階段和步驟，加以嚴格控制。也就是說，泰勒主義對勞動和生產過程中的每一個因素進行系統化的規劃和計算，而勞動者不需要具備相關的專業知識。泰勒主義揭示了資本主義至關重要的傾向，「將人類勞動化約成同質的、空洞的、持續的和標準化的勞動力」（136）。這也意味著原本勞動的具體時間被一種外來的意志異化成空洞的、抽象的勞動時間。

資本主義抽象時間和傅柯式的規訓權力相互為用，似乎是顯而易見的。時鐘時間不僅是一種工具，而是整個社會規訓和統治系統的一環。只要某些情境需要達成特定生產或行為目標，時鐘時間就可以發揮作用。然而，我們也不能忽視「時間差」，也就是要關注泰勒主義或傅柯式的規訓權力是否還適用於當代愈發去物質化的勞動情境，也就是符號資本主義（semiocapitalism）。本書後續史蒂格勒和貝拉第的章節會再討論這個問題。

在這裡值得一提的是，面對這樣異化的時間，要如何進行抗爭，不論是從性別、女性主義還是種族政治的立場，也就是奪回時間的主控權和親近而真實的時間經驗。馬提努在這個議題上的立場似乎是樂觀的，對於找回和發揮具體時間反抗資本主義抽象時間的潛能頗具信心。這些反抗潛能必然源自對於衝突的時間的意識覺醒。例如，女性勞動者意識到資本主義抽象時間如何侵入經期和生育的具體時間，這樣的意識覺醒是諸多和女性勞動與生育相關的法律與社福政策抗爭與改革必要的起點。除此之外，馬提努也談到西方的標準時間如何在帝國主義和殖民主義的歷史過程強加到非西方

世界。舉例而言，醫院在許多非西方社會並非是小孩出生的唯一場所，但是在資本主義和時鐘時間的時代裡，懷孕和生育的經驗被納入醫療化過程，醫院成了這些經驗的主要場域。懷孕被切割成不同階段，依照星期和天數接受嚴密觀察。不同種族階級和社經地位的女性享受到不均等的醫療資源，她們對於自身懷孕和生育也因此有了不同的體驗。這些女性切身體驗如何形成抗爭的動力，以及有什麼反抗資本主義異化時間的可能，都還有待進一步討論。

毫無疑問，時間的運用和感受是一道政治化的議題，牽涉到各種權力、體制、關係和價值的折衝，顯示時間從來不是一種客觀中性的存在物。威吉曼（Judy Wajcman）在她的《縮時社會：奪回遭科技控制的快轉人生》（*Pressed for Time: The Acceleration of Life in Digital Capitalism*）強調，時間的貧乏不能單就時鐘時間的多寡來看。也就是說，不能光就量的層面看時間，而應該看我們是如何在體驗和運用時間，從而賦予時間特定的意義和價值。我們有需要回顧整個現代科技的發展歷程，看不同的科技發明到底是怎麼改變我們的生活和時間感，從時鐘開始，到火車、電報、電話到當前的數位科技。除此之外，我們也必須了解人們是如何在主觀的層次上感覺時間不夠用或者覺得很忙，是因為什麼樣的個人和社會期望使然，怎麼樣評估自己的活動和生產。忙碌感或時間不夠用的感覺也許需要放在好幾個軸線上來分析，包括時間量、時間混亂（與他人協調和社交造成的困難）和時間密度（多工的衝突）。

在對於資本主義科技時間和加速的議題上，並非所有人都一致採取全然批判或反抗的立場，而是在不同的歷史階段裡，從十九世紀後期的馬克思主義與空想社會主義，到二十世紀初的未來主義，以及二十世紀後半葉的國際情境主義和後現代主義，出現過不同版

本的「加速主義」（accelerationism），主張策略性地利用或擁抱資本主義體系的加速發展，達到生產模式、社會運作、時空經驗、能量、慾望等不同層面的解放。晚近的加速主義哲學家和倡議者包括蘭德（Nick Land）、威廉（Alex William）與斯賴切克（Nick Srnicek）、馬凱（Robin Mackay）等人。二〇一四年出版的《#加速：加速主義讀本》（*#Accelerate: The Accelerationist Reader*）堪稱目前為止最為完整的加速主義文集。馬凱在文集的導論裡指出，對資本主義唯一的基進政治回應不是透過它的矛盾進行抗議、破壞或等待它因為自身矛盾而毀滅，而是加速它連根拔除、異化的傾向。加速主義作為一種「政治異端」（political heresy）建立起哲學思想和資本主義文化的過剩狀態之間的同盟關係。加速主義並沒有前後連貫的發展，它游移在顛覆和順從之間，是種充滿爭議的立場（4）。

威廉和斯賴切克的〈#加速：加速主義政治宣言〉（"#Accelerate: Manifesto for an Accelerationist Politics"）顧名思義，已然是加速主義的「宣言」。這篇宣言的立論基礎是：全球的氣候系統、資源和大規模飢餓都在加速崩壞中，政治運作卻處在失能狀態，無法提出新的觀念和組織模式，左派持續麻痺中（349）。威廉和斯賴切克借用加速主義靈魂人物蘭德的觀點指出，資本主義運作速度衍生出前所未見的科技獨特性，「人類」變得可有可無，加速不失為一種開展未來可能性的實驗過程。威廉和斯賴切克宣示，「加速主義政治企圖保存晚期資本主義的成果，但是同時超前它的價值體系、治理結構和群眾的病症」（354），目的是要釋放資本主義體系潛在的生產力。新自由主義的物質基礎不需要被摧毀，而是可以當作通往「後資本主義」的跳板（355）。加速科技演化不是為了實現任何烏托邦，而是要在社會衝突中勝出。威廉和斯賴切克提出三種中程

目標：一、建構知識的基礎結構，需要的不只是觀念，也需要能夠傳播那些觀念的體制和纏物質途徑；二、打造大規模的媒體改造；三、重建各種形式的階級力量。他們樂觀地認為，這種普羅米修斯式的政治實踐能超克全球性的問題和戰勝資本（360）。加速主義者也可能會以一種譬喻性的修辭主張，我們可以把加速當作一種針對左派倦怠或煩悶的電擊治療，策略性地使用影像和符號的擬象，挑戰科技霸權的宰制。

第二章
世紀末的倦怠政治

　　布希亞的寫作一直以來都堆疊了許許多多高度科技化和科幻風格的術語,例如擬象(simulation)、內爆(implosion)、超度真實(hyperreality)、威嚇(deterrence)等,如同擺盪的符號鍊。他似乎早已厭倦系統性和全面性的思考,也不太愛表達任何清楚的批判立場。他彷彿後現代科技世界的祭師,看見主體落入自我孤立自戀的封閉狀態,各種界線都已崩解,物體系超出人類控制,像是漂浮在一個失速、零重心、一切座標都失去效用的超度空間。這樣的世界裡只剩下無差別(indifference)無窮盡的複製,經濟、政治、性、現實……的無差別。

　　布希亞談到阿根廷作家波赫士(Luis Borges, 1899-1986)故事裡一個詭異的情境:在一個不知名的帝國裡,製圖師製作了一幅和實際領土一樣大小的地圖(Baudrillard, *Selected Writings* 166)。這樣的橋段如同當前科技社會的寓言,地圖是「完美的」再現,再現和所再現之物、表象與存有已失去區分,再現變得不可能,「地圖」的概念事實上也已失去效用。布希亞甚至進一步斷言,擬象已取代再現,模組取代真實,與任何源流都失去關聯。布希亞經常用「真

實的荒漠」（the desert of the real）來形容這樣的狀態。布希亞在上個世紀七〇、八〇年代就斷言，技術體系（將）完全都由模組和符碼構成，而且愈來愈微型化，並且與其他系統產生無窮盡的組合、無限的複製。這樣的體系脫離任何人類的意圖而獨立運作，「再現」、「模擬」等概念都已不適用，像是漂浮在無重力、無大氣層的超度空間，是去和任何實體的聯繫。無所不在的擬象摧毀了真與假、虛構與真相的區隔，在這種狀態下已不可能談「真實」，也不可能「偽裝」，真實已被（失去指涉對象和參照座標的）「超度真實」取代。

　　整個美國社會對布希亞而言宛如一座超大型的迪士尼樂園。表面上看來，迪士尼樂園是許多幻影的組合，是「冰凍的嬰孩世界」（369），也就是遊客到那裡可以想像重回孩童的遊戲世界，想像和群眾擁有共同的體驗，得到孤獨且疏離的外在現實世界得不到的滿足。但是布希亞很快就戳破這種想像，根本不存在迪士尼內外的區隔，也不可能想像什麼另類的世界，因為整個美國早已是一座超大型的迪士尼樂園和擬象世界。按照相同的邏輯來看，在政治的場域也不可能談醜聞和陰謀，也無法談論什麼政客或團體在主導，彷彿系統本身自己會不斷製造醜聞和陰謀，身處在「後真相」時代的我們應該會很有感：虛構與真實已失去區分，或者在真實被科技體系綁架的情境裡，人們不斷挖掘和散佈醜聞和謠言，維持存在真實感。

　　從以上的討論我們不難看見，一切事物都在加速，導致一種僵持、停滯、惰性或倦怠的狀態，這在二十和二十一世紀交替之際的全球性世紀末或Y2K恐慌更為明顯。從布希亞的角度來看，當時間逐步往世紀末前進，人們似乎陷入一種無法分清是喜是悲、希望或

絕望的困境。雖然網際網路並沒有如預言發生全球性崩盤，整個Y2K似乎是一種沒有真的改變什麼的反高潮，但是我們不應只把它看成世紀末的大笑話或荒謬劇，而是應該探究這樣的恐慌流行的各種社會、政治、經濟和科技面向。

《生命的幻象》（*The Vital Illusion*）是布希亞於一九九九年在爾灣加州大學（University of California at Irvin）的系列演講合集，核心主題包括克隆（cloning）、千禧年和網路空間（cyberspace）。本書命名為「生命的幻象」具體而微地呈現其科技文化脈絡：生命形式不再遵守任何本質性的法則，生命透過基因工程科技可以不斷分解和重新組合。身體、器官和細胞可以透過冷凍技術保存下來，進行細胞和基因複製，作為醫學研究之用。克隆科技對布希亞來說就是「永生」（immortality）（或「不死」？）的問題，因為細胞和基因可以進行無窮盡的複製，但這樣的科技（或「科技幻想」）並不總是帶來好消息。物種生命的演化從無區分到細胞、內與外以及生命體和環境的分化。如同癌細胞無限的複製和擴散，克隆科技讓基因和細胞得到永生，但是我們都知道死亡是自然的生命過程，基因工程讓生命脫離生育和死亡的界線，實現的永生恐怕不會是什麼福音，甚至是最恐怖的命運（6）。也許「演化」（evolution）在這個脈絡裡不是一個精準的用語，應該說的是「內捲化」（involution），一種沒有向外開展出差異的過程，不斷往回到更原初的無區分階段。如果這是（基因）科技加速發展的結果，科技似乎並不保證一定會帶來進步，或者說科學的進步不是循著直線而是曲線走向全面的內捲化（Baudrillard, *The Vital Illusion* 9）。

布希亞將性愛和死亡理解為脫離無區分狀態的發展。性革命指的是結束完全相同的重複人們經由性革命打破既有的性活動常軌、

準則和規範。但是他指出性革命已被「性解放」（sexual liberation）取代，帶來不同層面的解離（dissociation）。首先是性活動和生殖的解離，也就是性愛不是以繁衍新生命為主要目的。第二種解離指的是（基因和細胞的）複製不再需要完全依靠性活動，而可以透過類似人工受精和克隆的生物科技工程。第三種解離則意謂著性的虛擬化。隨著生物科技的進展，身體、性、思想、生命和死亡幾乎都可以用科技的方式程式化和塑造，性自然也不再具有任何本質性的作用。

基因工程科技自然會衝擊「何謂人」的定義。布希亞指出，「如果我們發現並非一切都可以被複製、模擬、設定程式、控制基因和神經，剩下來的就可以稱之為『人』」（Baudrillard, *The Vital Illusion* 15-16）。仔細探究布希亞這麼說的語氣和上下文脈絡，我們應該可以認定他如一慣的風格有些反諷，他也並非訴諸任何本質化的人性觀。基因複製科技的未來依舊高度不確定，它的存在似乎證明了人類——至少在概念的層次上——超越甚至毀滅人類的企圖。說來有些弔詭，人類發明像克隆這樣的基因複製科技來選擇特定的基因特質，終極目標是超越死亡的限制，卻同時終結了選擇和死亡的自然過程，也終結了「人類」。這自我毀滅的驅力也顯現在人類對其他物種和環境的暴力。

即使Y2K恐慌已經過了二十多年，相關的問題依然存在於我們所處的這個高度科技化的時代。二十世紀結束前夕，人們著迷於各種紀念和哀悼，這樣的現象對布希亞而言有些虛偽，似乎人們企圖漂白或清洗二十世紀的事件和記憶。當然我們也知道「清洗」的對象還有種族、人口和環境。這樣的千禧年情境並沒有顯示任何「進步的歷史」，相反的，那是一種「眷顧死亡的執迷」（necrospective obsession），也是可能性消耗殆盡的狀態。換言之，Y2K恐慌比較是對於過去的執迷和無法想像未來。從這裡我們可以看到和時間的關係產生逆轉：時間不再是從源流開始的進展，我們也無法看到未來將是烏托邦或反烏托邦；時間變得愈來愈稀薄，成了倦怠的時間，人們還想像自己在等待什麼重大的歷史轉折或啟示。什麼都沒發生，啟示也虛擬化了！

這樣的情境造成什麼樣的精神政治效應？布希亞說，我們因此陷入「深度休克」，（不是真正危機的）無盡危機或永恆的現在。這樣的存在無異於失去精神、感性和意識的喪屍，也像是失去時間座標的精神病狀態，記憶、情感、性慾和智能都正隨著世界自動消失當中（37-39）。布希亞在這樣的論述脈絡裡又談到「倒數」（countdown）的怪異時間。一方面，我們已經無法再想像未來，或是未來早已結束。另一方面，我們著迷於紀念過去的事件，瘋狂地將所有事物「博物館化」（包括我們當前正在經歷的數位化潮流）。Y2K將臨之際，到處都在倒數計時，到處都有「世紀末拍賣」，都在宣告我們正在把可用的資源、時間和生命消耗殆盡：簡而言之，世紀末的Y2K恐慌也是一個普遍性倦怠的年代。真正的歷史意識和矛盾已經被無限繁衍與擴散的歷史影像碎片取代，幾乎一切事物都被吸進這個體系之中，布希亞以「猥褻」（obscenity）和「癡肥」（obesity）來形容這種加速後的惰性狀態。布希亞戲耍著包括「鬼魂歷史」（spectral history）、「結果先於原因」、「終點先於源流」等怪異的譬喻和邏輯，來形容人們陷入過去、現在和未來失去因果連結的困境，不可能訴諸任何歷史理性或辯證來理解到底生了什麼。物理學定律和形上學法則都已不適用，現在是「超物理學」（pataphysics）的時代。說來反諷，科技沒有帶來進步，甚至也很

難說科技操控人們和政治權力帶來存在的異化，人們所能做的就是繼續假裝自己在玩遊戲，但是他們並不知道（或許也不在乎）遊戲規則。

布希亞經常被他的批評者冠上「形上學虛無主義」（metaphysical nihilism），原因是他似乎並不嚴肅看待批判這件事，更別說提出具體的改造方案。但是從另外一個角度來說，布希亞提供了一套審視當前科技世界的另類詞彙和思考框架，似乎也是透過自己獨特的書寫風格突顯當前批判的困境。

彼特曼（Dominic Pettman）在相當的程度上，接續布希亞探究世紀交替之際（與之後）的倦怠政治，他的《狂歡之後：論倦怠政治》（*After the Orgy: Towards a Politics of Exhaustion*, 2002）書名裡的譬喻「狂歡之後」，正是出自布希亞《惡之透明》（*La transparence du mal*, 1990），[1] 用來描述世紀末普遍存在的能趨疲、消耗和頹廢的感受（9）。《狂歡之後：論倦怠政治》一開始談到一九九七年三月發生在美國加州聖地牙哥的邪教天堂門（the Heaven's Gate）39名信徒的集體自殺事件。事件激起媒體狂熱，或者說天堂門的存在本身就是最極端的狂熱。信徒們相信世界末日即將來臨，教主阿普爾懷特（Marshall Applewhite）會拯救他們，帶領他們晉升所謂的「人類之上的境界」（level above Human）：換言之，天堂門的邪教信仰包含一種毀滅人類的超人類（transhuman）的陰謀論。令人感到驚嚇的是，這些集體自殺的信眾們都被閹割，教規禁止他們從事性行為，更根本地來說，他們所有人性的特質都必須被清除，包括性慾望。

---

1 英文版為 *The Transparency of Evil: Essays on Extreme Phenomena* (London: Verso, 1993).

我們也許有理由認為天堂門信眾是一群退化的、迷信超自然陰謀論的人，但是不要忘記他們知道怎麼利用新興網路科技傳播「福音」：精準一點來說，天堂門算是「網際網路死亡邪教」，是網路科技時代的產物。而且我們也知道發生天堂門事件的那幾年，世紀末的Y2K恐慌正在全球蔓延。關於Y2K恐慌，彼特曼特別重視是什麼樣的譬喻和論述在支撐或驅動，這樣的潮流又是如何產生誘惑。他談到末世論邪教得以擴散的兩種發展趨勢：其一是自由市場和通訊科技的霸權，其次是共產主義的垮台。這兩個趨勢的發展是彼特曼的倦怠政治研究的出發點。他以「慾望千禧主義」（libidinal millenarianism）作為理論框架，跳脫佛洛伊德精神分析和馬克思主義的視野，也就是不再倚賴類似「壓抑」、「解放」、「僭越」和「超越」之類的概念。他也是循著這樣的理路強調「倦怠」和「狂歡之後的時間」。

眾多當代的學術和文化文本（包括科幻小說）似乎瀰漫著反烏托邦的虛無主義氛圍，在在突顯想像未來和社會重大變革的困境或倦怠，也是一種弔詭的慾望：一方面覺得滅絕是系統內部或內在性運作的必然結果，為之感到恐慌不已，另一方面著迷於某種神聖性或超越性。這是類似天堂門事件所顯現的倦怠政治的症狀。在這種境況下，如何想像千禧年比實際上發生了什麼來得要緊。彼特曼指出，千禧年想像如同「一面空白螢幕，人們投射了未來的幻想、現在的焦慮和對過往的懊悔」（10）。加速、爆炸、中止——時間和歷史並不是以直線的方式前進，不同的時間性濃縮在這樣的世紀末倦怠政治。預言總是破滅，卻又激發更多預言像病毒般的擴散。

本書在導論「世紀末頹廢」（*Fin-de-siècle* Decadence）討論過於斯曼（Joris-Karl Huysmans）的小說《逆流》（*À rebours*, 1884）主人

翁笛賽桑特（Duc Jean des Esseintes）的失能和倦怠的時代意義。事實上十九世紀末的頹廢和二十世紀末的倦怠政治，包含天堂門事件，顯現某種詭奇的連帶關係，身心狀態、性慾、行動、未來的想像等不同層次的倦怠都糾纏在一起。也許天堂門事件並不如我們所想像的那麼極端，離我們那麼遙遠……

第三章
速度災難——維希留觀點

　　有關當前精神政治的討論，不可能遺漏了速度的問題，畢竟速度已然是移動、社會、政治和軍事空間的決定性因素，整個現代資本主義文明的發展也就是一個各方面持續加速的過程。舉例而言，軍事行動必須以速度搶先、制伏或擊垮敵軍，金融投資以也必須立即對環境變數做出回應，才能極大化獲利或極小化損失。問題是，我們該如何面對、回應這普遍化的加速趨勢，反思加速到底帶來什麼變化，是無限度的便利和效率，還是失速、現實與情感的扭曲和疲乏？法國哲學家維希留（Paul Virilio）堪稱當代最重要的速度哲學家，從他的觀點來說，當前的網路社會、數位和人造衛星通訊乃至於整個世界，一直以更高的速度運轉，甚至已經到達一種不可能再加速的界限。然而，維希留思想體系的速度不只關乎事物或現實的運動，而是速度如何決定了人們的視覺與聽覺感知，同時賦予和限制經驗的可能。

　　維希留在《原初的事故》（*The Original Accident*）[1]（第十章）

1　法文原版為 *L'accident original* (2005)。

提到的一段詭譎的事例，幾乎可以當作現代社會加速的寓言故事。德國政府曾經有一段時間推行一個實驗性政策，要取消所有行車速度限制讓交通更為快速順暢，以降低車禍發生的機率。此政策背後的邏輯有點怪異。取消速限，也就是加速，如何能夠解決任何交通問題，特別是車禍？過程中一些相關人士和組織一直辯解加速不會造成車禍傷亡，汽車工業代表甚至強調設置速限會讓德國汽車工業失去全球市場的競爭優勢，因而增加失業率，國家經濟發展減緩甚至停滯。維希留提到這個插曲的目的在於審視速度的問題。那些車禍的死者是不是因此成為歷史進步和加速的犧牲品？還是說為了加速移動和經濟發展，不惜讓人們的生命安全面臨更高的風險？除此之外，維希留另外還引用了勒瑰恩（Ursula Le Guin）的短篇故事〈路的方向〉（"Direction of the Road"）。這篇故事的敘述者是一棵兩百多歲的橡樹，它目睹了從馬車到高速汽車的發展歷史，以及數不盡的死亡車禍。維希留巧妙地將這個故事連接到法國道路交通的狀況，許多路上原有的樹木都為了降低死亡車禍而被移除。

以上兩個範例的詮釋當然不應該只停留在字面層次上，而是應該進入維希留的思想核心「速度域」（dromosphere）的脈絡。如維希留所言，「速度壓制的不只有相關性⋯⋯還有理性。換言之，這也必然揭露意外在當代思想的重要性：在『存有』與『地方』之間知識流通的意外，這不僅構成動物領域⋯⋯還有植物和礦物領域的生命背景，也就是穩定性、固定性以及地點持續存在的領域」（88）。用比較淺白的話來說，意外總是發生在現實加速的情境中，帶來混亂和破壞的效應，我們因此無法在任何固定和穩定的領域中思考生命。速度或加速要消除的不僅是距離，還有任何物質的障礙，其暴力本質不言可喻。

維希留一直都在探問現實的加速和科學技術的進步如何消除物質元素的差異，例如四季不同的溫度被空調系統消除。他認為尋找這種超度暴力的根源已經失去意義，因為那暴力已經蔓延到全世界每一個角落，速度已然是這種暴力的精髓，一個接一個消除所有標記，時間的標記和事實的極限（Virilio, *Original Accident* 89）。速度已經穿透所有社會、經濟、政治、技術和文化範疇，工作和生涯規劃也無法倖免。毫無疑問，加速不論是在交通、通訊或購物都為我們帶來一些便利，問題在於加速變成一種失去控制的驅動力或命令，決定我們的移動、視覺經驗、社會行為。速度域變得無所不在、無所不能，每一個事物都像是在加速的命令下移動，速度的超度暴力破壞了經驗、時間和現實感的多樣性。

從維希留的角度來說，建築工程或任何技術的執行也同樣都在加速中，而且還必須講究更高的精準度。這樣的傾向也許可以被命名為「速度意識型態」，維希留稱之為「速度學」（dromology）。當技術、科學和工業發展愈來愈快速，就愈可能過度建設和過度毀滅；被消除的不僅是物質的阻力和各種界限，還有政治與道德責任。任何妨礙加速和進步的，都必須承擔罪責。「速度學」也被應用到重視績效和能動性的社會行為管理例如在一個公司裡發生了什麼突發狀況，員工在根本還不清楚到底發生什麼狀況之前，就必須立即作出反應；大眾媒體傳播也愈來愈是依照這種模式在運作。根據維希留的解釋，「加速讓我們的行動和互動的空間時間空洞化，也突然擾亂了事實的真實性。速度域到處都立即引發我們累積的實用知識虛幻的反轉，我們的活動時間凝縮恰好示範亞里斯多德所說的『事故的事故』（the accident of accidents）」（*Original Accident* 91）。這表示行動失去了時間和空間的座標，也不具備任何知識基礎，行動變

成事故性的。我們甚至無法區分動與不動、變與不變；加速甚至會製造出現實靜止的錯覺，如同景物在高速運行的汽車或火車窗外不斷飛過，車內乘客會有靜止不動的錯覺。

以上所討論的速度學和超度戰（hyperwars）、威嚇（deterrence）和恐慌有著密切關係。超度戰透過大眾通訊科技製造恐慌，維希留甚至認為戰爭的技術就是恐慌的技術。威嚇在傳統的用法裡主要是為了恫嚇敵方和防止侵犯，維希留把它導向別的用法，表示一種懸置或僵持的狀態，無法以既定的現實界定，這也意謂著當前的威脅更具不確定性。這在核能和恐怖攻擊危機最為明顯，兩者都引發全球性的恐慌。拜資訊科技即時性之賜，超度戰的威脅和恐慌可以瞬間擴散，自然也更難（如果不是不可能）應對或防範。這種狀況更容易製造責怪和獵捕他者的心理氛圍。維希留認為這讓代議式的意見民主轉變成公眾情緒民主，這當然會是真正的民主式微的症狀，如同我們從當前極右派極端或民粹政治勢力所看到的。沒有即時通訊科技，這一切都不可能發生。這樣的精神政治顯然是一種標準化或同質化的效應，但是和傳統的意識型態洗腦不同的是，更牽涉標準化的情感（特別是恐慌）反應，這當然有是一種情感匱乏的狀態。

快速移動一直以來都是戰爭的成功關鍵，戰術欺敵、軍隊和武器運送莫不以速度為首要考量。但是超度戰需要製造大規模人民的恐慌，而且讓恐慌的擴散比傳統軍事武力的戰術移動更迅速。維希留在分析超度戰的情緒動員的時候，顯然也表現對於群眾動員的不信任，認為那形同民主體制的退化。速度和事故政治最糟的結果會是精神病式的癡迷或執念。在這樣的政治現實裡，事故一再重複發生，用精神分析的詞彙來說，像是創傷記憶和壓抑的回返（the return of the repressed），最後讓主體陷入一種精神病的封閉狀態，

任由情緒或精神風暴侵襲，公共權威無法有效運作。恐怖主義持續的威脅造成一種普遍性的冷漠，一種強迫性的隱蔽和去真實化的社會，真實和物質空間和時間都被全球性的技術時間與空間取代。也就是說，持續性和不確定的事故造就了脆弱的情感，讓社會秩序無法運作。

極端的事故總是伴隨著加速的時空現實以災難的樣態發生，帶來諸多的身心症狀，令我們無法言說與防備，維希留的《災難大學》企圖為我們面對的無所不在的災難建構一些知識。維希留在本書一開始對於當下瞬息和現實的加速如何衝擊我們對於歷史事實或歷史性（historicity）的理解提出一些根本性的問題。當所有事物在瞬息間發生，我們還如何可能或不可能談論「時間」和「當前的世界」？這是再令人不安的問題，畢竟我們面對著「完全喪失知覺的恐慌」和「時間的廢墟」（4）。而歷史和時間感的喪失等於是「失憶症」，如同我們在老年癡呆所看到的，構成了一種「無時間的非人性」（4-5）。

當迫在眉睫、無法預期的事故無所不在，「瞬間」也將變得無法思考。維希留把這樣的情境連結到後現代主義對於暗黑物質和能量的追尋。從維希留的角度來看，這樣的後現代性標示著一種晦暗主義或「官能症末世論」（neurotic eschatology）的年代，它是官能症的理由在於我們總是焦躁地等待某種最終的啟示，但是我們卻沒有適當的知識掌握正在發生的和將要發生的事物，彷彿被困在等候室。「等候室」是維希留在本書中所用的譬喻，它揭示一種怪異的等待的經驗。正常的情況下，我們會等待特定的人事物或事件的到來或發生，但是面對速度災難的時候，等待並沒有特定的對象，我們能夠確定的就只是等待本身。這種經驗是一種惰性或遲鈍的狀

態，知識和現實感都被懸置或綁架。

維希留認為全球化讓進步的幻覺消失，也讓知識變得更不確定和更具風險。事故和災難變得都像是系統內建的裝置，與系統失去區隔，這勢必深深地衝擊到哲學和科學思維的功能。當我們無法理解正在發生的事物，「預測」就會質變為本能反應式的「阻止」。在這件事情上，維希留把氣象學當作一種譬喻，用它來解釋我們如何面對加速的世界。在此脈絡下的氣象學不同於正規的科學，它不是處理事物的基礎元素和模型，而只是去印證一些超出認知範圍的神秘現象的存在。這樣的知識狀況可以適用於氣候變遷和經濟風暴。這不僅表示不同的知識類型失去區分，也表示事故無所不在，甚至知識本身就是風險。即便如此，我們還是可以從通訊系統或反恐計畫看到後勤和操控性思維，企圖透過電腦瞬間模擬、偵測、計算和量化風險與災難，但是電腦系統本身也很容易滋長更多風險和災難。由此我們可以看到，科學和科技體系似乎已到達一種自殺和自爆的狀態。

除了氣象學之外，維希留也用「太空物理學」作為譬喻，闡述他有關當前科學和科技情境的論述。太空物理學的發展和冷戰時期的太空競賽息息相關，整個地球和外太空都是它運作的對象和場域；它消除了地球上的地理界線，再將自身投放到廣闊無垠的太空中，探索宇宙的災難。科學和科技就這樣偏離物質現實和實體地理，持續追尋未知和無法預測的領域。也是這樣的「解疆域」——不是德勒茲談的「解疆域」——傾向造就了世界的全球化，讓地球變得不可居住。對維希留來說，這當然不是個解放的世界，而是一個閉鎖的宇宙，人們失去了現實感。意識和無意識以一種佛洛伊德無法預見的方式融合，如同谷歌搜尋引擎成了「無意識的技術意

識」，也就是電腦使用者投放到螢幕上的東西（23）。使用者因此被建構成數位人，但事實上是搜尋引擎在為使用者執行瀏覽和思考的功能。用精神分析的詞彙來說，是科技大他者在為我執行動作，讓我保持主動的幻想。當所有事物都可以在螢幕上進行，表面和深度也失去區隔。我們也不再是具有情感能力的個別主體，情感被同步化和集體化：我們都被連線到全球腦（global brain）。這樣的情境讓人聯想到電影《駭客任務》第一集裡的場景，相連的人類胚胎在成長過程提供能量給母系體。

人類不像是或不再是人類，這聽起來有些科幻。維希留以同樣頗具科幻色彩的思慮推想，「我們現在面對的是一種光合作用的現象，人性中屬於動物的國度突然之間連接到植物國度，冰冷的光波映照出我們的影像和印記」（Virilio, *University of Disasters* 24）。我們在電腦螢幕上的生命（或者和電腦螢幕共存的生命）是一種植物性生命，也許兩者的差異在於我們不是透過空氣和陽光，而是透過影像和印記進行光合作用。然而，腦科學研究和電腦軟體已經能夠解碼人們的線上活動，進一步預測他們做決定的過程和潛在的購買和投票行為，就不再只是科幻的推想。這類的軟體也被用來訓練足球員，更別說是市場行銷。這全球腦和神經行銷的另一面自然會是全球性的追蹤和監控系統。

維希留用類似「向光性」（heliotrophism）和「電傳主體性」（telesubjectivity）這樣的概念闡述數位時代的主體植物化的狀態。向光性顧名思義指陽光制約或決定植物的生長趨向。在數位世界裡，主體持續在螢幕攝影機或偵測器前進行動作，整個身心運作都投注在影像和資訊流之中，忙著記錄一切，也渴望自己被記錄、被看見。我們似乎處在一種狂躁的狀態，急於將自身轉化成影像和資

訊傳輸到遠端。這對維希留而言一種身分和再現的危機。如同影像變形（morphing）技術從電影、電視到網路的發展歷程充分顯示了現實的加速，這也是「剝削可見的（the visible）能量」的過程（*University of Disasters* 41），到處都設置視覺自動化裝置，為我們執行閱讀思考說寫和其他許多功能，這等於是把人類身體和大腦運作外包給機器和人工智慧。他悲觀地認為這種趨勢長期以往，文明的學習將不復存在，教師或其他知識傳遞者也不再有什麼高貴的真理可以傳授，我們將繼續被催眠，失去情感的能力，失去對於時間軌跡的掌握。換言之，我們的情感、現實和時間都被嚇阻和綁架，一神論被「一無神論」（monoAtheism）取代。「嚇阻」（deterrence）原屬軍事和戰爭科技的範疇，在本書的脈絡裡表示信仰、知識、價值、記憶和歷史被否定或懸置，事件和未來無法被掌握（也是無法發生）。當一切事物都在高速運轉，但我們卻什麼都無法看見或預見，什麼都正在消失，就是一種徹底的惰性和不可知的狀態。

　　當一切都在消失中，還剩下什麼？維希留說是「災難博物館」，人類前所未聞未見的悲劇。他語帶誇大地說這是一種基因悲劇，但是沒有進一步具體描述。倒是他運用的沙漠意象很搭《災難大學》的思想脈絡，畢竟書中所談的不論是現實、情感和時間的嚇阻、消失和匱乏都可以看成是某種「沙漠化」。這一切都導因於科技帶來各個層面的加速，整個世界變得不可居住。那不斷擴張的速度域是一種「否定的地平線」，被否定的是真實時間、空間和物質現實；速度域沒有具體的領土和疆界，有的是持續性的內爆。維希留用了Forsmark核電廠事故來說明這種內爆的情境。二〇〇六年七月二十五日瑞典Forsmark核電廠因為電線短路導致一連串連鎖反應，「幾乎」要發生像車諾堡核電廠熔毀的事故。毀滅性的災難是立即性

的，隨時都有可能發生，但是專家和官員都刻意冷處理，他們的欺瞞就是一種維希留思想脈絡裡的「嚇阻」（*University of Disasters* 40）。Forsmark事故本質相當詭譎。我們能夠因為沒有「真的」發生熔燬或爆炸就說核子毀滅是不真實的嗎？「真實」在這個事情上顯然已被嚇阻或綁架，遠比「不真實」要複雜許多。維希留把「核熔毀」的意象延伸到當前的大學和知識現況，兩者也都面臨類似熔毀和立即性毀滅。在這種情境下，整個世界最終就是陷入全面性的無區分和惰性。

第四章
無感與碎裂的時代
史蒂格勒觀點

　　整體而言，事故早已內建在事物本質之中，也因此具有某種形上學色彩的必然性，但如果只談到這個層次，似乎欠缺對於主體的回應與創生的關照。本書附錄一〈變成另一個人：論馬拉布的「塑性」與腦傷〉藉由馬拉布（Catherine Malabou）有關塑性和腦傷的研究，探討理解事故和主體回應的不同可能。

　　以上最後討論的瓦解、無區分和惰性的世界，呼應了史蒂格勒談的當代的象徵性困苦、無感與碎裂。史蒂格勒在《象徵性困苦，第一冊：高度工業時代》（*Symbolic Misery, Volume 1: The Hyperindustrial Epoch*）（後引為 *Symbolic Misery 1*）[1]一開始就明白表示，政治的問題就是美學的問題，反之亦然。史蒂格勒認為，美學關乎感受（perception）、感性（sensibility）和情感（feeling），政治則是「在一起」、「一起生活」和「共感或同情之中的他者」（*Symbolic*

1　法文原著為 *De la misère symbolique: Tome 1, L'époque hyperindustrielle*（2004）。

Misery 12）。從這個角度看下來，政治共同體就是情感共同體，情感和感性都是經由社會、政治和科技所建構的。史蒂格勒借用德勒茲的「控制社會」指出，當前的藝術感性共同體，或者更具體來說「身體和靈魂的意識和無意識韻律」，都受制於科技的控制，轉變成「經濟上可計算的價值」（2）。以下的討論將延伸這些觀點，聚焦情緒感知如何因為各種科技而變得破碎不堪，以及衍生的集體精神症狀。

　　史蒂格勒相當憂慮當前科技社會中同情和公共感性的崩解，他將這種情境稱為「去個質化」（disindividuation），也就是個體切斷與他人的連結；這也是他關注的「象徵性困苦」的核心概念。他從勒朋（Jean-Marie Le Pen）以及她所代表的極右派勢力崛起，闡述象徵性困苦意謂著失去和現實連結和感受能力，是當前消費社會的產物。這樣的「困苦」並不完全是經濟性的，比較和羞辱或被剝奪感有關；當前一波又一波的極右派民粹主義和任何排他主義勢力都會刻意挑動和操作這種羞辱和被剝奪感。象徵性困苦也是一種美學疏離，人們失去愛自己和愛他人的能力。換言之，象徵性困苦也是一種慾望和情動力的（affective）困苦，是「原初自戀的喪失」（5）。必須釐清的是，史蒂格勒談的自戀無關乎任何病理或臨床上的退縮狀態，而是表示對於獨特事物的愛，也包括愛自己的獨特性，因此是美學和情動力的表現，是愛他人、和他人建立連結的基礎。

　　史蒂格勒對於美學和情動力有他獨特的見解；他的思想體系深受西蒙東（Gilbert Simondon）、古爾漢（André Leroi-Gourhan）、海德格和德希達的影響。人類的身體器官（或是人類這個物種）從一開始就和各種不同工具和技術物一起演化，史蒂格勒將探究這共同演化的知識系統稱作「器官學」（organology）。他的《象徵性

困苦》與《懷疑與失信》系列著作主張我們必須從器官學而不是從有機論理解慾望,因為當物種生命持續與外在環境建立連結和共同演化,其行為不再只是本能性的,而是能夠依附在可分離的器官(也就是工具),只有在這個時候才會有慾望的問題。根據史蒂格勒的解釋,人性的美學歷史不外是構成人類美學能力的三個組織(或器官)結構之間一系列的「失調」:具有生理組織的「身體」、「人造器官」(科技、物品、工具、工藝品等)以及工藝品和身體形塑的「社會組織」(5)。這樣的演化不是按照任何延續性的原則,人類生命也不會因此而完全等同於科技體系,共同演化而是一系列「失調」的過程,也就是一個差異不斷展開和擴散的過程,可以用德希達的「延異」(*différance*)理解。史蒂格勒的器官學涵蓋的三種器官,正是人類與技術共同演化的三個「延異」的範疇,象徵性困苦等於就是這三種器官失調和失能的結果。

　　史蒂格勒透過類似「外部化」(exteriorization)、「系統發生」(phylogenesis)、「第三記憶」(tertiary memories)等概念闡述他的器官學理論,這些都是他從《技術與時間》階段[2]就相當倚賴的概念,如同是他整個思想體系的基礎。「外部化」指的是經由技術輔助生產符號和保存記憶。如果我們將語言和記憶當作人類社會與文明的要件,「外部化」也意謂著人類的演化、社會的運作和文明的延續從一開始就不離人類以外的技術輔助物。也就是說,人類生命和社會存在著「原初的外部化」(originary exteriorization)(7)。第三記憶指的是人造技術記憶,另外兩種記憶則是生物－基因記憶和社會、政治或宗教記憶。第三記憶必然依靠科技物作為輔助,也

2　法文原版第一冊 *La technique et le temps, 1: La faute d'Épiméthée* 於1994年出版。

需要存放在外部空間。如同當前智慧型手機已然成為持有第三記憶最主流的科技物，而觸碰式和多螢幕的操作方式會給人類的閱讀活動、記憶、觸覺、神經系統、情感模式和社會關係帶來什麼改變，當然都是值得探究的精神（或神經）政治議題。

　　進一步來說，史蒂格勒談的技術必然是「記憶技術」，甚至所有的技術都是記憶技術，都關係到不同形式與載體的符號、記憶、程式或檔案。從古至今的政治權力總是必須透過記憶技術來建制和保存其程序與法律，或是採取行動記憶，技術也因此總是行政管理的一環。在當前的資本主義社會中，記憶技術主要透過演算法和數位化，這也就是所謂認知資本主義或符號資本主義的運作方式。史蒂格勒認為，當前的數位演算記憶技術並非以分享和參與為目的，更糟的是，它走向了「象徵性和情動力的堵塞」（8）。我們鎮日忙於用手機和電腦輸入訊息，但不保證我們真正在與他人分享和建立情感的連結，我們只是在讓系統繼續運作，這就是象徵性困苦。

　　史蒂格勒用「蟻丘的寓言」類比象徵性困苦。他寫道，「個體已不存在，只有羊群般、部落化的個別元素（particulars），朝著人形的、反應性的、認知性操作者的社會組織移動，它們像是螞蟻，製造的不是象徵，而是數位費爾蒙」（73）。費爾蒙是負責攜帶和傳送資訊的化學元素，常見於物種的溝通或其他社會行為。蟻丘的寓言訴說的故事是關於個質化被阻斷，媒體工作者或使用者變形為「社蟲」（social insects）或集體的訊息攜帶者。他們只是攜帶訊息，而不是在任何具有創造性或互定性的意義下生產符號。他（它？）們的行為是反應性的理由在於他們對於自身的行為欠缺記憶和自我體察，只是反覆、重複做出反應而已。

　　史蒂格勒選擇使用「高度工業」一詞，顯然有刻意和作為後現

代（社會）理論大師李歐塔互別苗頭的意味。他並不認同「後現代（性）」（postmodernity）這樣的概念，他根本上並不認為我們已經脫離現代和工業社會。我們正在經歷的是所有事物的工業化，也就是「高度工業化」。史蒂格勒特別提到現代資本主義幾乎是和「普遍學」（mathesis universalis，以數學方法作為普遍性知識的基礎）相輔相成。從史蒂格勒的觀點來說，在現今高度工業社會裡，計算變得更緊密複雜，範圍無限擴張，連生物和基因物質都被納入計算範圍。當我們試圖在這樣的高度工業社會中指認個體的形象，我們看到的會是形象已無法辨識的個體，工業範疇和計算的極度擴張意謂著勞動、意識、身體、生物物質等等，無一不成為被控制的對象。

為了闡述「高度工業」的理念，史蒂格勒回溯到古希臘文明探討「圖文化」（grammatization）。古希臘人要建制城邦的時候首先要詳細探查和詮釋環境狀況，再留下文字記錄，這個過程就稱之為「圖文化」，而柏拉圖在這過程中具有舉足輕重的地位，畢竟他為西方世界奠定深遠的哲學思考基礎。依據以上關於高度工業社會的討論，我們可以了解當前圖文化的範圍已無所不包，涵蓋身體、姿勢、行為、運動、記憶、意識乃至無意識。這些都成為生命政治和精神政治管理的範疇，科技體系的未來也因而失去不確定性和不可計算性，逐步走向損耗乃至毀滅，也就是「熵」（entropy）。一直要等到十九世紀資訊和通訊科技出現的時候，記憶技術體系與生產的技術體系合併，因而加速和擴大工業化。這個歷程自然也涵蓋工人及其勞動，結果並不令人感到陌生：工人的勞動和生命都被機器生產異化，持續貶值和碎裂，喪失動機和情感。

象徵性困苦也顯示將自身融入「我們」的困難，這樣的存在困境導向恐怖主義團體和主權國家各種官能症、強迫症甚至自殺性行

為的暴力發洩。人們也許會想像透過商品消費找回自己的獨特性，但是終究還是無法成功，再怎麼消費都無法得到真正的滿足，還是失去個質化，意識成為剝削的對象，無法愛自己和愛他人，也失去了世界感。這樣的去個別性甚至導致「變得可拋棄」（becoming-disposable），顯示一種脆弱無比的情感模式和主體性，史蒂格勒命名為「節肢動物傾向」（anthropod-tendency）（*Symbolic Misery 1* 63）。史蒂格勒這個「節肢動物」的概念和前文的「蟻丘」旨趣相近，也許也可以改寫為——無關乎德勒茲的——「變蟲」，或者和阿岡本的「裸命」相比擬，稱作「數位裸命」。「節肢動物傾向」導因於都會時間無所不在的霸權，包括大眾媒體的時間、經濟活動、和全球生產體系整合的各種技術等等，不論是在工作、交通、休閒或購物，都將人們團團包圍讓人無所遁形。整個社會「節肢動物化」的趨勢顯示時間、意識和慾望的同步化（當然也有標準化或同質化的意），個體充其量不過只是反覆進行反應式的動作，不再具有創造性和獨特性，也沒有能力做出例外的行為（*Symbolic Misery 1* 77）。

我們可以透過《失控的憤恨個體社會》（*Uncontrollable Societies of Disaffected Individuals. Disbelief and Discredit, Volume 2*）[3]（後引為 *Uncontrollable Societies*）延伸對於象徵性困苦的探討。本書一開始提及二〇〇五年夏季發生在倫敦的自殺炸彈攻擊和巴黎在冬季發生的警察暴力和後續的種族暴動。據史蒂格勒透露，這些事件都是他包

3　法文原版為 *Mécréance et Discrédit tome II: Les sociétés incontrôlables d'individus désaffectés*, 2006。系列著作第一冊為 *La decadence des démocraties industrielles* (2004)，第三冊為 *L'esprit perdu du capitalisme* (2006)。

括本書的系列著作的寫作背景，他要探討當前的高度工業的資本主義生產模式為什麼會導致象徵性困苦和暴力發洩。簡單地說，象徵性困苦必然導致精神（spiritual）困苦，「麻痺人類心靈的功能」（*Uncontrollable Societies* 2）；象徵性困苦不僅是語言和認知功能的問題，更是情緒和精神層面的問題。我們必須注意史蒂格勒界定「精神」的獨特方式：它既是心靈的（psychic），也是集體的，它並非純粹的概念，而是會通過物質的中介。精神帶來知識，而知識可以分成「實用知識」（know-how）和「生命知識」，但這些知識在當前象徵性困苦的時代都無法發揮應有的功能。

除了前文討論過的「去個質化」，史蒂格勒還透過「赤貧化」（proletarianization）、「憤恨」（或「無感」）（disaffection）、「抵認同」（de-identification）等概念闡述象徵性困苦的意義。「赤貧化」指的是消費者和工人被奪知識，憤恨形同「無感」，等於喪失感覺、同情和愛的能力，「抵認同」則是無法與他人或社會建立連結。綜合這些面向，我們可以了解象徵性困苦代表精神失去內涵、對象、理由、動機和目標，靈魂因此倒退到反應性行為和本能或是「驅力的統治」（the reign of the drives）（4），人失去希望，不知道在追求什麼，也沒什麼好期待的：簡而言之，看不到未來。我們也是從這些面向去思考，我們所處的時代為何會充斥暴力和自殺性的發洩。

史蒂格勒認為在當前超度市場邏輯運作下，價值脫離了「延異」的變動，深陷在可計算的範疇，因此失去價值。價值之所以是價值，前提是具有相當的不可化約性，不能夠被納入共通的計算系統化為平均數。消費者也被貶值，成為被調查和定價的對象，無法再真正欲求什麼。這也是一個信用卡和電子支付無所不在的時代，

消費更簡易，更容易受到「享樂律令」的誘惑和宰制。對此，史蒂格勒以二〇〇二年震驚法國的一樁謀殺事件為例。派翠莎和艾曼紐爾・卡提椰爾是一對沉迷購物的夫妻，欠了巨額卡債無力償，人生陷入絕望，決定給五名子女注射大量胰島素，最後導致其中一名女兒死亡。他們對生命已不可能懷抱任何希望，甚至幻想死亡能讓小孩得到解脫，到另一個世界過更好的生活。他們處在一個不再有愛的能力的社會，無法愛任何人，包括自己的小孩。我們從這個個案可以看到生命和社會關係商品化毀滅性的後果，史蒂格勒則以一種譬喻的方式，將這樣的社會稱之為「弒嬰社會」，謀殺了還在子宮裡的嬰孩或童年（83）。

順著以上的討論看下來，史蒂格勒會把當前的消費看成「酒精中毒」（intoxication）並不令人感到意外。科拉（Cora）大型購物商場這樣的消費場域突顯當前的社會（階級）衝突和精神困境。不管買得起買不起，消費到底帶來少滿足，都無法改變大眾消費的狂熱。這聽來有些矛盾，如同有超過半數的問卷受訪者不滿意電視節目的品質，但是他們還是繼續每天準時收看。這顯然是一種過度依賴或沉迷的狀態。這是一種飽和和浸透的狀態，自然會造成認知、情緒上各方面的「阻塞」、遲緩或麻痺。史蒂格勒在這樣的論述環節裡提到他二〇〇五年十二月間在日本參與學術活動期間，從東京大學時田英敬教授（Hidetaka Ishida）那裡得知兩位日本年輕人在幼稚園犯下無差別殺人事件，這事件對史蒂格勒而言反映了日本御宅族（otaku）和繭居族（hikikomori），[4] 是當代精神困境和暴力發洩

---

4 史蒂格勒在這個問題上似乎無意區分動漫、偶像、科幻等次文化愛好者的「御宅族」和拒/懼學、社會退縮的「繭居族」。依照他的論述脈絡，他比較應該

的最佳寫照。對史蒂格勒而言,御宅族和繭居族都「嚴重地切斷和世界的連結,活在一種社會自閉症之中,隱藏在家居和電視環境之中,像是隱士將自身包裹起來,脫離那個已是一片荒蕪的社會環境」(88)。史蒂格勒認為御宅族退縮到電玩和動漫的虛擬和封閉世界;他們是商品的消費狂和收藏狂。不論是御宅族或繭居族,消費狂和社會退縮的行為都顯示憤恨與無感的精神困境,如同上述的無差別殺人事件的凶手已失去愛的能力,沒有對受害者表變現任何愧疚。史蒂格勒認為這是普遍的都市生活的困境,他對於傳統鄉村緩慢安靜的生活方式似乎有些懷念。

除了社會退縮、憤恨和無感之外,史蒂格勒也把「注意力不足過動症」(attention deficit hyperactive disease,也就是俗稱的ADHD)看成當前象徵性和精神困苦的一部分。他引用一份法國國家健康與醫學研究院(Institut national de la santé et de la reserche médicale, INSERM)針對有情緒困擾的孩童所做的研究報告,指出那些小孩的「異常行為」都和注意力紊亂有關。但是我們必須「注意」,注意力在當前的時代裡已經成為一種商品,也因此是商業和社會控制或部署的對象。但弔詭的是這種對於注意力的部署或投資反而讓注意力更為紊亂,更不容易與他人和現實維持連結。ADHD的成因在臨床醫學上大多被認定和腦神經和基因病變有關,但史蒂格勒認為應該把重點放在父母教養、社會和環境因素;精神病理學必然是社會病理學。從史蒂格勒批判的觀點來說,INSERM的研究報告以規範性的健康為基礎建構神經系統和人類生命的概念,但是

談的是「繭居族」,但是卻又沒有多少著墨。我在後面的章節還會再回來細談「繭居族」的問題。

精神病理性的脆弱並不能被等同於心智病變的問題，這一點我們可以從類似亞陶和梵谷等藝術家看到，精神病理性的脆弱可以是藝術創作珍貴的來源。

主流社會在看待精神病理性的行為的時候，總是喜歡以個人和父母作為咎責的對象，但是問題的根源是在社會本身，是這個社會失去了愛自己和他人的能力，這是個充斥懷疑、犬儒主義和癡呆的社會。史蒂格勒指出，即使一些錯亂的行為的確和基因病變有關，還是無法脫離社會的成因，也就是「不合群的社會性」（unsociable sociability）。這種「非社會的社會性」代表一種抗拒和脫離社會的傾向，一種以個體的樣態生活在社會之中，沒有本質上的好壞，它甚至可以被看成是社會化或個質化過程的獨特的核心。但是主流的精神病理學總是想要計算、標準化和控制這種獨特性。標準化意謂著控制、矯正和消除錯誤、差異和空缺，如同我們在生物學、精神醫學和醫學領域所看到的。標準化的療程以消除誤差為目標，要讓一切可見、可控制，它也將消除了慾望，畢竟慾望的客體理應是空缺的、不在場的。至於不以矯正和消除誤差或差異的療程到底如何可能，「標準化」是否不可避免，還有許多精神政治和倫理的問題必須被思考。

史蒂格勒在他過世前最重要的著作《碎裂的時代：運算資本主義的科技與瘋狂》（*The Age of Disruption: Technology and Madness in Computational Capitalism*）[5]（後引為 *Age of Disruption*）延續他長期以來對於當代資本主義對於情緒認知和社會關係的衝擊。史蒂格勒在本書一開始提到他在二〇〇一年一場演講談到已經失去理性的全

5　法文原著 *Dans la disruption. Comment ne pas devenir fou?*（2016）。

球化和西方化的世界。有點詭異的巧合,在史蒂格勒演講當時發生九一一恐怖攻擊事件,全球的觀眾因此被重複播放的恐怖攻擊畫面綁架。史蒂格勒同時還提到法國中部的楠泰爾(Nanterre)於二〇〇二年三月二十七日發生的無差別殺人事件,凶手Richard Durn被捕,隔天於警察局大樓跳樓自殺身亡。事實上史蒂格勒不只一次在演講中透過這些事件描繪所謂的「新野蠻主義」:這是一個個體與環境失去連結的時代,去個質化、象徵性困苦和無感的時代,失去愛自己和他人能力、失去活著的理由的時代。也正是這些不同的面向構成了本書的主旨「碎裂的時代」。在這個新野蠻主義和碎裂的時代裡,運算法的治理取得全球性的霸權地位,亞馬遜、谷歌、臉書、蘋果等「四大天王」(the Big Four)的科技基礎結構、器具、裝備和功能無所不在,具有無可匹敵的運算和連結能力,造就了史蒂格勒索所說的「自動化虛無主義」(7),成為在地文化和社會生活崩解的主因。個人變成「資料供應者」,而數位運算系統計算的速度比人類的神經系統要快百萬、千萬倍,這是「碎裂」的主要因素,擴及慾望、期待、意志、所有構成我們的生命世界的面向,也包括我們所能想像的未來。碎裂總是發生得太快,而思考和知識卻又太慢,總有什麼超出理性的向度,包括存在的理由。史蒂格勒認為,我們活在這種情況下早就已經瘋了(8)!

　　史蒂格勒繼續從後九一一的歷史發展,包括第二次伊拉克戰爭和二〇〇八年的全球金融風暴,談新野蠻主義的問題。他把討論焦點放在伊斯蘭國(Islamic State,IS)。簡單說,IS的統治原則就是野蠻主義,主要表現在無限制地使用暴力製造衝突和混亂,將國家的結構消耗殆盡(IS自稱為「國」自然是很反諷的一件事)。即便IS再極端,它所反映的是整個碎裂的時代共通的問題:創新要能基

進化唯有透過新的震撼主義（shock doctrine）造成碎裂，數位商業和科學實驗都反映這種現象。但是創新的成功在於建立新秩序或某種「介穩定性」（metastability），[6]也就是運動或能量轉化過程中間歇性的不穩定狀態。我們也可以從這裡看到「時代」（epoch）和「現象學還原」（phenomenological *epokhe*，亦譯為「懸置」）的相似性。「現象學還原」將現象從非現象當中「分離」出來，排除個人主觀感受甚至偏見，使心智活動得以掌握事物本質，簡而言之，是一種打開新的觀視方式的中斷狀態。而「時代」的寓意在意識到時代無法運作，如同海德格認為只有當技術物無法運作的時候，我們才會意識到它們的存在。

　　以上這些講法聽來有些矛盾，如同這幾年來全球經歷的百年大疫帶來了「例外狀態常態化」，也就是混亂或碎裂成為新常態或日常，但是我們得以從中體察以往未曾體察的，理解全球化體系運作的真相，創造新的思考與生活方式。史蒂格勒談的系統總是在特定的背景條件和界限之中運作的動態過程，實現相對的穩定性。但這樣的穩定性的另一面其實是不穩定性，也就是這裡提到的「介穩定性」，開放超出界限的能量交換，反饋到系統之內使其持續運作。任何系統與外部隔絕的或是同時達到太多界限，遲早都會崩潰。如史蒂格勒所說的，「我們現在所目睹的是社會體系被技術體系毀滅，這也就是我所說的碎裂，被新野蠻主義所佔用，帶來摧毀個體心靈的風險，也就是說，讓他們失能和瘋狂，以最可控制的自動裝置取代他們」（37-38）。此外，消費者資本主義將一切都納入運

6　本詞語與其他相關詞語中譯參照陳璽任所譯之《負人類世》（*The Neganthropocene*），臺北市，國立臺北藝術大學，2021。

算的範圍，摧毀了慾望經濟，也就是說，消費者失去了慾望和愛的能力，變成了無感的主體，不知道該期待什麼，絕望像是一種瘋狂的傳染病散佈到世界各地。整個社會體系像是一部「失速列車」瘋狂地尋找存活的理由，持續衝向虛無主義和自我毀滅。

在這裡需要釐清的是，史蒂格勒並非是虛無主義末世論的信奉者。他以頗具曖昧性的「藥理學」（pharmacology）、器官生成（organogenesis）和「負人類熵」（neganthropy）作為理論基礎，批判當前的運算資本主義、野蠻主義和破碎的時代。"pharmakon" 一詞源自希臘文，同時表示「藥物」與「毒藥」，史蒂格勒將這樣的曖昧性應用到科技物與科技體系。「器官生成」則指器官在科技物的影響生長或變形。在史蒂格勒思想脈絡下的「器官」可以是人體器官，也可以是社會與政治器官，也就是跨越人與非人、有機與非有機的界線。技術體系會因過度快速發展而走向混亂的、能趨疲——也就是「熵」——的碎裂，但是這種熵的條件會與負熵——也就是創造新生命形式的條件——維持拉扯的關係。

許多人在談論當前的碎裂年代時，也許會訴諸某種社會達爾文主義，強調「物競天擇」（或「自然選擇」）：強者從經濟競爭中存活下來，弱者被淘汰。但史蒂格勒並未如此，他以「體外化」（exosomatization）取代「物競天擇」。簡單來說，「體外化」指的是器官經由技術體系外化和生長的過程。與此同時，心靈個體內化集體知識，這些內化的知識教導個體如何運用他們的器官，為了生活而搏鬥，為了未來持有知識，透過集體行動介入與參與和科技體系的共同演化。這樣的過程也就是「負人類熵」（neganthropic）的演化，不能單從負熵的角度來描述。史蒂格勒指出，「對抗能趨疲會變成負人類熵的發展就在於它中斷了物競天擇的壓力」（*Age of Disruption* 43-44）。換句話說，人類與技術體系共同演化的過程必然存在熵與負熵、混亂與秩序間的拉扯，這種拉扯關係到我們如何反思或穿透當前的新野蠻主義和碎裂的年代。用史蒂格勒的話來說，這種拉扯也存在於「人類世的夢想和夢魘之間」（86）。他引用著名的童話故事〈賣牛奶的女孩〉帶出癡心妄想或奇想的討論：我們的期待有時候會與現實脫節，實現夢想的過程有可能轉變成夢魘。新野蠻主義和碎裂的年代讓人們失去做夢的能力和超凡的體驗，夢魘取代了文化薰陶，激發集體的暴力行為。

　　從某個層面來說，做夢和超凡的體驗等於是走向他者，類似的經驗也適用於藝術家、戀人、學者、公民等等。做夢就像是一種「前攝」（protain）的能力，也就是塑形、製造、行動、賦予現實形式的能力。作為一種前攝能力的做夢（或是作為一種做夢能力的前攝）催生新的社會器官和新的跨個質化，讓失速、瘋狂、失去控制的趨勢回復理性。這種朝向未來的前攝／夢想也反映出史蒂格勒的藥理學立場，以及他對於現代社會加速發展和進步到失去時代和未來的反思。他也持續對包括數位資訊科技、奈米科技、生物工程等各種改造性科技提出批判性觀點。這些改造性科技打破身體、生物和社會體系間的界線，而史蒂格勒對這種越界的形勢有所保留，看成是全球市場的一環，「將每一種不幸轉化成機會」（*Age of Disruption* 95）。他以糖尿病在當前的時代大流行為例，他認為那是過度消耗食物的結果，化學治療藥物反倒成了利潤豐厚的產品，如同使用氾濫的精神用藥也蘊含巨大的商業利益。

　　「什麼事都在發生，沒有真的發生什麼」（97），史蒂格勒為當前的時代下了這樣的弔詭註腳，那也表示真正至關重要的問題被否認或壓抑。西方形上學和它的繼承者運算認知主義並沒有處理體

外化和個別性的問題,當前的時代無法迴避卻也無法回應這樣的問題,如同我們從前文關於蟻丘的寓言——也就是去個質化——所能看到的,而人類世對此也無言以對,也因此無法處理被遺棄的年輕世代的受苦,也無視碎裂的問題。碎裂意謂著「技術體系、社會體系和生物物理體系間的失調,因此也包括對於新的公共權力的需求」(*Age of Disruption* 99)。有些令人不解的是,史蒂格勒把超人類主義(transhumanism)和人類世論述都看成是運算資本主義的產物,都是以全面計算和控制為目標。他認為正是這種全面計算驅動了人工智慧、合成生物學、奈米科技等等,這些都是史蒂格勒企圖透過一種新的器官學所要跨越的科技。

史蒂格勒認為,我們還能從死亡驅力和「去道德化」(也就是踰越的普遍趨勢)來理解當前碎裂的時代,一個狂妄、放縱、瘋狂、失去理智、絕望和虛無的時代。當靈魂去道德化,取而代之的是瘋狂和癡呆。面對這樣的現象,史蒂格勒期盼新的社會形式、與科技共生的新方式和新的生命形式,與關懷、尊重、羞恥感、正義等道德感整合在一起。這也是一個理性建構「思考」、「實作」和「生活」三種知識型態的過程:簡而言之,統合各種生命目的新超個質化和精神化的過程。史蒂格勒也在意透過學習和薰陶培養的知性靈魂,那在他的藥理學架構下是「體外化」(也就是與技術體系共同演化)的一環。「知識」在這裡是焦點,那是器官學和藥理學的知識,是療癒性的生命知識,能夠抵抗無限度的狂妄和普遍化的憤恨、無感或赤貧化。若缺乏這樣的知識,年輕世代將被困在虛無、否定的認同之中,以暴力方式發洩他們的憤怒和絕望。

當前的精神困境在相當大的程度上導因於資本主義體系自身,我們甚至可以說當前的資本主義是「精神病的資本主義」,其本質

就是瘋狂，扼殺了人們做夢的能力。資本主義體系的瘋狂或狂妄（hubris）也顯現在「崩解的去抑制效應」（disintegrating disinhibition）（291），人們失去喜愛、判斷、意志等行為的能力，也失去現實感，身陷絕望之中，造就了各種暴力發洩、「戰眾人」（war against all）的新野蠻主義。並不是說運算本主義沒有夢想和未來，而是說它所陳諾的夢想和未來已經枯竭或沒有實現。史蒂格勒透過他的思想體系不是要稀釋、否認或壓制當前普遍化的瘋狂，而是要尋求一種穿過、但不會停留在瘋狂的解藥。當前的運算資本主義是一段沒有「時代」（epoche，和「懸置」*epokhe*同根）的時間，因為一個真正的時代總是「中斷了純粹計算的時間，穿越它、與它同行、躍過它」（*Age of Disruption* 290）。如果在這個時代還可能懷抱夢想或希望，也一定是要這樣穿越、躍過資本主義運算思維。美學也許是一個帶來夢想和希望的可行策略，如果我們認為美學有助於培養被運算資本主義碎裂、扭曲或毀壞的專注力和情動力，重新建立個人與他人和世界的連結。

　　史蒂格勒對於當前資本主義體系的藥理學反思也適用於人類世，他更試圖建構「負人類熵學」作為「負人類世」的知識體系。負人類世作為一種新的技術生態時代無關乎管理自然，既非戀科技也非科技恐懼，而是著眼於生態危機宏觀和微觀的思考，如同史蒂格勒器官學的不同面向，同時涵蓋心智與精神、社會與環境。談負人類世重點不是像人類世論述那樣，只是把人類看成能源耗損和混亂以及生態危機的主因，還必須理解人類是一種技術－生物的有機體，會發展出免疫體系，維持能量平衡以延續生命。資本主義的瘋狂就在於發展出一個封閉的自動化系統，追求全面運算和獲利的同時，也完全消耗系統自身的資源因而失去調整的能力。因此，負人

類熵學要做的不外是思索一個生命體、科技和社會結構協力運作的新的開放性系統,能源得以持續交換,生命的延異得以展開。簡而言之,負人類世超克人類世當下碎裂和無法想像未來的虛無主義困境。需要被超克的是資本主義體系的計算、生產與消費邏輯,取而代之的是一種「宇宙論」（cosmological）的架構,容納關懷與生命的知識。這絕非一種天真地樂觀主義,而是建立在熵與負熵、解構與不連貫性之間持續協商的基礎之上。

史蒂格勒設想的負人類熵學可說是一套能夠創造「不可能的奇蹟」的知識體系,負人類熵不是物競天擇的演化,也不是超人類變形和器官生成,而是「再智向化」（renoetization）、慾望的重構和新知識的薰陶。這種知識自然不會是抽象的和工具性的知識,而是生命知識、工作知識、概念與精神知識。當代的運算科學和科技最大的問題在於將心智的分析功能和理性的統合功能分離,想像一種無限的運算機器,到最後反而讓認知、情感和慾望更受到限制因而破碎不堪。人們因為在當前持續加速、混亂且虛無的世界裡找不到出口,因而陷入絕望,尋求暴力發洩。負人類世對史蒂格勒而言如同一種奇蹟一種彷彿皈依的體驗,是對於「不可能」的信念。史蒂格勒當然不是在宣揚什麼宗教教條。他明白表示,「奇蹟敘述是負人類熵情境的寓言故事,總是超出自身,因此不會走向單純的『人文主義』⋯⋯我們所稱之為『人』的,那從今可以稱之為負人類（neganthropos）的非－非人的⋯⋯永遠都不會只是自身」（*Age of Disruption* 304）。這雙重否定的「非－非人」意謂著一種未完成的延異,偏離任何版本的人文主義或超人類主義:負人類無法被化約為認何人類的本質或人類的毀滅。

第五章
異化的勞動與自殺體系
貝拉第觀點

當代義大利哲學家貝拉第（Franco Bifo Berardi）的《做工的靈魂：從異化到自主》（*The Soul at Work: From Alienation to Autonomy*）（後引為 *Soul at Work*）標題裡的「靈魂」第一眼看起來也許有些突兀，特別又和「做工」並置，顯示貝拉第如何定義「靈魂」是必須先釐清的問題。如同史密斯（Jason Smith）在本書前言的解釋，「靈魂也是一種美學器官，是思想暴露在空間的矛盾與擴張和時間的加速與鬆弛。說靈魂在進行工作等於是確認社會腦和通用智能（general intellect）……這樣的靈魂是依附和喜好、吸引和意向的網絡。它不只是心智運作的所在，也是編織出一整個世界的情動和慾望力量」（9-10）。這樣的定義顯示一種唯物論的視角，更具體一點來說，靈魂和當代認知資本主義裡的社會、經濟與技術條件維持動態的連結，也可以說是一種認知、慾望和情動力的「精神政治器官」。貝拉第自己把靈魂定義為「與他者的關係」、「一種誘惑、屈服、統治與反叛的遊戲」（115），是各種力量拉扯衝突的場域。這些定義下的靈魂如果「中毒」（本書一章以「中毒的靈魂」為

題），就會引發包括憂鬱、ADHD等各種身心症狀。但是從一種批判性的角度來說，這些症狀暴露的是當前的認知資本主義以混亂、危機或「例外狀態」作為運作的法則，如何尋求解方需要更細膩的思考工作。

　　貝拉第回顧一九六〇年代，當時「異化」（alienation）的含義和「不可溝通性」密不可分，指生產線工人之間在工作過程中，機器巨大的噪音阻斷了任何交談的可能。更進一步來說，機器完全宰制──如果不是摧毀──工人們語言和情動層次的生命。資本主義生產模式的改變，勢必也會改變了勞動本質和情感模式。在當前的認知資本主義體系裡，數位通訊網絡取代了傳統的生產線，勞動者的不安或其他身心症狀主要來自過度負荷的通訊（或溝通）。如貝拉第所言，勞動生產的生活超載了語言符號，它們不只具有操作價值，也具有情動的效應。當我們使用數位化的語言符號進行工作的時候，我們同時是生產者、接收者、傳送者和消費者。人們像是得了強迫症一樣，無時不在接收和傳送符號，被迫要做出回應；這當然會衍生出過度曝光和妨害隱私的問題，各種雜亂的訊息也讓專注變得愈來愈困難。「異化」在這種情境下取得了新的意義，指涉苦悶、挫折、失去和自己的身體、自我與他人的連結。這樣等於是說非物質勞動或認知資本主義帶來「去真實」的效應，連帶引發語言、心靈、社會和情緒各方面的病痾與失能，如同我們在前面史蒂格勒的章節討論的無感、絕望等身心症狀。

　　貝拉第在這樣的論述脈絡中突然神來一筆提到佛教的「摩耶」（*maya*），那表示世俗的妄想，以及對於情緒和慾望的沉溺；通往超智慧的道路是逃離摩耶的不二法門。貝拉第深受德勒茲與瓜達里的啟發，顯然並不認同這種否定性慾望的概念，但是他也提醒不應

該把慾望化約成一種對抗統治的肯定性主體力量。也就是說，慾望並非本質上是進步的或解放性的，但對於集體心智和社會改造至關重要。他引用德勒茲與瓜達里的《反伊底帕斯》，把「他異性」（alterity）視為置換或轉化主體的特性。在這層意義上，界限並沒有讓自我與他者分離。貝拉第以他和義大利工人主義運動的同盟關係為基礎，把界限理解成一種潛力（potency），能啟動各自殊異的區塊間「異質的生成」（heterogenous becoming），因而是集體經驗與行動的條件。用德勒茲－瓜達里的與會來說，這些區塊沒有被吸納到二元對立之中，而是「機器的裝配」，沒有固定的疆界，不斷向新的連結與同盟關係開放。

所謂的「無器官身體」最能精準體現德勒茲－瓜達里的「生成」（becoming）。如貝拉第的闡述，「無器官身體是交互跨越每一個事物和每一個人的過程，是從一個合成體到另一個合成體無窮盡的分子流動」（*Soul at Work* 121）。無器官身體從混沌中出現，讓「一種發聲、一種集體意向、一場運動、一個典範、一個世界得以成形」（122）。這樣的過程瓜達里稱之為「混沌宇宙」（chaosmosis）。混沌宇宙表示與他者和異質成分——不論是人或非人——的生成和組合；沒有可預期的目的和終點，無法被限定在特定的範疇，這樣的理念對於社會運動寓意深遠。問題是，當集體快樂的結構變得如此脆弱，主體性要如何能夠「再次特異化」，而不是繼續同質化或標準化？貝拉第借用瓜達里的《混沌宇宙》和德勒茲的《哲學是什麼？》的理念指出，「當世界的旋轉快到我們的心智無法掌握它的形式和意義，當流動強烈到我們的情緒無法適應，那就是混沌。當心靈被這種高速運轉沖昏，它就會陷入恐慌，心靈能量被不受控制的力量翻覆，成為一種抑鬱的去活性化（depressive deactivation）狀

態」（*Soul at Work* 125）。加速和精神政治的關聯在這裡不言可喻，相關的精神症狀也不會只有恐慌和「抑鬱的去活性化」，那也是加速質變為惰性或速度的熵，最終結果可能會是整個生命的崩塌。然而，貝拉第認為我們可能和混沌建立親近關係，透過藝術、符號、情感或政治的方法，將加速的混沌轉化具有感性與創造性的緩慢律動。德勒茲和瓜達里將這種情感轉化的元素稱作「混沌子」（chaoids）。

「抑鬱」在本文的脈絡裡表示意義的匱乏，而各種詩性、思考和政治行動，例如哲學、友誼、愛情、分享和抗爭，都是混沌世界中跨越意義匱乏的創造方式。這些行動有各自的療癒效應，得以創造新的表現方式、環境、時間性、視野或生命。但是當我們肯定美學的精神療癒功能，並不表示美學能夠自外於加速的文化而無關乎意識和專注力受到所謂的「符號通膨」（semiotic inflation）的干擾。貝拉第解釋，藝術不會迴避混亂，但會展望新的生成模式，所以美學同時診斷心靈領域的汙染和提供解方，重新建立生命與世界的關聯（*Soul at Work* 130）。這些理念具有史蒂格勒藥理學的旨趣自然不在話下，不過貝拉第並沒有特別和史蒂格勒對話，而是援引德勒茲與瓜達里「疊歌」（refrain）闡述美學和哲學的療癒功能。從最表面的層次來說，疊歌是重複出現的聲響和節奏的模式，動物——包括強褓中的嬰孩——經常以疊歌來標示他們和環境的關聯。對貝拉第而言，疊歌代表一種獨特的時間性，讓個質化（individualization）和創造得以進行，但是他同時也意識到疊音有可能會變得僵化和抗拒生成（135）。

換個角度來說，疊歌可以是一種穩定化和疆域化的運作，但是德勒茲和瓜達里（以及貝拉第）肯定它的能動性和開放性，如同「生

成音樂」（becoming-music）具有去疆域化、也就是解構固定界限的潛能。這樣的潛能是「精神分裂分析」（schizoanalysis）的重要課題。精神分裂分析重點不在於詮釋官能症症狀，而是在封閉的重複迴圈裡創造出分歧、偏離或斷裂，打開新的經驗可能性。哲學與美學的療癒就在於在當前的資訊域和心靈域創造出這樣的可能。貝拉第認為當前的世界最重大的問題是「衰老」，也就是欠缺為未來冒險的勇氣和慾望、能量與感性的退化。當代的心靈域彷彿是一場夢魘，除了官能症和衰老之外，普遍性的認知錯亂和同理心的麻痺也是常見的症狀。對於這樣的現實情境，藝術的療效在於重新啟動混沌中的慾望，而同樣是療癒計畫一環的精神分裂分析，則是以增生逃脫計畫和存在模式取代症狀的詮釋（如同精神分析臨床）。這裡所說的「逃脫計畫」──也是所謂的「解疆域」──是要能消解強迫症的慾望凝塊，讓自我得以「再次特異化」，實現自我與他者的友誼和集體主體化。

　　同樣作為一種療癒的政治行動除了將強迫症慾望解疆域之外，還要投注新的慾望，以超出資本主義慾望模式。在當前新自由主義時代裡，債務儼然成了強迫症慾望的表現，是最具優勢的統治模式。債務意謂著財務困境、工作義務、心理屈服等等。債務也摧毀了時間的品質，時間變成待價而沽的價值。各種類型的債務無所不在，在當前這樣一個「無所不債」的時代裡，說債務已成為財務、勞動和消費的根本條件一點都不誇張。消費者愈依賴信用卡消費，等於積欠銀行體系更多債務；就學貸款也已經是全球性的普遍現象。生活在債務之中或「債世存有」（being-in-debt）帶來莫大的生活與身心壓力，導致各種身心症狀。欠債也總是糾葛著道德恥辱、自卑感和罪惡感。

在當前的符號資本主義和科技文化裡，如病毒般擴散的擬象（simulation）已成為現況的一部分，更成為慾望病理的根源。貝拉第認為擬象的加速擴散和增生會讓慾望能量逐漸枯竭，造就普遍化的集體憂鬱，摧毀認知與感受力（*Soul at Work* 158）。對此，貝拉第借用了布希亞（Jean Baudrillard）的觀點闡述數位擬象造成的感性匱乏和死亡。布希亞的論述基調是：透過自動化系統進行的政治與社會運作愈來愈普遍，也更具滲透力，所有事物都依照資本邏輯在運作。值得一提的是，布希亞一九八○年代以紐約雙子星大樓作為數位擬象的譬喻，因為兩棟摩天樓彷彿是兩個無比巨大的能指（signifiers）相互指涉和映照，它們的存在體現了符號表意功能的終結。布希亞在相隔二十年發生九一一恐怖主義攻擊之後，重新詮釋雙子星世貿大樓的倒塌。他提出一種弔詭的說法：恐怖攻擊和大樓倒塌帶來大規模死亡，卻讓超出擬象的事件復活。這當然會是一個頗具爭議性的議題，對於何謂「事件」存在著不同的說法。紀傑克就認為美國好萊塢災難電影早已反覆展演相同的幻想情節，那兩架飛機發動的恐怖攻擊和造成的重大傷亡，等於是某種震碎幻想框架的「真實層」事件。

　　在討論完九一一事件之後，貝拉第把自殺議題轉向一個更普遍的層面。他指出，早在九一一恐怖主義自殺攻擊之前，自殺早已在世界歷史扮演重要的角色，日本神風特攻隊是最著名的範例。這種侵略性的自殺或自我導向的暴力是當代絕望和痛苦的症狀，無法單純以政治或軍事意圖解釋。貝拉第反覆強調，當前憂鬱症的普遍化和符號資本主義下的社會競爭有密切關聯。普遍化的憂鬱症或「雙極性患疾」（原名為「躁鬱症」）強化對精神用藥的過度依賴，有可能加深病情。他澄清並非把雙極性患疾等同於恐怖主義攻擊，兩

者有各自的病理脈絡,卻不乏相通之處。受憂鬱症所苦的人不像恐怖主義者倍感失望、孤單和羞辱之痛。他們是不同的群體,但他們的情感狀態相互映照。如貝拉第所說的,「這些孤單和失去意義的情感正在每一個地方散佈,只要資本主義在那裡征服了時間、生活和情緒,一直到自動化的競爭帶來的地獄般的節奏」(168)。他認為(廣義的)自殺式恐怖主義不必然具有政治動機,那可以發生在一個人被隔絕的房間裡,是對痛苦、不快樂和絕望的回應。他設想也許減緩生活速度,並且放棄無限度的資本擴張和累積財富,可以解決這些精神症狀。他同時也呼籲改變財富的思維:「財富不一定指一個人擁有很多,而是表示一個人有足夠的時間享受自然和人類的合作讓他可以接觸到的事物」(169)。

針對這裡討論的精神困境與「自殺」,貝拉第在他的《英雄:大屠殺、自殺與現代人精神困境》(*Heroes: Mass Murder and Suicide*)有了更完整的分析。[1]本書所分析的無差別殺人個案如下表列:

凶手	國家	地點	時間	死/傷
高德斯坦	以色列	希伯崙易卜拉清真寺	1994 / 2 / 25	29 / 125

1　中文標題引自林麗雪所譯之中文版(臺北市:時報文化,2016),所引用之頁碼為英文版。貝拉第似乎沒有嚴格區隔「大規模殺人」(或「大屠殺」)與「無差別殺人」(indiscriminative killing):前者可涵蓋種族淨化和戰爭屠殺,後者較具有隨機性,也涉及較為複雜的心理動機。當然,兩者的區隔是個可爭辯的議題,我暫且先不涉入,為同時顧及準確性和忠於原文,暫且兩個詞彙交替使用。

哈里斯 克萊博德	美國	科羅拉多州 科倫拜高中	1999 / 4 / 20	13 / 27
趙承熙	美國	維吉尼亞州 維吉尼亞理工學院	2007 / 4 / 16	32 / 23
奧維寧	芬蘭	圖蘇拉（赫爾辛基北方小鎮）高中	2007 / 11 / 7	9 / 12
布列維克	挪威	奧斯陸市中心與烏托亞島	2011 / 7 / 22	77 / 300 up
霍姆斯	美國	科羅拉多州 奧羅拉中心（戲院）	2012 / 7 / 21	12 / 70 up

　　整體而言，貝拉第企圖從這些個案探討犯罪與自殺的瘋狂行為反映了當前什麼樣的資本主義社會現實。對那些殺人犯而言，殺戮意謂著自我毀滅，具體而微地顯示當前社會的虛無主義傾向。但是貝拉第同樣關心他們內心受苦如何使他們變成殺人犯。一個值得深思的問題是：本書為什麼要談「英雄」？這個問題有點反諷，因為我們存在的是一個真正的英雄已經死亡的時代，繼之而起的是英雄的擬象或商品化的英雄形象，成為那些無差別殺人犯企圖複製的形象。當前也是如前文討論的符號資本主義時代，現實碎形化，個體無法與他人和環境連結；同時，普遍化的銀行貸款、負債、低薪工作都讓特別是年輕世代的未來極度緊繃不確定。除了以上的外在現實之外，這些無差別殺人個案也反映了共通的精神困境。這些凶手大多受失落感、焦慮、憤怒和仇恨所苦，他們無法同理與同情他人，他們服膺極端的信念或意識型態，敵視多元文化社會、移民、同性戀、人道主義等等。即便有這些內在的精神因素，我們不應該急於

運用或完全依賴一些病理上的標籤,因而無法理解更複雜的犯罪動機。

以下僅以挪威的布列維克(Anders Behring Breivik)為例做細部的討論。布列維克於二〇一一年七月二十二日下午先在挪威奧斯陸市政府辦公大樓引爆威力強大的炸彈,造成八人當場死亡,數十人受傷。隨後他喬裝成警察登上烏托亞島,當時挪威工黨兩百多名年輕黨員和家屬在那裡舉行夏令營活動。布列維克攜帶強大槍枝火力登上小島之後,便立即展開殺戮行動。由於犯案地點偏僻,警方在報案一小時之後才到達。布列維克隨即投降被捕,他的殺戮行動總計造成七十七人死亡(三十三人為未成年)與超過三百人受傷。

法院在審理布列維克案件的過程中,指派心理醫師對其精神狀態進行評估,其中一個診斷結果是「述情障礙」(alexithymia),也就是沒有能力辨識和表達自己的感受,也無法同理和同情他人的痛苦。在審判和精神評估過程中,布列維克似乎都不存在於自身之中,當他在做任何聲明的時候,都像是一部機器輸出檔案資料。然而,法院裁決他是在神智清醒的狀況下犯下罪行,被判處二十一年徒刑。[2]

布列維克是因為自己想死才透過屠殺來解脫生命中無法承受的重擔,他當然不能以此作為合理化的藉口,但是貝拉第在分析無差別殺人事件時,反覆強調必須從凶手的痛苦的角度來理解他們的罪行。值得一提的是,布列維克和其他個案最大的不同在於他異常的冷靜。他的媽媽數次改嫁,他和繼父們相處得很有問題,使得他在

2　挪威於二十世紀初期就已開始對部分罪行逐步廢除死刑,於一九七九年正式全面廢除,最高刑期為二十一年。

成長過程中愈來愈退縮和焦躁，防衛心愈來愈重，也變得更加狂妄，湊巧他的繼父們都比較支持挪威工黨，這當然和布列維克的屠殺對象的選定有著密切的因果關聯。布列維克與其他個案不同之處還在於他以有系統的意識型態合理化自己的行動。他在行動就已發表《2083歐洲獨立宣言》，大肆宣揚反多元文化的立場，強力抨擊伊斯蘭移民和他們的左派同路人破壞了偉大的歐洲傳統價值。他那好發議論的言行模糊了理智和狂躁的區隔，他的「著作」約莫是網路資料的大雜燴，不斷譴責他者，宣揚排外的主張，杜撰、懷念「美好的舊時光」（Berardi, *Heroes* 96-99）。我們不要以為這些只是一個極右派精神病患或白癡的空話，我們事實上可以在當前一波波的民粹主義或極端的政治勢力看到類似的論述。布列維克相信自己是冥冥中注定的救世主，要對歐洲文明的敵人發動戰爭。他並不了解自己的暴力殺戮和極端的政治意識型態是當前虛擬化的符號和金融資本主義的症狀，如同他放棄原先的手機行工作，沉溺在《魔獸世界》虛擬的角色扮演和網路論壇。

當我們從那些極端的無差別殺人談到「自殺體系」，我們將跨越那些極端的個案進入更普遍、更日常的層次，探究到底是哪些現實——包括生產模式、勞動的性質、消費活動等等——和精神結構的因素，使得不管在個人和集體都出現自殺傾向，都把自殺當作一種絕望的暴力反應，這也是前文關於《做工的靈魂》的討論方向。當普遍化的債務成為新的勒索形式，當臨時工成了普遍狀況，人的時間和生命被抽象化的資本的時間嚴重切割，變得支離破碎，造成嚴重的剝奪感，精神和生命能量都處在一種極端緊繃且耗弱的狀態，當愈來愈多多年輕人背負著龐大的債務，未來提早被掏空、被奴役——這些現實導致神經疲勞的自殺反應：自殺愈來愈被當成受

壓迫者認為有效的行動，讓他們得以逃離焦慮、憂鬱和無助感，也就是說，自殺似乎成了神經過度疲乏之後的一種反射動作，如同我們從愈來愈頻繁、愈來愈無所不在的恐怖攻擊、無差別殺人事件和其他暴力發洩的事件所看到的。面對這樣的情境，貝拉第在最後提出重新找回想像力的重要性，也就是重新建立超越新自由主義企業思維和世界觀的新感性，拒絕任何身分認同的壓力。這些都是寓意深遠的精神政治倫理學的提問，值得我們再進一步闡述。

貝拉第在他的新作《第三無意識》（*The Third Unconscious*, 2021）引用日本學者高祖岩三郎（Sabu Kosho）在《輻射與革命》（*Radiation and Revolution*, 2020）的論點指出，我們所處的世界已經從「辯證法」轉移到「內在性」（immanence），從資本主義和國家的全面化轉移到獨特事件無所不在（vii），COVID-19大流行也可以被視為這個轉變下的產物。這樣的說法當然不表示資本主義和國家已經失去效用。演化的驅動者不再是有意識的、具有強大意志的積極的人類，而是細微的物質和生物；目的論的理性已經不適用，取而代之的是感性或感官的變異、協調和創造（14-15），如同前文有關混沌宇宙和混沌子的討論所顯示的。貝拉第在《第三無意識》裡持續關注整個媒體和資訊科技系統如何讓閱聽人更無法得到滿足，造就新的精神病理體制：恐慌、憂鬱、自閉症和述情障礙。這是繼官能症、精神病之後的「第三無意識」。這些症狀約莫和本書在「精神政治」所談的相去不遠，也都和某種形式的倦怠有關。

貝拉第借用美國「垮掉的一代」（the Beat Generation）代表作家柏洛茲（William Burroughs）闡述「病毒世代」。在這個世代，如同在柏洛茲的小說裡，語言和文化都以一種病毒的樣態持續分裂、傳播和變種（3）。根據貝拉第的詮釋，柏洛茲的小說世界是

一個疾病和毒物的反烏托邦都會，毒品、病毒和電子訊號無所不在，人類的神經系統一直處在亢奮和恐懼的狀態。這樣的世界顯示，早在COVID-19大流行之前，作為生物符號媒介物的病毒（或作為病毒的生物符號媒介物）早已分裂和麻痺了人類世界（5, 9）。這也是一個無意識爆炸的年代，在當前新自由主義全球化和數位資訊域時代更為明顯。「無意識就在那裡！」，在手機和電腦螢幕，在社會生活的表層；神經系統不斷受到來自四面八方、加速的資訊刺激，再私密自我、慾望、情感和幻想都能都敢表達（35）。在這種情況下，倦怠成了一種降低刺激的自動反應，或是「精神緊縮」（psycho-deflation）。

　　必須釐清的是，貝拉第對於「第三無意識」（或當前的精神政治）並未抱持悲觀的立場。一如他一路走來的左派立場，貝拉第主張可以透過政治行動改變第三無意識，在當前變動的環境中，形塑一種可以帶來快樂的生活節奏（14）。即便在疫情期間人們長期彼此孤立，疫情過後有可能繼續沉溺在虛擬連結的虛無狀態，但這不會是唯一的可能，更非必然（19）。第三無意識或後疫情的出路也許在於知識的重建：身體、病毒、化學、物理、神經內科、電子學……的知識，不轉換成金融商業利益的知識，作為公共使用和帶來愉悅的知識（40）。

第六章
倦怠社會──韓炳哲觀點

　　當我們所處的時代還沒有真的脫離COVID-19和其他全球性傳染病的風險，我們實在很難接受韓炳哲的《倦怠社會》（*The Burnout Society*）的立論點：二十一世紀已不再是細菌或病毒的世紀。當然，韓炳哲關心的不是病毒的實質存在，而是作為一種視角或譬喻的病毒。韓炳哲認為當前主要的症狀是「神經病變」，導因於過多的肯定性或刺激，而不是感染或對抗外來者。他認為這是一個他者性正在消失的時代，否定性的辯證模式都已失去效用。他因此認為艾斯波西多（Roberto Esposito）的免疫模式已經不足以解釋當代的情境；這當然是一個值得爭辯的觀點。

　　我們現在所使用的「免疫」（immunity）源自希臘文 *immunita*，指政治與法律範疇的「豁免」，也就是說，享有免疫特權的人不需要履行某些義務或職責。這樣理解下的免疫是一種否定狀態。一直要等到十九世紀，「免疫」才正式進入醫學範疇，乃至於成為當代生命政治論述普遍使用的詞彙。免疫在當前醫學和生命政治的語境裡，表示一種防衛機制，設定了必須排除、否定甚至毀滅的他者。這樣的語義顯然不符合韓炳哲的理論框架。免疫系統的

問題會導致類似歇斯底里和偏執症，因為心靈能量和刺激得不到適當的卸除（discharge）；韓炳哲關注的是像注意力不足過動症（attention deficit hyperactivity disorder，ADHD）、慢性疲勞症候群（chronic fatigue syndrome，CFS）等神經病變。

暫且不論韓炳哲對於兩種模式的區分是否具有足夠的說服力，以及他對於那些病變的掌握是否精確，我們可以試圖理解他所談的「肯定性模式」是什麼。他在這個問題上的想法和史蒂格勒倒是有些相近，他將神經暴力的因素歸諸於當前新自由主義社會或符號資本主義的過度生產、過度通訊和過度強調功績（achievement）。[1] 他認為神經暴力沒有啟動免疫防護機制，而是帶來疲倦、虛脫、窒息或其他當代典型的神經性病變。韓炳哲一再強調他者性正在消失，否定性或二元對立都已失去效用，這和他在否定性與肯定性模式之間設下區隔或對立，似乎有些自相矛盾。相似的問題也出現在他說當前的社會已經從傅柯式的「規訓社會」進入「功績社會」。傅柯式的規訓社會，舉例而言，由監獄、學校、工廠、（精神）醫院等機構所組成，主要的目標是訓練具有生產效益的、歸順的身體和行為，但是這種權力運作並非全然否定性的。

根據韓炳哲的觀點，功績社會的運作策略是肯定性的原則「能夠」，也就是透過激勵而不是禁制的原則，激勵主體更有效率和更有生產力。他不認同艾倫伯格（Alain Ehrenberg）將憂鬱的原因歸咎於無法做自己。韓炳哲認為，是功績或自我實現的命令，而不是外來的責任壓迫，讓這個時代的人們生病。我們不見得要同意韓炳哲主張外來的壓迫已經不適用於解釋當前的時代，但是他有關強迫

1　原德文為 die Leistung。

性自由和自我剝削的說法，有助於我們理解當前的精神政治統治。他精準地指出，工作和績效要求加速轉化為自我剝削，被剝削者同時是剝削者；這比外來的剝削更有效率，因為夾雜著自由的感覺（或錯覺）（11）。這樣的自我剝削當然會引發精神病理症狀，除了憂鬱症之外，過量的資訊、刺激和衝動造成分散或破碎的知覺。這些症狀都顯示喪失專注力和享受閒散的能力。

韓炳哲在《數位狂潮》（In the Swarm）裡借用英國神經心理學家路易斯（David Lewis）的研究談到「資訊倦怠症候群」（information fatigue syndrome），主要的症狀包括分析能力麻痺、注意力失調、躁動、無法承擔責任、憂鬱等等。更大量的資訊、更迅速的資訊流通都不是理解和洞察力的保證，反而是更多思考和行動的障礙，讓主體疲憊和沮喪不已，時間感和現實感都必得破碎無比（61-62）。事實上，韓炳哲把專注、沉思和閒散看成創造的關鍵，它們也都是「基本倦怠」（fundamental boredom，或譯作「深層無聊」，見下文討論）的要件，應該要陶冶的能力，那些精神政治症狀才有痊癒的可能。

韓炳哲簡短地提到鄂蘭在《人的條件》（The Human Condition）指出，現代社會將積極的生命貶抑成被動的動物勞動，但是他並不認同這樣的觀點，他同時也不認同阿岡本的「牲人」（homo sacer）和「裸命」（bare life），他並不認為他們的觀點和概念適用於當前高度敏感和高度官能症的功績社會。有趣的是，阿岡本把集中營視為現代生命政治的範本，而韓炳哲巧妙地挪用那樣的看法，指出「每個人心裡都帶著一座集中營，這座勞改營的定義在於每個人既是囚犯也是獄卒，是受害者也是加害者。自己剝削自己，這也意謂自我剝削可以不需要有統治就能發生」（19）。我們

在這裡似乎又回到上面提過的二元對立的問題，韓炳哲談的「功績社會」和「倦怠社會」在多大的程度上不同於「裸命」（過勞不也是某種形式的裸命嗎？），是本質上的還是只是詞彙選擇的差異，他並沒有真的釐清。

　　韓炳哲引述尼采為高尚社會提出的教育學，那是一套觀看、思考、說話和寫作的教育學，這些能力的薰陶都和沉思、專注與緩慢的凝視有關，都有助於人們不對刺激作出立即的反應，得以暫時停止行動，審視自我與他者的關係。韓炳哲認為這樣的教育學能夠為當前過動的功績社會的身心症狀提供解方。事實上當代哲學家不乏像韓炳哲這樣肯定減速、懸置、中斷或「不為」（not to），這樣的立場也勢必反思行動與被動、肯定性與否定性的區分，但是我們也必須關注減速或暫停是否早已是體系運作的一環，一種內建的、被允許的僭越？如同休閒旅遊是資本主義允許人們的一種暫時的脫離，終究還是要回歸朝九晚五的日常勞動（「休息是為了走更長遠的路」，備足讓職場剝削的勞力？），減速會不會是系統內建的一種自我調節機能？道靈（Danny Dorling）的《大減速：飛躍式成長的終結，後疫情時代的全球脈動及契機》（*Slowdown: The End of Great Acceleration–and Why It's Good for the Planet, the Economy, and Our Lives*）就指出人類文明在過去幾十年以來，持續減速以維持系統穩定運作。在面對COVID-19疫情的時候，似乎也有人主張當感染和死亡人數飆高到一個程度之後，整個資本主義和生態體系就會自然減速，難道就什麼事都不要做，不需要整備醫療量能，不需要更根本地改變移動、飲食、生產的方式？「減速」在多大的程度上在哲學、政治、社會等不同層次上是個具有基進性的行動，還需要更多的論證。

韓炳哲在有關梅爾維爾（Herman Melville）的短篇故事〈抄寫員巴特比〉（"Bartleby, the Scrivener"）的詮釋也與其他詮釋迥然不同。巴特比是一家位於華爾街的律師事務所的員工，每天就像一部抄寫機器不停運轉，但是對於老闆的要求他總是回覆「我寧可不要！」（I'd prefer not to）。整個故事的敘述就緊扣著老闆如何一步步走進巴特比的生命世界，包括發現他每一餐都只吃薑餅，晚上都住在辦公室，孤單地面對著空如鬼城的華爾街，他甚至在律師事務所遷移之後不願意離開原處而被送往監獄，最後因為拒絕進食死在監獄裡。老闆經過一番追查最終發現，巴特比的前一份工作是在一個名為「死亡信件辦公室」的郵局部門，每天處理被退回的信件和包裹，每天面對那些等待、傷心、絕望、死亡……包括阿岡本、紀傑克、德勒茲、巴迪烏等當代哲學家都曾討論過巴特比這個角色，從中看到不同的彌賽亞、獨特性、反抗等基進意義。但是韓炳哲不認不這樣認為，巴特比對他而言就是所謂的「神經暴力」的受害者，身受憂鬱悲觀的身心症狀所苦，他反覆說的「我寧可不要！」談不上什麼減速或暫停。韓炳哲的詮釋顯然有些文字主義的傾向，否定了像巴特比這樣一個悲傷的故事其他的詮釋和哲學推想的可能。

韓炳哲最後討論了奧地利作家漢德克（Peter Handke）區分的兩種「疲倦」：一種表示喪失說話與分享的能力，另一種則是有表現力的、有洞見的、調和的疲倦。第二種疲倦紓解自我的緊繃狀態，將自我帶向他者，這種經驗用漢德克的話來說是「少一點我的多一點」，少的是孤單的我，多的是生命世界（32）。韓炳哲將這種疲倦命名為「基本煩悶」（fundamental boredom），肯定其積極的意義。基本煩悶不是虛脫，而是蘊含「獨特的能力」，解開自我的束縛，自我得以沉浸在世界之中，與之緊密相連。他從漢德克想法推想一

種「疲倦的內在性宗教」（意思是朝向自我體察而不是外在的超越性的神靈），以及超越親屬或家庭關係的共同體，疲倦的人們在那裡能夠得到安頓。這樣的想像與前文尼采展望的觀看與沉思教育學有相近的美學療癒旨趣。我們當然知道韓炳哲不是在談SPA或任何療養院。頗值得深思的是，在生活實踐的層次上，我們要如何活在這種基本疲倦同時又不感到虛脫，這種基本疲倦需要什麼樣具體的社會、政治與經濟條件，才不至於只是一種形上學的空談？或者需要透過什麼樣的自我技術，包括看什麼、做什麼，才能達到那種境界？

第七章
情感資本主義

　　在資本主義商品化邏輯無所不在的現實中,情感也無法倖免。情感儼然是當前商品消費的核心,也被認為是企業組織運作和社會行為的成敗關鍵。從滿足男子氣概和駕馭天下的想像的房車和豪宅,各種訴諸時代感和個人品味的3C產品,到消費各式節日商品、生日和新年賀卡和餐廳的氛圍等更為日常的時機,都是情感資本主義運作的場域。市場上有數不清的課程、講座與書籍教導消費者如何做好自我情緒管理、如何尋找快樂和實現自我。甚至過勞的勞動者都還是會想像藉由消費行為,得到哪怕有多短暫的放鬆、滿足或逃離的感覺。情緒困擾和精神疾病的普及化造就了規模龐大、產值豐厚的精神藥物工業、精神醫學與心理諮商文化。換言之,當前的資本主義早已將情感納入計算、投資、交換與管理的範疇。

　　當代情感資本主義代表性學者易洛斯(Eva Illouz)在她的代表作《冰冷的親密:情感資本主義的形成》(*Cold Intimacies: The Making of Emotional Capitalism*)提出一些審視情感資本主義形成與發展過程的歷史視角。我們似乎已習慣用類似理性化、袪魅(disenchantment)、異化等概念理解現代性或現代社會的發展歷

程,鮮少看到從情感的角度描繪這樣的歷程。然而,包括馬克思、韋伯、齊美爾(Georg Simmel)等現代社會學家或哲學家的許多理念,都具有情感的寓意。包括冷漠、焦慮、恐懼、愛、罪惡感等等,都關乎現代自我的建構、私領域和公領域的區分。簡而言之,情感資本主義作為一套知識體系提供我們重新檢視現代主體與資本主義社會的發展歷程。

　　簡單來說,情感是一種供應行動能量、參與社會活動和人際關係的能力,涵蓋個人、心理、文化、社會和政治範疇。許多社會領域的配置和區分經常都具有情感意涵:「勇氣」、「冷靜的理性」、「訓練有素的主動性」等被視為男子氣概的特質,「慈愛」、「悲憫」和「和藹」則屬於陰性特質。易洛斯特別標示佛洛伊德於一九〇九年在美國麻州克拉克大學的精神分析理論系列演講,向美國學界與社會引介包括伊底帕斯情結、壓抑、無意識、恐懼症等概念,對於二十世紀初期成形的精神分析療癒情感模式有深遠影響,美國社會於是發展出一種「情感風格」(emotional style)。這種情感風格以核心家庭作為自我發展的原點,家庭生活會成為一個人一生的傳記事件,對後來的人生階段有決定性的影響,有時候是自我亟欲擺脫其束縛。受到佛洛伊德精神分析的影響,情感風格下的自我存在於日常生活之中,混雜了正常與病態的矛盾形象。性快感的重要性得到關注,愛欲本能的不滿足或壓抑被視為精神症狀的主因,那些症狀會藉由日常生活的語言和行為表現出來。同樣在情感風格的發展趨勢下,一九二〇年代的美國伴隨著女性雜誌和出版工業的擴張,開始出現「忠告文學」(advice literature),以近似法律和科學的中立語言、不表現特定的道德立場,針對不同社會群體在性、人際關係、婚姻、工作等各方面的問題提出解決的建議。

上述的發展也重新塑造了企業的想像，帶動了一種提供指引與建言的行業，協助客戶／消費者處理教育、犯罪行為、法庭證詞、婚姻、復原與戒斷的問題。心理學家和精神分析師在二十世紀初期正式進入企業界，這個時代也約莫是工廠系統生產標準化的時代，工人的管理成為重要問題。易洛斯指出，傳統的資本家經常被描繪成貪婪又自私，在新的企管意識型態下，管理人的形象變得理性、負責任、可預測，代表新的標準化和理性化規則被應用到情緒管理（*Cool Intimacies* 11）。這樣的企業想像也適用於軍隊管理。現代心理學持續塑造企業想像和修辭，而服務經濟逐漸取得資本主義社會的中心地位，更需要處理職場和市場上的人員、互動和情感。工作的本質愈來愈不確定，加深了對專家的依賴，而心理學的語言正好可以用來提升效率和獲益、對抗勞動者的騷動和淡化階級對立（*Cool Intimacies* 17-18）。情感風格於是逐漸發展出新型態，溝通倫理成為新企業精神。溝通技巧被視為管理者必備的能力，逐漸擴散到更多的行業；「溝通」儼然成為新時代的「知識型」（*episteme*，傅柯用語），一種新的知識型態和體制實作，強調透過內省和客觀的自我評鑑管理自我和對待他人的情感。同理心和主動傾聽不可或缺，為的是要體認自我和他人的情感。簡而言之，新的情感風格下的溝通技巧和倫理是自我管理的情感和語言能力，對於社會認可和管理不可或缺。

　　我們還可以透過《情感商品：資本主義、消費與本真性》（*Emotions as Commodities: Capitalism, Consumption and Authenticity*, 2018），從商品消費繼續探討情感資本主義。本書從不同觀點回應當前情感資本主義的問題，深入情感商品化趨勢的個人、心理、文化、學術、社會和政治各個面向。易洛斯本書的導論一開始提到一

對男女如何精心規劃兩人的約會，包括約會的日期和時間長短、禮物種類和價錢、髮型和穿搭風格等等，都做「理性的」估算，期望能製造對的、好的感覺。這樣再日常不過的情境具體而微顯示情感資本主義的運作邏輯，理性和情感如何相互支撐。

易洛斯指出，自從二十世紀後半葉開始，個人情感的滿足成為自我最根本的要件，消費的商品也被賦予特定的感官和情感意義：例如，香水之於性感的誘惑，汽車之於陽剛氣息。當我們跟著其他消費者消費那些商品的時候，我們也沉浸在特定的情感氛圍之中，我們甚至可以說我們消費了什麼，就成為什麼樣的人。也就是說，我們透過商品消費建構我們的自我形象、社會身分和關係。這樣的情境必然會衍生有關本真性（authenticity）和主體性的問題。消費者的行為和情感生活變得緊密相連，彼此相互建構；商品驅動了情感的表達和實現，情感因而被轉化為商品。如果我們的活動、情感和慾望都如此無法脫離商品消費，我們是否還能、該如何表現與展演真實的自我就會是值得討論的問題。

情感資本主義的一個關鍵在於如何整合理性和情感，消費行為如何同時是一種理性化和情感的行動。易洛斯針對這些關鍵問題提出三個命題（Illouz, "Introduction" 8-10）。首先是「文化矛盾命題」，意指強調規訓和制約的「生產領域」和強調自我解放和情感滿足的「消費領域」之間的矛盾。這個命題似乎能夠解釋資本主義長期以來的運作，但是易洛斯認為它無法解釋追求滿足為何、如何成為享樂主義（hedonist）的工作倫理的一環，而工作時數卻沒有因此減少，勞動情境也沒有明顯改善。從易洛斯批判性的觀點來說，享樂主義已被體制化，成為工作倫理不可或缺的一環：若說餐飲、旅遊、金融、交通、教育、諮商、照護等行業算是「情感服務業」，應該

不為過。但是人們並沒有因此更快樂、得到更多的情感滿足。第二個命題是個人生活和情感滿足在工作領域更受到鼓勵，員工如何管理和滿足他們的情感生活成為考核工作表現的指標，那會影響甚至決定經濟效益。第三個命題牽涉到人際關係和經濟交換的密切連結，經濟活動的進行必須有情感作為基礎的人際關係。易洛斯特別指出，《情感商品》的任務之一是要從歷史化的視角探討經濟活動如何依賴社會關係和情感生活。

在馬克思那裡，製造者和消費者是分離的範疇，製造商品的勞力和市場的交換決定商品的價值，也就是說，商品的價值不是「物自身」（thing-in-itself），而是經濟、技術、社會和文化的建構物。自一九二〇年代開始，特定的商品被賦予特定的概念和情感，商品的形象塑造了消費者的需求和身分屬性，將他們打造成具有情感的主體。這樣的轉變過程可以稱作「情感品牌化」（emotional branding）。商品在接下來的階段裡又再次經歷轉型，涵蓋了資訊和知識的元素。消費變得愈來愈去物質化，產品經濟逐漸轉移到服務經濟，廣告和服務裝載了更多的情感，研究和設計部門的重要性也開始凌駕生產部門。消費者不只是購買者，同時也是商品召喚、行動和影響的對象；消費者甚至也成為商品的共同製造者，他們提供的情感已然成為商品的元素。

情感在傳統的哲學和社會文化脈絡裡，被當成是主體內在性的範疇，以上的討論必然引導我們重新思考內外、主客的區分。在情感資本主義的脈絡裡，情感不再是純然主觀的或內在於主體，或者說，我們宣稱屬於自己的情感其實早已是商品效應的一部分，是由商品所塑造出來的。借用傅柯的詞彙來說，情感是諸多組織、技術、客體、影像和論述的「部署」（*dispositif*）。這樣的部署勢必會發

揮生命政治和精神政治的效應:是的,在一家氣氛浪漫的餐廳裡用餐是情感資本主義治理一部分。這樣的部署也需要藉由社會所建構的「快樂」、「情感本真性」、「自我實現」等概念的中介。情感被看成是自我最真實的核心,我們被要求理解和管理我們的真實情感,精神治療和心理諮商的流行驗證了這樣的發展。除了「本真性」的理想之外,「解放自我」也是情感資本主義樹立的理想,特別在休閒、旅遊、藝術鑑賞等領域更為明顯。旅遊被塑造、想像成一種另類的時空經驗,藝術鑑賞則標榜文化品味,兩者都為消費者製造出特定的心情或情感氛圍,不論是放鬆、興奮、快樂等等。

　　如果說在當前情感資本主義的脈絡下,情感總是不離商品消費,我們還有可能或有必要談「情感本真性」嗎?誰的情感,誰的真情感?或者說我們站在犬儒主義或懷疑論的立場,強調「一切攏是假」,但是我們還是繼續享受購物和節慶的情感氛圍,我們自認為的啟蒙並沒有改變我們的行為和日常生活?這些問題都環繞在如何判斷或批判「(情感)本真性」。這個思考工作在一個犬儒主義懷疑論當道、後真相的時代裡格外急迫。

　　易洛斯探討情感本真性的時候,提及美國電視名嘴歐普拉及美國電視名嘴歐普拉曾在她的節目裡推薦弗雷(James Frey)的回憶錄《百萬小碎片》(*A Million Little Pieces*,書名暫譯),後來本書被披露「造假」許多情節和細節。據說歐普拉知道「真相」之後當下的反應先是憤怒,但是後來還是重新推薦這本書,因為她認為該書揭示的是超越寫實和真實性的「情感真相」。弗雷的個案應該不會是例外,在市面上許多不管是不是名人寫的自傳或回憶錄,誇大、戲劇化、虛構或造假恐怕會是常態。這些範例會成為問題反映了情感的真偽被看成是判斷一個人的人格品性的關鍵,而至關重要的是

那些自傳和回憶錄莫不以真實情感和經驗為號召，讀者購買那些書也等於是在消費情感，讓情感成為商品，也就是所謂的 emodities。商品有良心和黑心的差別，但是我們又是站在什麼立場論斷造假的回憶錄所召喚的情感全然或必然不真實？

當我們在情感資本主義的脈絡下爭辯本真性（連帶真實的自我）的問題，我們必須注意到本真性的意義已轉向某種超越社會與文化習俗的本體論，而情感被看作是這個本體論的核心，是情感的本真性在支撐個人掙脫習俗和體制的束縛。這樣的發展傾向和小說的興起息息相關，也延續到當代的精神治療文化。易洛斯提醒我們，當找回真實的、不服從的自我成為治療的目標，這樣的自我也已是消費的一環，主觀真實和客觀真實不必然吻合。然而，易洛斯並沒有斷定本真性可以完脫離消費，她描繪了自我與情感連結的幾個軸線。首先是找回被掩埋的真實的過往或創傷的記憶技術；這些恢復的記憶和自我被回憶錄、談話節目、門診治療轉化成商品，刺激進一步的消費行為，建構出休閒領域，滿足消費者各種慾望想像與滿足。要如何評斷或批判這樣的自我和情感模式必然會陷入兩難。主要的困難環繞在如何區分真實與不真實、解放與壓迫的情感／消費；批判總是指向某種真實，但是又不能流於不切實際或烏托邦空想。除此之外，情感資本主義脈絡下的情感本真性一方面建立在主體自我省察與感受的真實性，令一方面又依賴心理學和行為主義科學的情感與精神評估，內在與外在、主觀與客觀之間必然存在拉扯。

面對這些批判上的難題，易洛斯似乎採取一種折衷的立場。對她而言，批判的態度必然要做出選擇，但是研究者不能將自身的立場強加在研究對象之上。她所展望的「後規範性批判」（post-normative critique）不是建立在固定而明確的內外、主客對立區分，而是將情感置放在特定物件、情境、影像所中介的社會關係之中加以審視，也對於主體的情感經驗進行歷史考察，與傅柯的主體與權力系譜學頗有異曲同工之妙。

夏伽克（Mattan Shachak）的研究將情感商品化連結到當代精神醫療體系，顯示情感資本主義和療癒工業與文化之間的共構關係。夏伽克從歷史發展的角度指出，現代心理學的出現徹底改變了理解情感的方法，情感被認定在塑造自我、行為、責任、社會關係、道德取向等層面都扮演核心的角色。這樣的發展取決於心理學、精神醫學和神經科學對於情感所做的觀察、分類、客體化和管理，同時又顯示心理學和精神醫學對於社會和精神政治管理愈來愈重要，心理諮商的普及也是不言可喻。於是，心理健康、自我實現和幸福感都變成可管理甚至是可購買的對象。如同我們在前面的章節討論過的，諮商和精神藥物愈來愈被認定能夠有效降低緊張、憂鬱和焦慮，以及有助於達到更好的滿足、人際關係和工作績效。頗值得一提的是，夏伽克把和情感有關的工作或部署視為道德技術的展演。市場的情感展演顯示情感工作已被納入經濟活動和社會關係，所以嚴格來說，我們談的是「情感的經濟展演」，它顯示情感工作衍生新的經濟活動和商品。當前的情感資本主義將特定的情感——像是愉悅、快樂、滿足與樂觀——界定為有價值的、可衡量的、可計算的、可管理的對象，以及知識體系、專業實作、國家和市場互動的產物（Shachak 149）。

情感之所以扮演愈來愈重要的角色，歸因於一些相關的專業領域。佛洛伊德在「焦慮官能症」上的研究和臨床經驗是一個重要的里程碑。佛洛伊德作為現代精神分析的開創者，建立了一套包括官

能症、恐慌症、恐懼症各種精神症狀的分類系統，這些症狀有各自的情感表現方式。佛洛伊德的成就事實上經歷了自十九世紀後半頁以來，生物學、神經內科、病理學甚至於演化論和動力學知識的發展與累積。我們可以從這個過程中看到專業知識和實作建構情感，並且揭露這些情感和深層的心靈患疾的關聯，得以進一步紓解情感症狀的束縛。實際的診療過程不會是平順而愉悅的，畢竟無法避免面對創傷記憶，經歷移情和反移情的情感糾結。附帶一提，「付費」對於分析師和病人在分析情境中的互動得以發揮正面的功能，有助於清理一些不必要的情感依附，讓自由聯想更能順利進行。然而，分析關係並不總是開放性的、平等的契約關係，當中可能隱含權力不均等。（中產階級居多的）病人帶著他們的生命歷史和症狀到診間，讓分析師穿透、診斷、化解和治療。

夏伽克的研究對主流的精神醫學愈來愈依賴量化的統計資料表達不滿。他指出精神治療之所以會朝向實證的行為論發展，是受到科學、科技、商業和法律人士與機構的制約。治療程序和健康服務（包括精神藥物的開立與服用）都必須規格化；也如本書前面的章節討論的，更新、更多、更細的分類將情感套入行為主義的刺激－反應模式，也擴大的異常或病態的涵蓋範圍。在這種模式的應用下，夏伽克指出，無法被以客觀經驗的方式觀察和條理化的心神狀態（例如無意識）等於在科學上是不存在的（155-56）。後來的心理學朝向認知和人本主義的方向修正，期望能更有效理解情感的運作，特別是從情感反應探究個人、社會與環境因素之間的互動以及行為修正。

我們現在談的「精神治療」並不僅止於臨床診間；精神治療早已經社會化和商業化，成為當代文化的顯著特徵。精神治療的運作

邏輯和目標在於「提供客戶一些簡便的技術和資料庫，讓們能夠辨識、釐清、監測和記錄他們的情感，了解其意義和後果，也能夠經由自我引導的訓練，改變某些適應不良、無法運作、不想要的情感。於是，克服悲傷、體驗更多關係中的親密、改善自我感覺或者降低憤怒，都成為正當的療癒目標或可欲求的商品」（Shachak 157）。換言之，情感成為計算和管理的對象，也因此成為政治、經濟和社會問題。情感被換算成不同用途的資料，例如投資、組織管理和政策制定。精神治療成為一種自我反射的技術，成為精神政治治理的一環，個體像是做作業那樣，必須承擔監測、評估和塑造自己情感的責任；為了自己的福祉著想，必須努力減低「負面情緒」。這等於將情感建構成可以透過策略性的行動加以調整和管理的客體。從拉岡精神分析的觀點來說，這些自我和情感的部署形同否認了真實層的重量：自我像是由許多形象所組成，可以不斷被拆解再重新組合。這樣的自我形象似乎是強調跨越所有障礙的新自由主義跨國市場和資金流動的最佳代言。

　　我們也可以從上述的討論理解當前頗為時興的行業「人生教練」（life coaching）的時代脈絡。「人生教練」主要由一些「像是」具備心理學、諮商和溝通專業知識的「人生專家」在推廣，他們宣稱能幫助客戶或學員實現自我潛能。「人生教練」提供領導、管理、工作表現、家庭與婚姻各方面的諮商和訓練課程，可以算是一種情感勞動，目的在於提升動機、人際關係和溝通技巧，並且製造正面情緒；透過自我想像、自我實驗、自我突破等原則做出抉擇和採取行動，實現更真實、更值得活的人生。然而，我們必須記得這些情感技術主要是為了提升企業環境為主的工作表現，不脫功效主義的框架。

以上討論的不論是心理諮商、精神治療或「人生教練」都是當前精神政治治理的重要部署，正向思考、自我實現、快樂等等，成了主流的生活原則和人生目標。卡巴納斯（Edgar Cabanas）把生活在這樣的精神治療文化中的個體稱之為「精神公民」（psytizens），並且以威爾史密斯（Will Smith）主演的《當幸福來敲門》（*The Pursuit of Happyness*, 2006）為例加以闡述其意涵。本片敘述一個男人渴望事業成功，帶給家人幸福。這是再普通不過的通俗劇情節，但卡巴納斯認為本片再現了當代新自由主義社會主流的主體性。主角具備個人主義、自律、承擔個人責任、忠於自我、自我鞭策、情感技能等特質；他所追求的生活幾乎完美地複製了雷芙（Carol Ryff）的正向心理學所界定的幸福人生的六大面向：自我接納、正向的人際關係、自律、環境控制、人生目的與個人成長。

卡巴納斯認為，類似雷芙提出的正向心理學忽略了快樂或幸福的政治、經濟和社會面向，於是他提出「精神公民」這個概念來添補理論架構的不足。以上提到的身分和生活特質都適用於「精神公民」，但更重要的是，它們已然成為可購買與消費的商品。教育、健康、社會進步也都是「精神公民」和幸福工業的要件，人生教練、專業建議、醫藥貨品、自助（self-help）文學等等，都是這個幸福工業的主要範疇。這一切當然不是像「有錢就買得到幸福」那麼簡化和直白的說法所能形容，而是牽涉自我形象、價值觀、生活方式甚至存在目的認同與追尋，也涉及經濟投資、公共政策、社會道德等等。這樣的情境下的「快樂」顯然不再是一種單純而自然的情感，而是各種組織、論述、實作、權力、策略、技術和慾望界定與部署的結果。

這種「精神公民」的正當化和體制化需要有個人主義和相關論

述的加持。首先,正向心理學和幸福經濟學提供幸福體制化的基礎。這些領域的研究為快樂披上了科學的外衣,視快樂為成功人生(包含良好的健康狀態、關係、工作表現等等)的關鍵。正向心理學和幸福經濟學提倡情感智商、正向思考、彈性、自我鼓舞、自尊等價值,成功吸引了世界各地的觀眾和贊助,其勢力範圍擴張到包括高等教育在內的許多機構和課程;它們大多認為個人和社會問題的原因在於缺乏這些價值。從批判性的角度來說,正向心理學和幸福經濟學將快樂偽裝成政治和經濟領域之外的個人認知和情感問題,或者說是將快樂去政治化。於是,最終我們還是會發現,科學專業的中立和客觀外表包裝的是充分的政治和意識型態動機和立場。

在當前的新自由主義時代裡,快樂已然成為一種命令,滲透到社會的每一個層面;快樂成為一種標準,用來衡量什麼是好的、值得追求的和健康的生活,無法達到這種標準的個人和社會就被貼上恥辱的標記。類似的標記也會貼在那些達不到健康、生活品質和工作表現的社會標準的人身上;這也許會是許多人(特別是年輕世代)普遍受憂鬱症和焦慮所苦的主要原因。新自由主義的「快樂」論述結合了浪漫主義情感模式和透過自我控制以極大化利益的功效主義法則,也就是透過理性原則實現快樂,自我照料或治理因此變成情感和心理管理的問題。類似「情緒智慧」(emotional intelligence)[1]和「情緒智(慧)商(數)」(emotional intelligence quotient, EQ)已成為廣泛使用的日常語彙,顯示個人承擔理性管理情感的責任是一種普遍性的社會要求。EQ被視為快樂、健康和社會適應的關鍵,

---

1　"Emotional intelligence"在此沿用一般的譯法「『情緒』」智慧」。

欠缺EQ則可能導致挫敗和苦難。情感資本主義與幸福經濟就在這樣的社會與文化脈絡中，提倡以快樂為目標的情感和認知管理的技術。「正念」（mindfulness）就是最受歡迎的一種快樂導向的情感管理技術。簡單來說，正念訓練課程引導人們專注在情感和身體狀態，以達到完全的自我控制，極大化個人的幸福感。這些課程會以科學修辭包裝靈性諮商（spiritual counseling），宣揚綠色健康飲食和生活方式，十足的新世紀（New Age）風格。

從卡巴納斯的批判角度來說，快樂技術建構的自我能夠不斷被重新塑造，似乎能化解所有無意識的抗拒，避免負面情緒，強化正面情緒，切似乎都能平順地運作。類似紀傑克（Slavoj Žižek）的拉岡精神分析學派也許會認為，這樣的技術形同全球資本主義最完美的意識型態或精神政治技術，因為它們有助於化解全球化的障礙和反抗。人們可能會因為資本主義市場對世界的破壞感到罪惡，這些快樂技術有助於人們消解罪惡感。換言之，那些快樂導向的情感管理技術為特別是中產階級或富有階級提供商業救贖。

除了情感理性之外，「精神公民」的另一個特質是「本真性」。正向心理學代表學者彼得森（Christopher Peterson）和賽里格曼（Martin Seligman）在他們的 *Character Strengths and Virtues: A Handbook and Classification* 提出「六大美德」（six virtues）的論述：包括「智慧」（wisdom）、「勇氣」（courage）、「人性」（humanity）、「節制」（temperance）、「正義」（justice）和「超越」（transcendence）[2]

---

2 「超越」在此指和宇宙連結與尋求生命意義的能力，包括對於美的欣賞，透過敬畏、好奇、感激等情感提升心靈層次，培養幽默感、懷抱樂觀希望、從事宗教靈修等等，都是通往「超越」的途徑。

（Cabanas 185-86）。彼得森和賽里格曼宣稱這六大美德具有演化生物學的學理基礎，是存活與競爭必備的能力。「本真性」在這個脈絡裡指的是真實的自我和人生，涵蓋自我、接納、適應、素養（competence）、自律等等，都對於工作表現和職業成就有正面的效用；前面提過的「人生教練」和「自助文學」也都是這種本真性商業化的推手。其中最直接的結果是「個人品牌」（personal branding）的風潮，也就是個人形象和生涯規劃成了投資和開發潛力到對象，確立個人的存在價值和收穫，個人也必須為自己的事業和人生的成敗負責，在在顯示一種高度個人化的新自由主義意識型態。

這樣的發展結果會是個人「以為」自己追求的幸福是自然而科學的，也以此衡量和自己與他人的關係。他們可能不知道或不願意知道，那樣的幸福已經與商品密不可分。快樂已然是當前經濟活動的核心，能夠創造商業利益，也定義了某種規範性的主體，成為主流的價值。然而，我們必須追問：我們為這樣的快樂付出了什麼代價？無法得到快樂、健康和樂觀的人，是不是得承受自我和社會的責難？

外掛一
論「煩悶」與「專注」

作為一種哲學問題的「煩悶」

挪威哲學家斯文森（Lars Svendsen）的《煩悶的哲學》（*A Philosophy of Boredom*）開宗明義將「煩悶」或「無聊」界定為一道哲學問題。煩悶，特別是「深層煩悶」（profound boredom），是一種關乎存有的根本性經驗，因為當人們感到煩悶或無聊的時候，彷彿生命出現了什麼狀況，因此開始思考存在的意義，即便不見得能找到什麼意義，甚至會覺得沒意義。然而，我們不能因此將煩悶視為一種永恆不變的問題。如本書導論所示，煩悶與現代性的關聯遠比和其他時代或社會要來得緊密。有趣的是，煩悶或無聊的人是否清楚意識到他們感到無聊、為何無聊。斯文森曾做過一次不具有嚴謹科學客觀性的訪談調查，結果顯示許多人苦於無聊和失眠、迷失自我和現實感的連結，也有相當比例的受訪者表示無法確定或清楚描述自己無聊的感受（Svendsen 13-14）。這樣的結果充分顯示煩悶是一種捉摸不定、「莫可名狀、沒有形體、沒有客體」的心境

（Svendsen 14），或者用現象學的語彙來說，不是「意向性的」（intentional），沒有具體特質。嚴格來說，無聊不單純是一種內在的「心境」，它同時是世界的特性，也就是同時是主觀的和客觀的。無聊也許沒有憂鬱（melancholy）的迷人特質，看起來也不像臨床上的憂鬱症（depression）嚴重，卻是哲學、心理學、社會學等諸多學科重要的研究課題。

　　大體上，煩悶離不開某種意義、滿足或目的空缺，而現代社會因應而生許許多多「社會安慰劑」（social placebos），例如休閒娛樂和科技產品，來作為替代性的意義，填補那些空缺。反諷的是，我們愈是依賴那些安慰劑，愈是渴望從中得到滿足，我們愈感到空虛和欠缺。我們活在一個被鼓勵做自己的消費社會，很多人「看似」很追求、很懂美學品味、風格和原創性，急於區隔有趣和無聊，而他們的品味和知識卻又都很浮面，整個傾向很明顯的「淺碟化」，更容易感到無聊。於是我們清楚看到資訊、知識和意義的分裂，爆量的資訊不見得帶來更深的理解和更普遍的啟蒙。這當然也有可能是因為我們一直都耽溺在（追求）意義之中，無法坦然面對無意義的狀態，因而加深了煩悶的症狀。用斯文森的話來說，「無聊預設了主體性，像是自我體察。但是主體性是無聊必要但非充分的條件。主體要感到無聊，必須要能夠體察自己是能夠進入不同意義脈絡的個體，這樣的主體索討世界和他自己的意義。沒有這樣的索討就不會無聊」（Svendsen 32）。這種反諷或弔詭也像是尼采批判西方形上學和基督教道德傳統否定現實世界，追求來生或絕對超越的真理，強化了對生命的否定和虛無主義的傾向。

海德格的「煩悶現象學」

海德格的《形上學基本概念：世界、有限、孤獨》（*Die Grundbegriffe der Metaphysik. Welt——Endlichkeit——Einsamkeit*, 1983）[1] 毫無疑問是歐陸哲學中有關煩悶最系統化的論述。海德格首先拋出有關「覺醒的調性」（awakening attunements）的幾個問題。要喚醒什麼樣的調性（或情調）？如何喚醒？調性會自己形成嗎？我們又如何「確認」其存在？海德格很快就釐清這些問題和「客觀的確認」無關，不是傳統形上學認識論的確定性，而是要「讓某物甦醒，讓沉睡的變清醒」（60）。他強調的是「泰然任之」（letting be），也就是讓事物以其自身的樣態顯現，還原存有的原貌。調性同時「在這裡」和「在他方，如同「此在」（*Dasein*, being-there）的特性就包含了「在他方」（being-away）。舉個簡單的例子，當某人因為悲傷或煩悶的情緒而不能自已，他就同時在此和不在此，別人也無法進入他的情緒狀態。隨著海德格一步一步闡述他的煩悶哲學，我們也會看到調性比特定情緒事件或狀態更根本，更顯示存有的本質。調性不能算是一種內在的經驗，也不是我們的意圖導致的結果或發生在我們身上的行為。它表示一種「與他者共在的存有」（"being there with one another"）（66），具有傳染性，像是一種「氛

---

[1] 以下引用出處為英譯本 *The Fundamental Concepts of Metaphysics: World, Finitude, Solitude*, Bloomington, Indiana UP, 1995. 作者無意也無能鉅細靡遺闡述海德格這本巨著，也不想因為忙著定義諸多的海德格語彙而失焦。這部分的討論會一直環繞著「調性」（*Einstimmung*, attunement）或「情調」（*Stimmung*, mood），兩者經常交替使用，可簡單定義為：此在身處於存有情境中的感受，例如「焦慮」、「擔憂」或「暈眩」，當然也抱括這裡的重點「煩悶」。

圍」使我們沉浸其中，形塑我們的存有樣態。

時間在無聊的狀態中拉長，是海德格的煩悶現象學重要的一環；無聊的問題也和世界、有限（finitude）和個質化（individuation）緊密相連。海德格的「煩悶現象學」似乎在思考某種共同的結構，把煩悶或無聊分成這個結構裡的三個階段或形式，整個論述從特殊情境和對象進展到普遍的、無區分的狀態，或者從淺層無聊到深層無聊（也是根本的調性）。這三個階段當然不會自然而然地發生，因為人們總是企圖逃離或驅趕無聊。當人們這麼做，海德格認為，形同讓無聊沉睡，不想讓無聊保持清醒，也是逃避面對存有的問題。無聊其實一直都清醒著，海德格說的「喚醒無聊」等於是「任其保持清醒，防止它睡著」（79）。海德格以「此在的深淵之中的寂靜之霧」比喻深層的無聊，意謂著思索而不是逃離無聊的本質能夠解開存有之謎。如何從淺層無聊進入深層無聊自然是值得深思的問題，海德格相信這是可能且必要的，只要我們試著不直接抗拒它而「任其共鳴」（82）。

海德格從「無聊的事物使我們感到無聊」（"We become bored by boring things"）（83）這看似套套邏輯的陳述界定他所說的第一種形式的無聊，層層頗析，深入更為細緻曖昧的情境。「無聊的事物使我們感到無聊」牽涉特定的人事物無聊的特質以及和主體的關聯，海德格不認為可以完全從唯物論（materialism）或觀念論（idealism）的角度思考客觀事物的特質和主觀感受的因果關聯，甚至在無聊的狀態中，什麼是「因」、什麼是「果」，兩者如何形成關聯，是不是能用「引起」來描述無聊的經驗，都必須要重新思考。在經過一番推敲之後，海德格提出「讓人感到無聊的，也就是具有無聊特質的，讓我們陷入不明狀態（limbo），也讓我們感到空虛」

的新定義,更確切地主張擱置事物和情緒反應的因果律,從「融入」（attune）的角度簡單扼要地指出,「無聊——終極來說是每一種調性——是混合,部分客觀,部分主觀」(88)。

擱置因果律只是海德格煩悶現象學必要但不充分的條件,畢竟煩悶或無聊牽涉此在的解蔽（unconcealment）。當此在融入情境之中,無聊以某種方式解蔽自身的本質,但這並不保證無聊／調性必然會成為一種可觀察的現象。那是一種不確定或開放的狀態,如果我們只是像書中提到的那位等火車的男人做些什麼來逃避或驅趕無聊（見下一段）,它就可能不會對我們揭顯它的本質。海德格的煩悶現象學顯然是不想讓經驗意識的對象,是要跳脫一般的觀點、意識或心理理論。

海德格接著把討論的焦點轉移到「渡過時間」（passing the time）,畢竟那是煩悶的經驗常見的樣態。他就在這個環節舉了一個已經成為討論無聊的經典範例:我們在火車班次到達之前幾個小時先到火車站等候。那個簡陋的火車站乏善可陳,我們一會兒看看時刻表,一會兒隨漫不經心地翻閱報紙,看看手錶,起來散散步,做了一堆瑣事才過了半小時,可是火車還沒來(93)……。上一堂無聊的課或聽一場令人懷疑人生的演講,大概也是如此吧！從最表象的層次來看,海德格的這個例子顯示時間隨著我們驅趕無聊的企圖一分一秒流逝。「渡過時間」嚴格來說不是「驅趕時間」,時間也不可能被驅趕;我們在等待的過程中真正想驅趕的是無聊,在這樣的企圖的當下看著時間逐漸流逝。這種情況下的等待本質是無聊的,令人煩悶的,但是並非所有的等待都是無聊的,等待有時也可能充滿懸疑,或者像是在滿心期待等著情人出現,一點都不無聊。到底是什麼因素使得等待變得無聊呢？根據海德的格解釋,是因為

我們被迫等待，被迫深陷在某種情境之中，我們也因此變得焦躁不安、不耐煩（94）。

　　海德格的哲學思辨和寫作總是像耐心撥開一層又一層的洋蔥，至於讀者是不是讀得淚流滿面就另當別論。他緊接著說，光只是談「渡過時間」還不夠，還必須進一步談以什麼方式渡過時間，時間的樣態產生什麼變化。在無聊、煩悶的等待中，時間呈現滯留和延續的狀態，如同德文表示無聊的詞語 *Langeweile* 正好就是由 *Lang*（長）和 *Weile*（時刻）組成。我們在令人煩悶的等待中反而是「無法渡過時間」，我們做了像是看錶、東摸西摸的瑣碎的動作，但是並沒有真的看到什麼，只是更加顯示我們不確定或不耐煩到底過了多少時間、還要等多久。我們就這樣深陷時間令人麻痺、喘不過氣的拖延且不明的狀態（limbo）。時間的間隔因為欠缺具體內容而變得無比空洞，我們在無聊的等待中只是忙於做些什麼，卻又覺得被事物拒絕——也就是無法掌握事物的樣貌和本質——而感到被掏空。對於這種空虛感，海德格提供了一個寓意深遠的定義：「被掏空意謂著手邊的事物拒絕給予什麼」（"Being left empty means to be offered nothing by what is at hand"）（103）。「拒絕給予」說來有些違背事實或常理。在車站等車那個例子裡，海德格追問，「拒絕給予」指的是火車站沒有給我們什麼嗎？車站有給我們付錢買的票，有位子等車，「拒絕給予」確切指的是什麼？還是因為我們必須等待，沒辦法馬上離開？許許多多的問題都指向拉長的時間和拒絕的關聯，海德格順此邏輯進入無聊的第二種形式：「對某物感到無聊，渡過屬於該物的時間」（"Being Bored with Something and the Passing of Time Belonging to It"）。

　　想像我們受邀參加一場晚宴，美食和音樂應有盡有，我們也參

與賓客的社交對話，投入晚宴大大小小的細節，也就是說，我們並沒有專注於沉思，但整個晚上終究還是讓我們覺得煩悶。到底是晚宴的什麼事物或因素讓人感到煩悶無聊？可是一切事物又恰如其分，並沒有無聊的特質，所以會不會是「我自己」讓我感到無聊……？我們基於社交禮儀做的事讓我們沒有感覺到時間拖長，也就是壓抑了我們的時間感覺和意識，但煩悶並沒有因此而消失。對此，海德格指出一個暫時性的假設：煩悶的根源不是任何特定的事物，而是周遭事物的總和，是整個情境（111-12）。這種情況下的無聊以「沒有什麼無聊」或「不知道什麼無聊」的方式顯示自身，我們不知不覺滑入一種奇怪的漫不經心的狀態，不覺得時間拉長或有什麼壓迫性。這種漫不經心或不在意同時具有「投入（或耽溺）於……」和脫離的雙重意涵，煩悶或無聊也因此意謂著投入帶來的空虛感。

　　海德格的煩悶現象學總是關乎時間感受的質變，在這第二種形式的無聊的狀態中，我們不會像在第一種形式的無聊覺得因為被時間綑綁而感到焦躁不安，時間把我們交給我們自己，或者換個角度來說，我們離開時間「自由自在」地──這絕非反諷的說法──伴隨著事物或融入情境之中，在那裡感到無聊（121）。時間持續著，而我們卻沒什麼感覺，或者說是身處於一種陌生、不確定、靜止的時間狀態，也就是時間顯示其自身而不流動（122）。「當下」以凝縮卻也無盡延伸的樣態顯現在存有之中，脫離過去與未來。海德格不忘反覆提醒我們，不要抵擋而是要喚醒根本調性（或深層無聊），讓它對我們解蔽其自身的樣態。我們愈是被強調主體意識和控制的傳統西方形上學的框架所綑綁，我們就愈會急於抵擋或驅趕無聊煩悶，也就愈會偏離此在本真的樣態。

到了第三種形式的無聊,無聊的主詞和對象都失去明確的界定變成「〔 〕對〔 〕是無聊的」("It is boring for one," "Es ist einem langweilig"),"It"和"one"指涉任何不確定和不熟悉的事物狀態,包括姓名、職業、角色、年紀和命運等任何與主體有關的標記都消失(135)。這時也沒有渡過或打發時間、焦躁不安的等待的問題。如果還是發生了什麼,約莫是無聊有什麼要對我們說,而我們有一種「被迫聆聽的存有」(136)。聽什麼?也許是在放空、不確定的狀態中,傾聽此在的可能性,如同本書在韓炳哲的章節談過的深層倦怠的「少一點我的多一點」。簡單來說,就是要先放空主體的預設,融入存在情境之中,才能傾聽存有訴說的話語。時間也在過程中從冗長拖延、靜止、到無差別時間,時間和此在以其自身的樣態自我顯現,沒有具體內容,尚未被實體化,更別說是工具化或賦予特定的目的。

海德格的煩悶現象學濃縮了他的此在哲學精髓自然不在話下,試圖為思考(歐洲)現代文明的困境提出一些指引,他對於「調性」和「情調」(或「心境」)的重視顯示他企圖超越西方哲學長久以來對於情感的忽視。但是海德格談的「調性」、「情調」和「煩悶」都不能被簡化成純粹是內在的心理現象,而是超越了主觀與客觀、主體與客體的二元對立,牽涉此在的本質和生命世界整體。當我們融入於情境之中,順著不同的情調,體驗不同的存在情境。當我們愈想驅趕或逃避煩悶,愈把它當成客觀科學或抽象思考的課題,我們等於是讓煩悶睡著,自然也偏離了此在的本真性。當然,海德格談的那些不同形式或階段的煩悶,要透過什麼具體的技術或自我照料,才能一步一步通往此在可能性的解蔽和生命普遍性的體察,恐怕還需要進行更多的思辨。

現代社會的煩悶

　　姑且讓我們離開海德格的現象學視野，回到現代性經驗本身來思考，我們為何感到煩悶無聊，因為工作、休閒娛樂、資訊和影像科技的使用，以及煩悶無聊的特性為何。我們從本書「精神政治」的篇章裡可以看到，不管是維希留、史蒂格勒或貝拉第分析的包括無感、象徵性困苦、述情障礙等等，都牽涉現代社會不同面向的煩悶引發的問題和困境，感到生命空洞化、變得可有可無，當中不乏透過暴力發洩和自我毀滅尋求解脫。

　　當我們談論「煩悶與現代性」這樣的問題，並不表示生活在現代以前的社會的人不會煩悶（見本書導論），但研究者對於煩悶獨特的現代特性似乎是很有共識的。現代文明裡有各種發明或設置是用來排解人們的煩悶無聊，現代社會的生產、交通和通訊模式都為生活帶來更高的便利和效率，但這一切顯然不只沒有減輕反而加深了煩悶。現代人——也許是過得太舒適了！——似乎更活在抽象、虛無、失重的狀態之中，不關注、不在乎存有的本質的問題，日子還是一天一天地過著⋯⋯。

　　古德斯坦（Elizabeth S. Goodstein）在她的煩悶研究經典《沒有特質的經驗：煩悶與現代性》（*Experience without Qualities: Boredom and Modernity*, 2005）指出，煩悶纏讓著一個追求新奇、創新、速度、進步和加速變化的時代（1），它是「沒有特質的經驗」，是現代化過程對主體經驗的衝擊、現代性的症狀。「沒有特質的經驗」意謂著感受力和想像力的匱乏或缺失，對無聊、煩悶的人而言，如同我們在海德格的煩悶現象學看到的，當下以一種令人難以忍受的方式無盡延長，好像麼事都沒發生，也不知道會變怎樣，時間似乎就

卡在那裡。這種狀態似乎是一種變形的永恆，看不見變化和未來，分分秒秒都沒什麼差別。煩悶的人失去辨別和區隔時間的想像力，同時也感到不悅或不安，行動受到抑制，不知道還能做什麼，更別說如何得到滿足（Johnsen 485-86）。

然而，煩悶拜當代情感、體現（embodiment）和感知理論之賜成為一門研究領域，不過是二十世紀後期才開始的事。多無聊才是真的無聊，才算是一種道德和身心的問題？煩悶存在著正常和病態的區別嗎？煩悶又如何可能為一整個世代的集體經驗？煩悶研究自然必須探究在機械化和數位化生產與複製的時代裡，煩悶在階級、種族、族裔、性別、性慾、大眾消費各個範疇的構成因素。煩悶是反動保守的或具有基進潛能也值得探究。如如此類的思考方向顯示煩悶研究必須是一門跨領域的研究，即便煩悶不可能也不需要有一套系統化的定義和理論。

拉賓巴赫（Anson Rabinbach）的《人類馬達》（*The Human Motor*, 1990）把倦怠和煩悶的生理症狀回溯到十九世紀的能量、熱力和運動經濟學，以及工業心理學和工作科學等學科領域。煩悶研究剛開始是隸屬工業與組織心理學的一個次領域，主要是為了生產和組織運作管理，它研究方法大多倚賴問卷調查和量化的統計分析，也經常搭配專為控制心理狀態而設計的實驗。各式各樣的量表不一而足：「無聊傾向量表」（Boredom Proneness Scale）、「刺激尋求量表之煩悶敏感性次級量表」（Boredom Susceptibility Subscale of the Sensation Seeking Scale）、「煩悶應對量表」（Boredom Coping Scale）、「休閒無聊量表」（Leisure Boredom Scale）、「性煩悶量表」（Sexual Boredom Scale）等等，評估無聊煩悶在現代生活中的工作、學業、休閒、性等主要領域的影響。「無聊傾向量表」

要受試者針對「我能輕易地專注在我的活動」、「我在工作的時候經常擔心其他事」、「我經常控制不了做一些沒意義的事」等問題回答「是」或「非」，或是勾選「很同意」、「有點同意」、「同意」、「沒意見」、「不同意」、「不同意」或「很不同意」，研究者再依據各自的學理，針對得分判讀調查結果。類似量化的煩悶或倦怠研究，以及量化的心理和行為科學，早已引起不少批評。單就量化的煩悶研究來說，煩悶被視為和適應不良、甚至自我毀滅的暴力行為密切相關。這樣的研究取徑出不離組織和生命政治控管，欠缺對多重的社會、文化、科技歷史脈絡的理解。當心理和行為科學脫離原有的人文學研究範疇，愈向實證與實驗科學發展，也就愈發誇大或理想化客觀性，似乎也會更發依賴藥物控制和治療邏輯，包括廣泛使用類似氯二氮平（Librium）、地西泮（Valium）、血清素（serotonin）等化學成分和精神藥物。

　　現代社會的煩悶和生產、消費和生活的標準化、商業化、碎裂化和重複性密切相關，這些傾向到了當前的數位化時代更為明顯，衍生出所謂的「數位煩悶」（digital boredom）。使用者接取和接收大量快速流通的資訊，也忙著回覆訊息，過濾更別說是反思資訊的時間受到嚴重壓縮。數位裝置和網絡無所不在，整個鑲嵌在日常生活的常軌和節奏，分不清有酬和無酬的工作、甚至工作和休閒的區隔（Hand 116）。海德格和奧地利作家漢德克（Peter Handke）的深層或基本煩悶在這種數位環境下似乎不太可能實現，因為數位媒介很容易讓使用者只是做些什麼把時間填滿，不太可能讓他們有餘裕對於他們的生命世界或是和環境的關係進行什麼倫理思考（Hand 117）。如同我們從海德格的煩悶現象學看到的，煩悶的經驗總是關係到時間感受的質變，數位煩悶也不例外，體現了所謂的「數位

時間」。這也讓我們連結到本書「精神政治」一開始有關抽象時間和加速的討論。伴隨著整個現代科技的發展歷程,「時鐘時間」帶來的標準化和失去主控權的時間經驗,持續被諸如「網路時間」(network time)(Hassan)、持「瞬間時間」(instantaneous time)(Urry)和「無時間時間」(timeless time)(Castells)的時間技術體制強化。[2] 現代社會的每一個時間體制都引發不同形式的煩悶或倦怠,在數位科技加速的驅動下,也許我們面臨的是程度更深的煩悶,現實感和身心狀態更顯焦躁、分裂和疲憊不堪。

然而,我們對於數位時空經驗和煩悶的批判也不應無限上綱,因而將科技能力、時間體制和社會效應過度普遍化和同質化。當我們批判數位科技加速並且讓經驗扁平化的同時,也應該意識到不同的數位裝置並不是一個全面性的工具,而總是在許許多多實踐網絡中以不同的方式運作(Hand 125)。如同我們以傅柯的「敵視監獄」(Panopticon)批判數位監控甚至數位獨裁,我們也不能忽略數位實踐和整個通訊網路的多重性和異質性,也許「不完美的敵視監獄」會更精準貼切一些。[3] 我們在居家旅遊工作休閒等不同生活領域使用不同的數位器具也許會有不同的使用習慣和期待,遭遇不同的衝突,很難一概而論,也不應該陷入本質化的科技文化論述。

---

2   見 M. Castells, *The Rise of the Network Society*, Oxford, Blackwell, 2010; R. Hassan, "Network Time." *24/7: Time and Temporality in the Network Society*, eds. R. Hassan and R. E. Purser, Stanford, Stanford UP, 2007, 37-61; J. Urry, *Sociology beyond Societies: Mobilities for the Twenty-First Century*, London, Routledge, 2000.

3   參 照 Matt Hannah, "Imperfect Panopticonism: Envisioning the Construction of Normal Lives," *Space and Social Theory: Interpreting Modernity and Postmodernity*, eds. Georges Benko and Ulf Strohmayer, Oxford, Blackwell, 1997, 344-59.

加拿大宗教思想與媒體學者莫蘇林瓊（Sharday C. Mosurinjohn）提出了「超載煩悶」（overload boredom），也適合用來解釋這裡討論的議題。莫蘇林瓊定義下的煩悶是沮喪、厭膩、憂鬱、冷漠、無感等情緒的複合體，也是一種受到束縛、被拘禁的感覺，總是由集體的情感技術和人際關係塑造出來。換言之，煩悶具有精神政治的特質。煩悶中斷和干擾思考、感覺和身體運作，迫使意識或整個精神世界進入一種內在的封閉狀態，無從躲藏過多的刺激（Mosurinjohn 3）。莫蘇林瓊認為超載煩悶肇因於資本主義生產體系的「時鐘時間」帶來的碎形化的經驗和存在感，是一種如古德斯坦所說的「沒有特質的經驗」（Mosurinjohn 4）。過多的選項並沒有讓人更安心，反而扭曲了共同意義和價值的參考座標，選擇本身似乎成了一種帶來可能性和排除可能性的雙重代理人（Mosurinjohn 6）。這些發展都離不開資訊化、數位化、虛擬化和加速的趨勢，超載煩悶多的是內容，意義卻消失不見。使用數位器具的多工（multitasking）——線上會議、電子郵件、手機——已成常態，不得不為之，卻不可能完全控制。莫蘇林瓊明白指出，「超載煩悶是一種政治感覺，牽涉到生活在特定的政治、經濟和社會秩序的急迫狀態。各種不同類型的超載——過度操勞、過多選擇、過過沉浸在影像——可能是引發大眾無感的霸權工具」（33）。我在前文史蒂格勒、貝拉第和韓炳哲的章節討論了很多無感的問題，在此不再贅述。按照莫蘇林瓊的理路，超載煩悶和無感等於是沒有域外（outside）的一種強迫性的內在性或封閉狀態，過度連結和資訊超載反而導致無法察覺身體和環境的連結，造成認知和情緒的阻塞。有沒有什麼解方能修補這種連結，重新打開阻塞認知和情緒，重新建立自我與他者的關聯，自然是任何有關當代精神政治和精神

困境的論述不可迴避的問題,我會在後文,特別是〈我們還能怎麼活著?〉,提出統一性的見解。

朝向專注美學

數位煩悶也好,超載煩悶、倦怠也好,主要原因在於使用者過度暴露在快速流通的過量資訊和影像之中,注意力被科技體系吸納和制約,不斷被要求做出回應,導致認知、情感和記憶力受損。專注力儼然成了一種炙手可熱的資源,不僅是廣告、娛樂、商業、企管等領域爭相競奪的資源,甚至也成為許許多多自助、教養或正念出版品培養、訓練和「照料」的對象。順此邏輯,我們自然不可能輕易地把專注力視為煩悶、分心或倦怠的解方,或是不應該過度理想化、浪漫化專注力。

根據克拉里(Jonathan Crary)的《知覺的懸置:專注、奇觀與現代文化》(*Suspension of Perception: Attention, Spectacle, and Modern Culture*, 2001),資本主義從工業化階段到當前數位資訊資本主義的發展,持續創新感知、資訊和影像技術,不斷塑造、再製造和介入感官經驗,工業生產、交通、都市環境暴增的感官刺激當然也帶來相對應的危機或困境,特別是倦怠、煩悶、焦躁、注意力不集中和各種身心症。衝擊所至不限定在視覺和聽覺,語言功能、認知行為、神經系統和身心狀態持續不斷被要求適應新的科技架構、社會關係、生產和經濟活動與法則。在這過程中,資本主義邏輯也會規訓主體的專注,乃至於建構出特定的「專注力體制」。在各種人類科學裡,特別是社會科學和心理學,專注都是核心議題。缺乏注意力更被視為嚴重的問題,因為它會影響組織行為管理、生產和學習

效率。克拉里認為現代性就是一個不斷製造注意力危機的過程，持續把注意力、分心或身心運作的彈性推向新的門檻或極限，同時也不斷製造新產品、資訊流和刺激源，建構新了感知管理規範或精神政治治理策略。然而，我們也不應該完全將專注（力）簡化成不過只是具有政治和經濟目的規訓。如果傅柯能夠把歇斯底里視為對父權體制的一種抗議，而身心症也可能是對現代社會的各種刺激和壓力的反撲，專注和分心之間的關聯似乎也應該被重新思考，避免本質化的二元對立。

我們在先前有關史蒂格勒的章節裡，討論過他提出的三種層次的記憶：第一記憶指的是生物基因記憶，第二記憶指的是社會組織規範的檔案記憶，第三記憶則是科技化的人造記憶。法國學者希頓（Yves Citton）在他的《專注生態學》（*The Ecology of Attention*, 2017）採取具有西蒙東／史蒂格勒色彩的觀點將專注力連結個質化（individuation）。如同魚群或蜂群在集體行動中意識到危險或突發狀況會立即作出反應，人類的專注力也具有類似的集體性，也會像是潮浪向我們襲擊和擴散。除此之外，我們渴望得到他人的專注，那甚至引發我們的慾望、形塑我們的人格，於是你中有我，我中有你。這可稱之為「組合式的專注」，當然也可以說是拉岡精神分析裡的「想像認同」。另外一種專注存在於主體和客體之間，可以是視覺、聽覺、味覺和嗅覺的客體，是我們的身體和心靈的養分。還有一種「反射性專注」，也可稱之為「後設專注」，反思專注的習慣，屬於美學和教育的範疇（173-84）。這些不同層次的專注在不同的生活領域會有不同的組合，是隨性自由，或是被規訓宰制，恐怕無法一概而論。

希頓在《專注生態學》最後提出了一些「專注生態智慧」

（attentional ecosophy）發想，提供了我們進一步思考和時間的專注的方向。首先是要對專注的標準化抱持懷疑的態度，打開更多專注的可能，但同時也要能察覺專注如何不離權力網絡，如何辨識和篩選所接受到的刺激和訊息。有時我們甚至得選擇分心、疏離或至少不那麼專注，這是記憶術和自我照料的問題。希頓提醒我們，專注和分心並非對立面，分心是最低限度地專心（Citton 183）。要懂得專心，我們有該學習適度地分心。專注並非屬於任何一種器官的特殊能力，它也不是不變的本質，而是「一種讓不同功能和諧運作的動態過程」（Citton 185）。在當前全球化的互動網路世界裡，不完整的專注也許是探索更複雜的經驗有用的工具，不完整不必然是缺失，反而有可能是我們和活生生的他者和環境共享生命經驗的機會。這裡所說的動態過程也會是一種「多音的專注」（polyphonic attention），以「交互作用、情感的調和和即興演出」（Citton 188）作為運作原則。

外掛二
為什麼工作讓人不快樂？

　　拋開本書第一部第五章討論的過勞研究，我們可以再從不同的研究角度討論令人倦怠的勞動生活，連接和延伸第二部「邁向資本主義的精神政治批判」談的當前科技現實下的倦怠或其他精神與情感困境。赫利（Celeste Headlee）的《失控的努力文化》（*Do Nothing: How to Break away from Overworking, Overdoing, and Underliving*, 2020）一開始的時候，引述了英國哲學家羅素談過「效率崇拜」（cult of efficiency）帶來的改變。「效率崇拜」顧名思義表示效率被提升到神靈般的地位，成為膜拜或戀物的對象；效率變成我們的工作、生活、交通、通訊、生產、經濟和社會體系甚至整個世界的驅動力。注重效率的工作和生活造就了「忙人們」，他們逐漸失去閒暇和滿足，沒辦法放鬆，甚至不知道自己到底在忙什麼、人生去向何處，感到緊繃和孤單，生活幾乎整個失控。赫利給「效率崇拜」做了一個簡要的定義：「是指一群堅信動個不停的好處的人們，熱衷於找出最有效率的方法來完成每件事情。他們隨時處於忙碌狀

態，一味地相信他們的努力能節省時間和改善生活」（xiii）。[1]這種效率當然只是一種意識型態幻覺。我們想像仔細地計劃工作和生活，想像一切可以按部就班、控制得當，但事實上並非如此。赫利希望能透過《失控的努力文化》幫助讀者驅除這種幻覺，收回屬於我們的生活。

根據赫利的觀點，工業革命根本改變了時間的使用和體驗以及工作和活樣態，自此整個世界加速運作。愈來愈多勞動人口從農場轉移到工廠，各個層面的創新讓人們的工作方便，但是這不保證更多的自由。工人更被固定在工廠裡的工作崗位，得不到傳統工匠或藝術家創造的成果和滿足。更糟的是，延長的工作時數沒有得到相對應的報酬。這些情境對我們來說應該都不陌生。

當前資本主義社會的超時工作也許可以回溯到歷史久遠的新教工作倫理：努力工作和良好的工作成果被視為榮耀上帝和贏得救贖的不二法門。如本書在導論討論過的，韋伯（Max Weber）將這樣的工作倫理連結到「資本主義精神」。根據赫利自己的詮釋，新教倫理形同資本主義在北歐發展和成功的關鍵。效率和準時是成功的要件，閒散怠惰則被視為道德罪過。美國開國元勳富蘭克林（Benjamin Franklin）在給兒子家書裡，告誡他一天不要睡超過八小時，不要把時間浪費在無謂的閒聊。

赫利認為工時和工資的失衡現象背後就是這種由來已久、已經擴散到全世界各地的工作倫理和精神，不再限定在新教國家，「工作狂」更不是日本人的專利，對於效率和生產力的崇拜或迷戀在美

---

[1] 頁數為英文原版，中譯本《失控的努力文化》，林金源譯，新北市，木馬，2021。

國甚至比其他國家都要來得明顯。赫利引述一份研究調查指出，百分之七十的美國公民相信努力工作對於經濟成就和美國夢的重要性（38），顯示他們（不只美國人）接受甚至有強烈動機努力長時間工作。赫利批判正是這樣的工作倫理在支撐或合理化剝削。當工作被視為值得的，那些沒有竭盡所能努力工作的人就會被看得一文不值，這當中的道德責難或汙名不言可喻。

我們應該都會同意現代社會的富裕程度提升，但是仍有相當高比例的人口連基本生活需求都無法滿足，即便在歐美日等富裕國家，在臺灣也不例外，年輕世代面對的是較上個世代更艱困的現實和未來。赫利不斷追問超時工作為何成為普遍現象，人們為何不能隨心所欲規劃如何運用自己的時間。對此，她明確指出兩個關鍵因素：消費主義和收入不平等。即使是低薪的勞動階級仍就受到消費的誘惑，想像透過消費提升生活品質和滿足（這不禁讓人聯想到前陣子爆紅的網路動畫《山道猴子的一生》），但是消費並沒有改變他們超時工作和被剝削的生活，甚至算是雙重剝削。

赫利一再強調重新思考，我們賦予時間的價值。我們習慣把「時間就是金錢」當作不變真理，「最低開銷，最大獲利」是資本主義體系的運作法則，但是工時、收入和生活品質之間並沒有正相關，經常是工時愈長，愈覺得達不到理想的生活標準和滿足。到底發生了什麼事？其中一個主要原因和工作狀態的改變有關：也就是，工作從工作場所滲透到居家，因而模糊了兩者的區隔，這和工作的網路化、數位化有密切的關係。早在疫情期間的居家上班之前，在家處理文件、報告、專案企劃和電子郵件就已經是常態。工時延長或變得不確定也意謂著優質時間的喪失。許多人甚至把工作上的效率原則應用在居家生活，也就是「效率崇拜」入侵私人領域

和人際關係。在新自由主義社會期待或要求下,每個人要自我提升,讓自己更具生產力或「產值」,行程規劃滿到沒辦法停下來好好休息。自我提升本質上不是什麼不對或不好的事,市面上頗為流行的那些自助的出版品到底是讓人更放鬆,更清楚自己要追求什麼樣的生活,還是讓人更屈從資本主義運作邏輯,更疲於奔命提升自我,讓自我提升變成壓力和焦慮來源,就很值得深思。

我們有必要承接赫利要讀者反思工作的意義和目的思考任務。赫利主張工作不應該只限定在為了物質性的生存所做的活動,即使有酬的工作也是一種社會貢獻(112)。我們的「自我技術」、計畫如何生活、維持什麼樣的身心狀態也都是工作,工作的重要性似乎永遠都不怕談太多。赫利提到在美國有愈來愈多的老人過了退休年齡還在工作,原因不外是平均壽命延長和經濟衰退,需要有更多人力更長時間維持家庭機經濟來源。失業等於失去經濟來源、自我身分和存在感(115)。

工作的質與量都和心情、幸福感、身心健康和壽命密切相關,但是赫利提出了另類的懷疑觀點,她認為這樣的關聯是經由社會和文化建構出來的,並非自然生成。如果是這樣,我們的工作態度就有改變的可能,我們不一定要接受體制或社會要求的那樣,工作得那麼辛苦、時間那麼長。赫利澄清她並未反對工作,事實上也沒有人有可能站在這樣的立場,她反對的是對長時間辛苦工作的執迷,因為那會讓我們失去同理心。這種執迷(也就是工作狂)讓人失去愛和連結自己、他者和世界的能力。

《失控的努力文化》也關注資訊科技對我們的工作、社會關係和生活所帶來成癮和破壞性的效應。人類的大腦追不上數位處理器的速度,數位科技也已經是生活中許多干擾的來源,例如對睡眠的

干擾，藍光對於眼睛和大腦的損傷也已經不是新聞。智慧手機成癮在日常生活中無時不刻隨處可見，若說許多人的生活已經被智慧手機綁架，似乎並不誇大：工作、運動、休閒、情感表達等等，幾乎都離不開智慧手機和其他數位裝置。和這種成癮密切相關的是「錯失恐懼症」（FOMO, fear of missing out），算是對網路社群媒體的成癮症狀，也是搜尋和儲存資料、反覆檢查電子郵件的著迷狀態，不想錯失任何訊息。效率崇拜和通訊科技成癮已經造成許多層面的遲緩、抑鬱、煩悶、孤立和碎裂，本書在「精神政治」篇章也討論過這些問題。

我們從上述的討論應該不難看出，資本主義勞動和科技情境建構了必須不段自我提升或「增值」、超時工作、被工作和科技綁架、陷入身心和存在困境的倦怠主體。我們還可以通過弗萊明（Peter Fleming）的《經濟人之死》（The Death of Homo Economicus, 2017），試著從不同的角度深化相關問題的討論。《經濟人之死》全書從二〇〇七、〇八年的金融海嘯談起。一般人以「海嘯」作為危機的譬喻的時候，經常忽略海嘯真正的殺傷力發生在「餘波」，也就是海嘯後的洪水摧毀生命、房屋建築、公共設施、自然景觀……將這一切沖入海中。弗萊明認為海嘯過後的餘波才能更貼切地描述當前的資本主義情境。新自由主義並沒有在二〇〇八年金融海嘯之後消失，反而「餘波」的反噬發揮了最強大的破壞力：貧富之間的鴻溝持續擴大、稅賦制度不公、工作失去意義、勞動階級處境更艱難甚至危急、金融服務的改革遙遙無期、公共領域私有化、世代矛盾加劇……弗萊明也將這些情境命名為「禿鷹資本主義」（vulture capitalism）。弗萊明認為，一切的發展都走向所謂的「經濟人之死」，那個自我依賴、理性計算、一切以利益極大化為目標、

隨時針對多變的環境做必要的調整的「經濟人」概念，已不適用於描述當前為生存疲於奔命、連維持基本生存都有問題的勞動情境。

《經濟人之死》訴說了一個又一個悲傷的故事。英國艾塞克斯一位六十七歲婦人阿莫斯（Dawn Amos）患有慢性肺病。當地政府因推行「適合工作」計畫，取消她的疾病救助金，並建議她返回職場。政府甚至宣稱工作對她的復原有幫助。不幸的是，在官方程序完成之前，阿莫斯就因為負擔不起高額醫療費用，病死於醫院。根據作者弗萊明的研究，經歷類似阿莫斯的悲慘處境的人不在少數，這個「適合工作」的計畫反映的就是工作意識型態，刪減社會福利預算的合理化藉口。

一位叫做 Toby Thorn 的年輕人因為無法承受學貸的財務壓力而自殺，他的處境和上述的阿莫斯一樣，反映了頗為普遍的趨勢，也就是學貸或其他類型的貸款與債務造成的生活壓力和受苦，和許多國家的年輕族群自殺率上升的現象不無關係，債務也更是普遍現象，若說債務已然是新自由主義的運作法則一點都不誇大。[2] 除了壓得令人喘不過氣的債務之外，政府隨時有可能通過更嚴苛的償還規定，有些政府和金融機構甚至還會把學生貸款和債務的債權轉售給其他私人金融機構。債務人因無法償還而被強制執行甚至拘捕的事件時有所聞。同樣時有所聞的是一些因為職場霸凌和剝削、無法負荷的工作負擔導致的職場謀殺。

以上這些悲傷的事件不僅發生在職場，更顯示了當前許多「經濟人」艱難甚至悲慘的處境，病痛、債務與貧窮和暴力發洩之間似

2　參考黃涵榆，〈債務與罪責：兼論安那其反抗與生命想像〉，《理論的世代》，林明澤、邱彥彬、陳春燕編，臺北市，秀威，120-40。

乎存在一種隱性的連結或惡性循環。這些事件並非「例外狀態」，而是「例外狀態常態化」，所謂的「美好生活敘述」（good life narratives），也就是理想的生活和社會的想像，似乎已經破滅；上大學、找對象、找一份好工作、組織家庭……似乎已成了被拋棄的世代（jilted generation）不切實際的幻想（Fleming 95）。

支撐資本主義發展的「經濟人」意識型態由來已久，是現代經濟學產物，整個西方現代生產、工作、貨幣和社會體系就是建立在這樣的基礎上。「經濟人之死」作為一個譬喻顯示勞力與薪水不成比例、無法改善生活甚至被債務逼得喘不過氣的勞動者，已不符合經濟人的抽象定義、價值或理想，憂慮、焦慮、倦怠和身心症愈來愈普遍。各類教導民眾工作態度、規劃和管理日常生活作息與事務的自助和自我照料出版品琳琅滿目，各種保險、成長課程和醫藥產品，持續從人們的不快樂中獲利，但是並沒有讓人更快樂。

喪屍會在當前的新自由主義全球化時代裡大行其道，似乎也反映了一部分的現實情境。[3]經濟人的理念或理想死了但是還被延續，自由市場和競爭並不真的自由，世界主要國家的政府似乎並不真的嚴肅看待。類似Uber這樣的新興共享經濟，話術宣傳的意義大於實質意義，剝削大於共享。類似的情況已發生在時興的「行為經濟學」（behavioural economics），新鮮的外表包裝著老舊的意識型態。行為經濟學目標是要掌握個體和機構所做的決定背後的心理、認知、情感、文化和社會因素，包含一些無法預測的非理性因素。看看以下的這個行為經濟學實驗。兩個受試者被安排坐在一個房間

3　參考Fred Botting, "Globalzombie: From *White Zombie* to *World War Z*," ed. Glennis Byron, *Globalgothic*, Manchester, Manchester UP, 2013, 188-201。

裡，其中一人被交付一筆錢，比方說一百歐元，依照實驗規則要分給另一人。如果另外那個人拒絕，那一百歐元就會被沒收，兩位受試者就得空手離開，所以給多少才不會被拒絕就變成是關鍵。這簡直是人性大考驗，各位讀者也可以想想如果你是受試者，你會給多少、期待拿多少。理論上兩位受試者得到多少錢都是額外的收入，都是聊勝於無的 easy money，都很合理。但同樣合理的推測是，給錢的那位一定想辦法盡量少給，只給一元或幾分錢，另外那位肯定期待40、50……愈多愈好。實驗結果也許因人而異，但可以確定的是，人們做的決定很有可能違反合理的經濟原則。就像「不幸」的感受也經常違反合理的經濟原則，自己覺得過得不好，嫉妒別人過得好，甚至把自己的不幸歸咎於他人……弗萊明指出，行為經濟學假定能夠在當前危機資本主義的經濟脈絡，以及透過資本主義扭曲的「正義」、「公平」和「美好生活」理念，去理解人類生命不可測的特性（105-06）。換言之，當前的資本主義已經能夠挪用各種學科和技術操控危機或不確定的非理性行為，再將它們轉化成利益，為有錢的特權階級獨佔。

在當前的新自由主義體系裡，雖死猶生的經濟人同時是生產者、消費者和投資者，「使用者付費」儼然成了理所當然的通關密語。但是從批判的角度來說，「使用者付費」和上述的「共享經濟」和「行為經濟學」同樣都是支撐新自由主義體系的意識型態，其效用在於壓制了類似教育、健康等公共服務，對於低薪階級來說，更是雙重剝削。學校教育和學術研究也無法倖免，學生被當成消費者，大學端極力爭取計畫經費（或俗稱的「包學術工程」），要求教授們發表學術論文，衝高績效指標，吸引更多學生消費者前來就讀，讓他們付更高的學費。學生關心未來的「錢途」遠勝過真善美

的追求、博雅知識或人文涵養,也有不少關注高等教育的人士對於大學愈來愈淪為職業訓練所表示憂心,但是卻有總統候選人主張要裁撤「低薪的系所」⋯⋯

「喪屍」、「雖死猶生」或「活死人」(the walking dead, the dead man walking)也很適合用來描述勞動情境,勞動現場猝死的案例時有所聞,弗萊明就提到一位辦公室員工在他的工作區已經死亡五天才被發現(130)。這聽來很驚悚和不可思議,也很令人難過,卻完美體現了當前活死人般的勞動情境。根據弗萊明提供的統計資料,倫敦的上班族平均每年要處理九千封電子郵件,表示私人與工作時間、日夜晨昏都失去區隔。似乎有一種「工作衝動」在支配著許多勞動者,綁架了他們的生活、創造力和想像力。更何況人們超時的工作具有相當高的重複性,也極其瑣碎,卻又一直覺得很忙;或者應該是說資本主義企業組織和官僚體系讓勞動者重複一些瑣碎的工作,這正是它們管理工作的方式。這類的工作可稱為「狗屁工作」(bullshit jobs),正是已故的無政府人類學者格雷伯(David Graeber)人生晚期著作的標題。弗萊明引述一些研究指出,許多員工在離職後仍然會在他們的生活裡,如同在進行些儀式,繼續進行先前工作。這也許是因為為了表現出自己還可以「發揮作用」,藉此維持基本的尊嚴。當然也有可能因為他們依舊被工作命令或魔咒附身。不管是什麼原因,他們似乎都已內化了資本主義的工作意識型態,即便在離職或被解僱後依舊無法脫身。

很多人已無法確定他們的工作到底滿足了什麼物質和心理需求。一方面工作條件變得更非人化,另一方面工作也讓人感到空洞煩悶,兩個面向有如同一個硬幣的兩面,兩者之間甚至已失去區分。即使上班打混,也沒有真的佔到什麼便宜,自己的潛能和生命

的意義不斷流失還不自覺,甚至也無感、無所謂。這大概是有關工作所能想到最虛無主義的情境吧!如果是這樣,我們為什麼還要工作?若要仔細思考這個問題,就如同思考本書最根本的提問「我們如何走到這個令人疲憊不堪的時代?」。資本主義工作倫理和意識型態如何發揮作用,牽涉到不同歷史階段、不同的社會文化脈絡,不是三言兩語所能說清。工作也許經常使人感到空虛和倦怠,但同時人們幻想能透過工作克服那種虛無煩悶的感受。這種弔詭恐怕已經進入到神學的層次:信仰、死亡與救贖(或解脫)的糾葛。有關這個問題,我們當然可以回到「新教倫理與資本主義精神」的思想脈絡去尋找線索,但是我只想指出,工作和虛無主義(也可以說是死亡政治)的關聯絕非偶然,如同弗萊明提到的一個「地獄哏」:納粹集中營大門上的標語 "Arbeit macht frei"(工作創造自由)。

當然我們知道,納粹集中營的強迫勞動創造的不是自由而是死亡:更準確一點來說,是「死亡的死亡」。在納粹集中營裡,生命徹底變得可有可無,連死亡都必須要被毀滅。這不只是指屍體被丟進焚化爐銷毀,死亡不留下任何痕跡,也得不到哀悼,是一種意義和價值、本體和道德的徹底毀滅。納粹集中營也許過於極端,但是卻顯示生命政治內在的弔詭邏輯:為了保護和強化生命的生命政治運作,如同順著莫烏比士環(the Möbius Strip),推到極端就會到達死亡政治(thanatopolitics)。強調效率、產值和利益的資本主義勞動體系、工作倫理或意識型態,不也像是循著莫烏比士環,會走到另一個極端?

外掛三
無家的家人──淺談繭居族

本書在第二部「邁向資本主義的精神政治批判」第四章討論史蒂格勒的時候,觸及「繭居族」(*hikikomori*)所體現的精神困境,在那裡我同時指出史蒂格勒將「繭居族」和以ACG(Animi, Comics, Games,動畫、漫畫、電玩)粉絲和玩家為主體的「御宅族」(*otaku*)混為一談。當然,御宅族和繭居族並非完全沒有重疊或互不隸屬的兩個族群;御宅族和繭居族類似之處在於同樣經常被貼上負面標籤,被汙名化為欠缺社會技能的怪咖或魯蛇。除了御宅族之外,繭居族和與父母同住、經濟來源和生活依賴父母供應的「回力鏢世代」(boomerang generation)和「單身寄生族」(parasite single)也有所重疊,即便各自有其定義不應被混淆。

日文 *hikikomori* 由 *hiku*(拉、抽、後退)和 *komoru* 組成(自我囚禁、足不出戶),顧名思義指長時間不出家門、像是將自己包覆在繭裡的族群,失去上學和工作的動機,通常(不是絕對)不跟家人以外的人互動,即使是家人也經常不和他們直接接觸。類似狀況持續超過六個月才會被認定為繭居。在日本的十五至三十四歲人口約有一百二十萬繭居族(佔總人口數4.6%),近年來年齡層甚至

有升高的趨勢,平均年齡到二〇二〇年已經來到三十五歲。繭居當然不是日本社會的特產,臺日韓等國都有類似繭居或相關的問題。目前臺灣尚無確切的繭居統計數據,但約有一萬三千人處在失學且無業的狀態,約有10%的中學生有拒學的問題。義大利目前也沒有繭居族的確切數據,約莫有數萬到十萬之間的社會退縮個案和網路成癮有極高的相關性(Galbussera 57-58)。

繭居的問題大約從一九九〇年代開始在日本社會引起關注,帶動一些壓力團體的倡議,厚生勞動省因而推行相關研究和政策,意識到建立社會支援網絡的重要性。精神病學家齊藤環(Saito Tamaki)對於繭居族的研究和社會關注發揮了關鍵性的作用,他強調從「社會退縮」(social withdrawal)的角度看待繭居,視之為個人、家庭和社會的溝通失敗,但不必然和精神病症有關。齊藤環特別呼籲日本社會重視對繭居族的無知、冷漠和偏見。其他研究也發現繭居、社會退縮、拒學等相關問題,經常導因於不健全的家庭關係和父母親角色、幼年創傷、學校和職場霸凌、人際關係的失敗密切相關,悲傷、憂鬱、恐慌、憤怒、罪惡感等等,都是常見的情緒和精神困擾。青少年和邁向成人期(emerging adulthood)研究特別關注就業機會、教育、資訊科技等等對於自我身分認同、情感互動、人生觀和對未來的期望的影響,對繭居研究也有所助益。

繭居所顯示的社會退縮以及連帶的抑制性行為,似乎很難避免精神醫學的探討和診斷,繭居的社會退縮者──如果當事人願意這樣做──尋求心理諮商和臨床診療似乎也是很自然的事。精神醫學的評估會包含活動量、規律性、專注力、適應力、情感特質、反應強度等指標。經過臨床的評估判讀,繭居族顯示的情緒困擾、控制慾和侵略性,有可能依照《精神疾病診斷與統計手冊》(*The*

Diagnostic and Statistical Manual of Mental Disorders）第五版歸類為「分離焦慮症」（separation anxiety disorder）、「自閉症類群障礙」（autism spectrum disorder）、「畏避型人格」（avoidant personality disorder）等等。但是諸如此類的精神醫學標籤是否足以涵蓋繭居族的社會退縮和相關的行為，更根本的問題是，是否只能或必須從精神醫學診斷和治療繭居，都還有很多值得爭論的地方。

為繭居研究建立典範的齊藤環就反對把繭居的社會退縮完全套用到精神醫學病理的框架。他的《繭居青春：從拒學到社會退縮的探討與治療》（*Hikikomori: Adolescence without End*）[1]從一個令人悲傷的新聞事件開始。一九九六年十一月的東京發生一件父殺子的命案。一位努力工作的父親忍受不了繭居的兒子長期家暴，以球棒打死他。兒子缺課一年多，慣性對家人家暴力相向，母親忍受不了搬離家，留父親與兒子同住，最後發生悲劇。根據齊藤環的說法，類似的個案時有所聞，暴露日本社會長期對青年困境的冷漠和無知。

拒學、拒絕工作、拒絕外出、切斷人際活動和社會連結……諸如此類，都是繭居的基本特性，但是齊藤環認為拒學最為關鍵。什麼樣的人比較可能成為繭居族呢？是那些具有怯懦和服從性格的人嗎？齊藤環沒有提供確切的答案，畢竟許多個案都顯示人格特質從外向突然轉變成內向、沮喪，但是從統計數據來看，男性繭居族的比例遠高過女性，更加顯現在他們懶惰被動的外表下壓抑著嚴重的內心衝突。即便如此，齊藤環不認為應該過度誇大精神病理觀點，強調繭居無關乎和大腦病變相關的精神疾病，如果需要描繪出一個

---

1 中文書名參考心靈工坊二〇一六年中文版，英文書名引自二〇一八年英文版，日文原版 *Shakai-teki Hikikomori* 於一九九八年出版，引用頁碼為英文版。

病理系統，必須把家庭和社會納入其中（Saito 23-24）。齊藤環的研究依據的是他自己經手過八十多個個案，這些個案大多來自中產或更富裕、沒有太嚴重的問題的家庭，家中大多有超過兩個小孩，老大變成繭居族的比例最高（約60%），也許是因為他們承受較多的家庭和社會期待。

齊藤環首先拋出這樣的一個簡單的定義：繭居「是一種將自己囚禁在家中、不參加社會活動長達六個月或更久的時間，但是沒有其他心理上的疾病作為主因」（24）。根據齊藤環的解釋，社會退縮是繭居衍生的症狀，期間從二十三個月到十四年不等的個案都有；它是除了恐懼症和侵略性之外，最主要也最持久的症狀。社會退縮最明顯的特性是缺乏動機，個案平均三十九個月（有的更久）出家門，做什麼事都缺乏興趣。所有狀況幾乎都從拒學開始。但是拒學的原因很多種，只有一部分個案因為傳遞的訊號沒有被接收和妥善處理，情況惡化才走向社會退縮，個案的問題如果能夠得到解決，復學的機會就大大提升。

除了拒學之外，害怕與人接觸（anthropophobia）是社會退縮的另一個特徵，但兩者並非完全重疊。有些個案不見得害怕與人接觸，有些甚至還有朋友；但是如果退縮的時間延長，與他人維持關係就會愈來愈難。這種對人的恐懼有不同的表現方式，包括過度在意鄰居的眼神、害怕穿制服的人，一點小事都可能引起衝突，還有受容貌恐懼症所苦。齊藤環還發現繭居族容易固執於一些沒意義的行為和想法，像是書要依照邊線排列整齊、潔癖或反覆糾結聽到的一句話語。這些近似強迫症的狀態可能會隨著繭居時間的延長而變得嚴重，通常還會伴隨著暴力行為（40）。其他社會退縮的特徵還包括失眠、日夜顛倒和憂鬱，夾雜著孤力感、煩悶、空虛、絕望等

感受,甚至也會有自殺念頭。不少繭居族依賴父母似乎到了病態或退化的程度,從這一點也可以看出《繭居青春》英文版的副標題 "adolescence without end"(無盡的青春期)的寓意。

齊藤環一再強調間繭居或社會退縮不屬於任何單一的精神疾病類型,彼此應該有所區隔,但是他也指出繭居會伴隨一些精神疾病的產生,那些症狀反過來導致社會退縮的惡化。他將相關的精神疾病分成三類。第一類是「心因性」(psychogenic)疾病,主要是心理創傷造成的,大腦功能沒有確切的異常或損傷,包括官能症、歇斯底里、人格異常等都屬於這一類。第二類是「內生性」(endogenous)疾病,例如精神分裂(已更名為「思覺失調症」)、躁鬱症(已更名為「雙極性患疾」)、人格分裂患疾等,大腦功能出現異常。第三類則是包括癲癇、智能障礙、自閉症等與身體功能異常有關的外生性(exogenous)病變。齊藤環認為社會退縮和心因性患疾關係較為密切,但是不能因此推論任何必然的因果關聯。愈來愈多的醫生將社會退縮個案診斷為「畏避型人格患疾」(avoidant personality disorder),顯示社會活動的抑制、自卑感、對於負面評價過度反應等等,造成維持和建立人際關係的障礙。繭居常見的「學習動機消退」(student apathy)經常被診斷為和「退縮性官能症」(retreat neurosis),以自卑、對現況不滿的男性大學生為主要族群。他們盡可能避免與他人接觸,缺乏學習動機、人生方向和目標,無法感受和表達自己的情感,不確定對自己為何而活,他們過一天算一天,不想也無法做任何改變(Saito 60)。

當前的經濟、科技、社會與文化情境也許和九〇年代的日本不盡相同,但是齊藤環的《繭居青春》毫無疑問是後續的繭居研究頗具前瞻性的參考指標;他提出的「個人—家庭—社會」繭居系統和

社會退縮的深入研究,都有助於思考如何建立具有效能的醫療社會,以及理解當前碎形化精神政治情境下的身心困境,可作為本書第二部討論的延伸或註腳。此外,繭居者的存在狀態當然也是某種形式的無感與煩悶,契合本書探討的核心議題「倦怠」。繭居者足不出戶、隱身在陽光照不到的角落,齊藤環呼籲日本社會要體認社會退縮的事實,「它就在這裡!」他建議繭居族父母親避免說教和爭執,但是光只有鼓勵還不夠,而且愛也不是萬靈丹:當愛被誤解成無條件的支持,就有可能會演變成過度依賴,製造更多的衝突。繭居的問題需要專業協助,臨床治療和社會支援網路都需要家庭的協力。

　　即便社會退縮並非日本特產,不少社會學研究就和人類學調查都還是企圖探究繭居現象反映的日本戰後政經發展,以及社會組織、價值和信仰體系,甚至深入到家庭的情感互動。義大利家庭研究學者嘉布賽拉(Marisa Galbussera)指出,繭居族的社會退縮和對父母——特別是對母親——的過度依賴反映日本文化中的 *amae*(嬌寵)。根據嘉布賽拉的研究,日本傳統的 *amae* 可以回溯到新生嬰兒時期的母子關係。當小男嬰開始熟悉環境,意識到有時候會和母親分開,*amae* 就開始產生作用;他會渴望靠近母親,養成對母親的依賴,而母親在傳統道德的制約下,總是會以成為依賴的對象為職責和榮耀(Galbussera 62)。於是我們看到「溺愛和依賴」成為某種道德和情感理想或要求,即便很難達到百分之百的和諧。這樣的嬌寵模式甚至成為日本傳統中的友誼和愛情的理想型,那意謂著近乎心電感應、前語言的、毫無秘密可言的關係(Galbussera 62)。這樣的關係模式放到社會運作的層次來看,等於是將依賴和從眾行為當作凝聚社會整體基礎(Galbussera 63),也無形中強化了恥感

的社會壓力,也就是因為達不到那些理想而感到羞恥。這樣的恥感在繭居族自己、家庭成員和社區的反應都格外明顯。

當母親在日本家庭裡負擔如上述的情感勞動,父親的角色也同樣值得探討。根據嘉布賽拉的研究,日本男性的世界是一個父親缺席的世界。日本男人被努力工作的社會壓力和競爭的氣氛壓得喘不過氣,在家裡又大多是太太負責打理大大小小的瑣事、照顧家人的情感和人際關係,因而活在一種情感極度沉默或壓抑的狀態,甚至落入「述情障礙」(*alexithymia*)的困境,失去感受和表達情感的能力。若說繭居族複製了這樣的父親形象,應該是合理的推論。繭居族和他們的父親一樣,把自己囚禁在一個沒有情感的、疏離的世界,也許差別在於繭居族表達了對於社會更強烈的憤怒和不滿(Galbussera 66)。

具有國際研究專長的美國記者和作家齊倫茲格(Michael Zielenziger)於二〇〇六年出版的《遮蔽太陽:日本如何創造失落的一代》(*Shutting Out the Sun: How Japan Created Its Own Lost Generation*),透過人類學式的訪談和觀察,提供深入的個案分析和宏觀的歷史視野,堪稱齊藤環的《繭居青春》之外另一部繭居研究的經典。齊倫茲格認為,日本沒有真的從八〇年代後期的泡沫經濟破滅中再起,也可以說是看不見成長的跡象,沒有能力拋開僵化的政治體系,欠缺強有力、有遠見的創新和領導,引領日本的重生之路。整個日本似乎就只是漠然向前,失根的拜金主義淹沒了希望,隨之而起的是苦悶、酗酒、憂鬱、沮喪和憤恨,過勞而死的個案每年都數以千計(Zielenziger 8-9)。把視角轉向更早之前,例如從城邦社會到現代社會,齊倫茲格甚至認為日本一直存在著適應不良的問題,而且日本人頗負盛名的包括「服從」、「義務」、「犧牲」

等道德原則並沒有為這個民族的血液注入太多的包容和憐憫；在二次大戰後的數十年的時間裡，日本似乎還沒形塑出什麼精神價值療癒整個國家的創傷（Zielenziger 121）。齊倫茲格就是在這樣的脈絡下談繭居的問題。

　　對於繭居和精神疾病的關聯，齊倫茲格和齊藤採取相同的立場，不認為社會退縮可以等同於精神分裂、憂鬱症、精神病或其他精神疾病。他從訪談的個案中發現，有時間長短不一的繭居經驗的年輕人大多對於日本社會運作的規則有所不滿，繭居對他們而言如同是情緒關閉和行為罷工，也就是他們透過繭居在表現對主流文化的反抗，在抨擊和抗拒讓他們感到無能和一文不值、讓他們失去個體性也壓制了整個國家重生契機的日本社會（Zielenziger 121）。

　　齊倫茲格頗為關注日本的社會、精神和價值體系。日本社會重視服從、紀律、自制和群體和諧，間接使得繭居成為一個羞於啟齒的話題。這樣的狀況是否如齊倫茲格所說的，反映了日本人對於困境總習慣逆來順受，整個社會似乎習慣淡忘（41），也許還值得爭論。但可以確定的是，繭居暴露了父母與小孩甚至個社會情感表達與互動的困境或失能，乃至於繭居個案經常發生家庭暴力。齊倫茲格借用曾任日本政府閣員的早稻田財經學者堺屋太一（Taiichi Sakaiya）的觀點指出，日本民族長期以來信奉情境式的、相對主義的、同時也是比較務實的道德價值和信仰體系，作為他們人生的指導原則，這也使得他們沒有發展出一套有別於西方基督教絕對化的神靈訓示和固定的道德地圖（124-25）。也是因為這樣的體系使然，日本在現代化過程雖然持續效法西方的發展，卻不太熱衷將西方的哲學與宗教底蘊和包括個體、探究、冒險等文化思維基礎融入社會肌理（126）。

暫且不論齊倫茲格是否有西方價值本位主義的疑慮，順著他的理路來說，他把整個日本看成是一個「繭居民族」，似乎並不令人感到意外。日本在過去一百多年來持續受到一股追趕和超越西方的衝動的驅使，不斷仿效外來的模式，卻漠視內在的情感和良知的薰陶。借用齊倫茲格的話，「日本享受著他們奇特的內在性，或者說至少看起來順從唯我的（solipsistic）命運，無法想像一個不同的未來，可以愉悅地和外人互動和共享」（265）。

除了如上討論的齊藤環和齊倫茲格之外，日本京都大學精神分析教授泰揚（Nicolas Tajan）的《當代日本的精神健康與社會退縮：繭居光譜之外》（*Mental Health and Social Withdrawal in Contemporary Japan: Beyond the Hikikomori Spectrum*, 2021）也堪稱當前較有系統的日本繭居研究。泰揚的研究綜合了拉岡精神分析、臨床精神病理、精神健康歷史與人類學，描繪出繭居的跨領域視野，同時關照精神健康、病痛和受苦的經驗與意義，以及必要的文化、臨床和語言支援網絡。

事實上本書導論和第一部談的各種身心症，或多或少都顯現不同程度和形式的社會退縮，泰揚甚至把社會退縮看成是「神經衰弱」（neurasthenia、*shinkeishitsu*）最主要的特性，也將神經衰弱當作繭居的祖先。一如身心症的診斷與醫治充滿了曖昧與不確定性，精神科醫師面對繭居族也容易無所適從，畢竟繭居個案並不全然符合現有的臨床定義和分類。即便有過各種嘗試要將「繭居」獨立成一個臨床類別或加入現有的「文化專有症候群」（culture-bound syndromes），都無疾而終，沒有獲得廣泛的認可和共識。這些難題除了牽涉身心症和繭居的複雜本質之外，也和（日本）精神醫學體制自身的權力效應（也就是發揮的生命與精神政治治理效應）、理

解和處置精神疾病、甚至整體作為社會性受苦的病痛密切相關。根據泰揚的研究，日本的精神醫學傳統先後受到德國與美國的影響，較強調精神疾病的生物和遺傳特性，不僅具有達爾文主義色彩，更是重視全體秩序的社會與政治權力的工具。更值得一提的是，正當歐美國家在一九六〇、七〇年代開始精神醫學去機構化——也就是尋求精神病院以外安置精神病患的可能——的潮流，在日本反而出現機構化的浪潮，在在都為救治和協助繭居造成困難。面對這樣的困境，泰揚主張我們也許可以試著從「痛苦的習語」（idiom of distress）而不是「症候群」（syndrome）思考如何面對繭居的問題。這表示必須要理解繭居族如何透過憂鬱、成癮、社會退縮等等表達痛苦，以及他們在家庭內外的各種創傷和掙扎。這樣的取徑和本書第一部第七章「作為社會溝通與受苦的身心症」的方向頗為契合。

我們可以透過泰揚訪談的一個個案來了解繭居族的處境。上山一樹（Ueyama Kazuki）是泰揚訪談的一個走出繭居的個案。他在二〇〇一年出版過自傳 *Hikikomori datta boku kara*（為曾經是繭居族的我），二〇〇七年接受過齊倫茲格訪談，於二〇一三年七月由泰揚與立木康介（Tsuiki Kosuke）在京都大學合辦的論壇中發表論文。上山原本的人生規劃是成為一位社工人員，上山在高中階段受到同學欺凌，導致控習慣性經常跑廁所，無法專心學業，最後輟學。上山的父親拋棄家庭，母親獨力照顧上山，他斷斷續續上了一些高中，所遭受的暴力對待都讓他走上拒學和社會退縮這條路。他的生活日夜顛倒，完全隔絕在世界之外，沮喪絕望讓他覺得自己像是「被丟棄的肉塊」（Tajan 157）。上山斷斷續續地看診，但總是排斥醫生的診斷。上山還有辦法和他人維持關係，但擺盪在憤怒、恐慌、無助和極端的自我鄙視之中；他對自己的身體和體液（包括精

液、尿意和糞便）不正常的反敏感應也嚴重干擾他的人際關係。

繭居的上山一樹並沒有放棄和外在世界建立關係，他和一個女人發展出一段短暫的戀情，也受邀到大學分享自己的繭居經驗。他把自己和其他繭居族看成「倖存者」，有人選擇順從社會而結束繭居，也有人努力忘記那段過往。這些不同的態度和抉擇提醒我們，避免把繭居族看作一個同質化的整體，也不應該把他們套入單一的臨床病理標籤和學科方法。這樣做也是為了要更貼近他們的真實生活經驗和各種掙扎，避免忽視或否定他們的主體意識。

當許多研究者經常以十九世紀美國小說家梅爾維爾（Herman Melville）筆下的抄寫員巴特比（Bartleby）作為譬喻，描述被現代社會的各種要求壓得喘不過氣的受害者失去改變的可能、對一切變得無感、被動地一天過一天，於是創造出所謂的「巴特比症候群」這樣的病理標籤。繭居族患有「巴特比症候群」嗎？這個問題牽涉到有關巴特比這個角色的文學詮釋自然不在話下。巴特比對於任何要求習慣性的回應「我寧可不要」算不算一種最低限度的拒絕或反抗？日本繭居族是不是也在拒絕或反抗日本人的身分認同和主流的社會和道德價值，以及新自由主義的跨國情境：金錢、利益和效率入侵個人生活的每一個層面？

已故的法國哲學家拉圖（Bruno Latour）的《封城之後：一種變形》（*After Lockdown: A Metamorphosis*，2021）以卡夫卡《變形記》裡的者角葛瑞格的變形作為譬喻，跳脫常見的人類中心框架，提出對COVID-19疫情下的生命情境的反思。拉圖認為封城雖然限制人們行動，卻也給予人們重新認識自身生存情境的契機，不再望向遙遠的無限的星空，好好地注視、體驗各種物質交纏的地球。可不可能繭居也可以是一種跳脫我們以為常的人類中心框架──包括所有

主流的經濟生產、社會期待與價值——的變異,因而可稱之為一種「後人類型式的主體性」,如同泰揚在的研究裡也在思索但是沒有提供確切答案的問題?即便如此,他不僅肯定繭居族展現一種教育和社會環境無法體驗的主體性,他們有他們的慾望、需求和反抗等著被理解、同理或回應,他們的存在能夠帶動社會改造的潛能,讓父母、家庭、朋友、照護者、教師、研究者、記者、非政府組織成員等等團結在一起(175-76)。

用泰揚自己的話作結:我們需要的是「一種社會感受力,承認繭居族不可以被化約成精神疾病或失能。繭居族是獨特的,是一種非理性的再起。事實上非理性一直都存在,只是被隱藏著,最後終於找到了一套新的詞彙。繭居族既獨特又多重」(236)。

外掛四
何謂「述情障礙」？

「述情障礙」（alexithymia）一詞是由美國精神醫學專家西凡尼歐斯（Peter Sifneos）於一九七三年所創。"alexithymia" 源自希臘文，否定字首 a 表示「欠缺」，lexi- 指「文字」，thymos 則為「情感」，合併起來字面上的意思是「欠缺表達情感的文字」。西凡尼歐斯同時設計了「貝斯以色列醫院身心症問卷」（the Beth Israel Hospital Psychosomatic Questionnaire），比較身心症、精神官能症和人格患疾病人出現述情障礙的比例，結果是身心症病人——特別是加上成癮和人格患疾——的比例較高（Taylor, "History" 2）。述情障礙表示個體處理情感經驗的認知能力有所欠缺，想像力受到明顯的限制，幻想生活極為匱乏，以至於無法以語言生動地表達和闡述情感經驗；他們的描述經常顯得沉悶，看不出起承轉合的區隔與進展。他們無法與他人產生情感共鳴，容易做出衝動的行為。種種情緒上的障礙會表現在身體症狀，也就是會產生「體化」（somatization）的現象（Ogrodniczuk et al. 190）。

以上述情障礙的簡要定義較屬於醫學專業範疇，但是和本書從不同角度探討的倦怠，都能產生連結，我們甚至可以確定兩者的密

切關聯。從一個廣泛的角度來說，倦怠涵蓋包括無感、缺動機等情感和精神狀態。倦怠者如同奧地利小說家穆齊爾（Robert Musil, 1880-1842）《沒有個性的人》的主人翁烏爾里希（見本書導論），像是個沒有個性的人，消極被動地面對現實；他們長期生活在單調乏味和無可奈何的冷漠之中，時空經驗無盡延長，和他人環境與世界失去連結。這些特質都顯示某種程度的述情障礙，也經常出現在繭居個案。

事實上本書第二部「邁向資本主義的精神政治批判」討論的當前符號資本主義和數位科技時代下代的各種精神困境，其中有不少都和述情障礙相關。舉例而言，史蒂格勒談的「象徵性困苦」（symbolic misery）可以被解釋成「象徵性和情動力的堵塞」（*Symbolic Misery* 8），人們切斷與他人的連結，失去愛自己和愛他人的能力。沉迷於資訊科技的人不分晝夜忙著使用手機和電腦，玩遊戲、輸入訊息或漫無目的地逛網頁：他們變形為「社蟲」（social insects），對各著種資訊和影像刺激做出反覆、重複的反應，對於自身的行為欠缺記憶和自我體察。貝拉第也分析了符號資本主義時代的認知勞動帶來的經驗的匱乏或扁平化；資訊域的超高度連損耗我們的共情（empathy）能力，推向宅居的封閉狀態。貝拉第的《英雄：大屠殺與自殺》分析的幾個無差別殺人事件反映符號資本主義和擬像社會帶來的虛擬化和破碎的現實，以及原子化的個體，再加上不穩定的勞動狀態和債務的普遍化，特別是年輕世代的未來提早被掏空，身心處在一種極度緊繃且耗弱的狀態。那些個案主角或多或少都有述情障礙，他透過暴力發洩尋求解脫，毀滅別人也毀滅自己。

述情障礙的臨床研究主要是由西凡尼歐斯和尼米亞（John

Nemiah, 1918-2009）（任職美國麻州總醫院精神病院區主任）在一九六〇年代開始推動。尼米亞和西凡尼歐斯都是精神分析訓練出身，研究和臨床專長涵蓋身心症。他們接觸的身心症個案似乎有某些常見的經典病痛，包括十二指腸潰瘍（duodenal ulcer）、類風濕性關節炎（rheumatoid arthritis）、支氣管哮喘（bronchial asthma）、潰瘍性結腸炎（ulcerative colitis）和異位性皮膚炎（atopic dermatitis）。這些身心症病人經常處在無助和絕望的情緒風暴，對醫生的情緒狀態也造成一定程度的干擾。他們很難清楚辨識和描述他們的感覺，想像力也明顯減弱；他們的情緒失認症（emotional agnosia）已和「視覺失認症」相去不遠（Taylor, "History" 2）。除了西凡尼歐斯和尼米亞之外，以馬蒂（Pierre Marty, 1918-1993）為首的巴黎身心症學派（The Paris Psychosomatic School）也在述情障礙的研究和臨床治療扮演重要角色。他們致力辨認會造成肉體疾病的精神狀況，他們與西凡尼歐斯和尼米亞對於述情障礙提高生理疾病風險似乎達成共識，差別在於西凡尼歐斯和尼米亞專注於情感和感覺的問題，巴黎學派則倚賴包括心靈能量、刺激、欲力（libido）與死亡本能等傳統的佛洛伊德精神分析概念（Taylor, "History" 3）。

有別於巴黎身心症學派的佛洛伊德色彩，本身是納粹奧辛維茲集中營倖存者的波蘭裔美國籍精神科醫師克里斯塔爾（Henry Krystal, 1925-2015）在述情障礙的問題上，就反對採取佛洛伊德的本能理論。他從藥物濫用和後創傷症狀的個案看到述情障礙的特質，主張童年初期的創傷會發展成情感去語言化（deverbalization）、去差異化（dedifferteniation）、再體化（resomatization）等情感障礙：簡而言之，身心症導因於情感的肉體元素和語言表達失去連結（Taylor, "History" 5）。但是克里斯塔爾借用馬蒂的理論區分出兩

種體化模式。一種是經由退化的體化：心智化還可以運作或只有些微損傷，心靈接受的刺激暫時超出負荷，欲力因而從心靈退回肉體，導致一些相對來說無害的障礙，像是頭痛和背痛。另一種是本能掙脫束縛造成的體化：心智化功能明顯受損，死亡本能（也就是侵略性）力道增強，失去幻想和夢境營造的能力，造成生理運作的失序（Taylor, "History" 5）。

除此之外，英國精神分析學家比昂（Wilfred Ruprecht Bion, 1897-1979）關注母親與嬰孩的關係對於嬰孩的心智與情緒活動的影響。嬰孩未發展的原初情感（betta元素）需要作為主要照顧者的母親的回應、引導和協助轉化（alpha元素）。透過這樣的情感互動與交換，幼兒逐漸發展出自己的象徵化（也是心智化和口語化）的能力，將情緒與知覺印象轉化成影像，成為夢境營造和語言再現的材料。但是這樣的運作並非總是風平浪靜，而是會因為創傷而受損，那些未轉化的betta元素就會透過無意識的行為得到釋放，或者撤離到身體（Taylor, "History" 6），製造一些症狀。

即便述情障礙的各家學說有各自的方法和關注，大多有志一同地將它定位為一種情感的心智再現的匱乏；在這種狀況下，個體所察覺到的變成不適的體感或衝動，而非可以辨識的和可以傳達給別人的主觀感覺。當情感的起伏失去與影像和文字的連結，等於沒有受到妥善的引導或規範，就會導致包括述情障礙的各種患疾（Taylor, "History" 7; Porcelli and Taylor 107）。當然，到底應該從「匱乏」、「防衛」或其他角度理解述情障礙，還有很多爭論的空間。我們也可以說述情障礙是因為思想和感受之間的「阻塞」麻痺了心智運作，造成人格分裂，個體無法在意識的層次上經驗到創傷，或者創傷無法在心靈的層次上被再現，因而也不會被記得；這種「解離」

（dissociation）經常發生在藥物濫用的病人甚至集中營倖存者的個案。[1]

如同藥物濫用、集中營倖存者等述情障礙個案、以及更廣泛的身心病顯示的，情感和病痛的經驗不可能脫離特定的社會、文化政治、經濟或科技情境，這是本書一貫的理念。當我們從這樣的角度理解述情障礙或其他類型的精神困境或病痛，我們等於是要將族裔與種族、年齡、教育背景或程度、性別等等因素納入考量。本書在第一部第七章「作為社會溝通與受苦的身心症」和外掛三「無家的家人：淺談繭居族」都有討論過類似的問題。就述情障礙而言，男性的障礙程度和個案數都比女性高，這也許是因為在許多社會裡，男性與女性的傳統形象（或刻板印象）和社會期待的分化，使得男性「傾向上」──當然不必然也不應該如此──較不擅長感受、描述和傳達自己的情感狀態。

不同的文化傳統也會形塑不同的情感表達方式。萊德（Andrew G. Ryder）從他所做的文獻考察發現，一些針對加拿大大學生的研

---

[1] 集中營或是其他重大災難和暴力的倖存者，身心受到難以想像的摧殘，他們的語言、記憶、情感和其他能力都嚴重受損，但是對他們而言，活下來就是要說故事，說故事成為他們唯一的存在理由，即便他們可能說著前後不連貫、支離破碎、甚至無人能體會的故事。他們劫後餘生的敘述、回憶錄、傳記或證言到底再現了什麼真相？沒有經歷過相同災難的讀者如何接收這些倖存者企圖傳達的訊息？後大屠殺或後災難的證言和見證衍生出許多哲學、文學、歷史、精神分析、倫理學等學科的研究議題。Giorgio Agamben, Jean Améry, Jacques Derrida, Shoshana Felman, Dori Laub, Dominick LaCapra, Paul Ricoeur, Annette Wieviorka 都在這些問題上提出卓越的見解。相關文獻請參考黃涵榆〈「歷史可以被原諒，但不能遺忘」，或生命的歸零？有關檔案、見證與記憶政治的一些哲學思考〉考〉，《文山評論》第六卷第二期，51-92，以及《閱讀生命政治》。

究結果顯示,亞裔學生的述情障礙指數和身心症的比例都高過非亞裔學生,研究者推論是因為亞裔學生的原生家庭和文化較不重視個人情感經驗和表達,較強調人際關係和社會和諧與秩序,使得他們的「外向型思考」(externally oriented thinking, EOT)較其他非亞裔學生明顯(Ryder et al. 40),也就是說,他們更遵守或依賴外在的規則和秩序。此外,即便教育不是身心健康的絕對保證(高學歷或學術光環更不一定是!),甚至過重的學業和工作負擔經常會是主要的壓力源,理想的教育應該要能夠提升口語表達和情感照料的能力,豐富想像與情感生活。諸如此類各種不同情感養成的因素錯綜複雜,都還需要進一步更細緻的研究印證,但同時也許肯定會碰到超出量化研究和通則的個別差異。

從心理社會學取向的身心症研究觀點來說,健康與疾病會受到生理、心理、行為、社會的多重因素影響,使得病痛會衍生病痛行為(illness behavior),涵蓋身體症狀的主觀感受和詮釋、疼痛與失能的行為表現、醫療照護的需求、復原的考量和選擇等等面向。研究顯示幼年的創傷容易導致述情障礙,連帶發展出重度吸菸、酗酒、嗑藥和暴食的習慣;慢性病和長期的醫療處置都有可能引發述情障礙(Porcelli and Taylor 106)。大部分的研究都會推論,述情障礙程度較高的個體較容易發展出身體上的疾病,但是無法因此證實述情障礙是身心症直接的原因(Porcelli and Taylor 105),如同本書討論倦怠一貫主張「多重決定」(overdetermination)的立場,避免單一歸因和簡化的因果論。

述情障礙者很容易經驗到強烈且不愉快的肉體反應,或者說他們只會接收到不舒服的感覺,而且認為那些感覺是病態的,覺得自己的身體什麼地方不對勁。許多研究都已經證實,述情障礙者將經

驗到的情感轉化成意識層次上的感覺的能力受損，導致不愉快的肉體刺激與反應被強化，也就是說，他們的情感欠缺合適的心智再現（Porcelli and Taylor 107）。這種情況自然會影響他們的病痛行為。首先他們可能會把伴隨著情感刺激而來的反應誤解成病症，因而尋求不必要的醫療協助，當然也有人可能恰好相反，延誤或拒絕尋求醫療協助，因為他們缺少正確詮釋病症的技能。另一類人則是發展出適應不良或不健康的行為，例如衝動性的嗑藥和酗酒、賭博、暴食等等，藉此調節讓他們感到不舒服的感官刺激（Porcelli and Taylor 108）。

討論到此，我們應該不難理解述情障礙者在進行社交互動——如果他們願意——的時候，特別容易感到不舒服，甚至想要避免社會關係。面對這種狀況，我們不難看到述情障礙和EQ（情緒智商）的連結。EQ有問題的人到處都有，路上開車、商店結帳櫃檯、捷運、辦公室、教學現場……但是他們不一定都符合臨床所定義的述情障礙者。研究者會透過類似Mayer-Salovey-Caruso情緒智商測驗（MSCEIT）、情緒智商測驗（Emotional Quotient Inventory, EQ-i）、特質性情緒智商問卷（The Trait Emotional Intelligence Questionnaire, TEIQue）等等，確認述情障礙和EQ的重疊，也就是述情障礙和負面的社會關係之間的連結，其中當然包含與他人合作和情感共鳴、付出和接受關心、成為建設性的社會群體成員的能力受損（Gyrnberg et al. 175）。這不表示述情障礙者較具獨立性，事實正好相反，因為（如上述）有不少研究發現述情障礙者來自集體主義文化的比例遠比個人主義文化高，問題出在他們較欠缺情感表達的能力，又害怕被拒絕，因此和他人保持疏離的關係（Gyrnberg et al. 176）。

在情感共鳴的問題上，倒不是說述情障礙者對他人的痛苦無

感,應該是說他們無法與他人產生情感共鳴的原因在於當他們看到別人的痛苦的時候,他們的反應是他們自己會感受到更強烈、更難以忍受的痛苦,藉此避免採取利他的行為和共享(社會)情感(Grynberg et al. 181),甚至有可能會發展出反社會人格。沒有比較,沒有傷害,述情障礙者與他人的任何接觸都有可能是競爭、是傷害。他們也有可能變成「馬基維利主義者」(Machiavellian),也就是憤世嫉俗、工於心計、懂得偽裝、喜歡操弄的人(Grynberg et al. 182)。

事實上,目前有關述情障礙的研究碰到了一些瓶頸。首先,這些研究大多依賴問卷和量表,自我評量似乎成了唯一的工具,但前提是填寫者自我體察、理解和描述情緒的能力有所欠缺,恐怕需要有方法更多元的情感研究和評估。現有的研究樣本數和病人來源都不夠多,限制了研究結果的可概括性。此外,包括基因學、腦科學等新興研究領域還沒有被納入,理論與臨床實務也還有待整合(Porcelli and Taylor 120-21)。

綜上所述,我們應該不難理解述情障礙為何會是精神治療的難題。整體而言,述情障礙的臨床治療主要的目的是要協助病人了解他們的情感狀態,進一步規劃生活和行動,進而傳達情感經驗讓他人了解,改善人際關係(Ogrodniczuk et al. 190)。然而,述情障礙者的「病痛行為」還是為實際診療過程中的醫病關係製造不少障礙。述情障礙者欠缺情感察覺的能力,對於內在經驗、幻想或夢境性沒什麼興趣;他們顯現極為明顯的「外向型思考」和行為模式,依賴規則、規範和他人的期待或指示。這些特質讓他們在實際的分析過程裡表現得有些疏離,經常用一些平淡乏味的詞語和口氣,像是機器人般複誦一些瑣碎的細節和事件。分析師如果更主動引導

（或略施壓力）他們討論他們的感覺，就很有可能會引發們的症狀。換言之，分析師的挑戰在於引導病人修復辨別、口說和討論主觀經驗和感覺的意願和能力。

這樣談下來，我們似乎很容易斷定述情障礙者會刻意抗拒治療，甚至拒絕尋求醫療協助，或是不願意承認自己有情緒障礙，堅信自己只是身體出問題。但是事實上，針對述情障礙者的就醫態度的不同研究，結果也不盡相同，因此我們不應該一概而論。而且，述情障礙如同社會退縮有程度的差別，光譜的一端也許是比較持久和僵化的人格結構，但有的個案會隨生活情境而變動。在相信和實踐精神醫學診療對於改善障礙者身心困境的同時，我們也不應該將任何一種治療程序絕對化或神聖化。不少研究和實踐已經發現，團體治療對於述情障礙者有顯著的效用，但是也有研究顯示截然不同的結果。但對精神醫學從業人員來說，還是得相信述情障礙的治療效用，也許營造一種不帶競爭意味、友善的談話氛圍是必要的開始。

本書的附錄〈變成另一個人：論馬拉布的「塑性」與腦傷〉顧名思義探討當代法國哲學家馬拉布（Catherine Malabou）的神經科學的塑性（plasticity）腦傷，還會再繼續述情障礙的討論，特別是否定型塑性連帶的漠然無感的情感狀態，一種人格劇烈變化、「變成另一個人」。

最後我必須澄清的是：我們不需要到貝拉第的《英雄：大屠殺與自殺》分析的那些無差別殺人事件，或是如艾希曼如此極端的範例（見鄂蘭《平凡的邪惡》或本書導論「煩悶簡史」），才能談論和理解述情障礙，無法同理他人、無法與他人產生情感共鳴。試想我們的年輕世代日以繼夜沉浸在抖音餵食的迅速跳動、片面而斷裂

的影像和資訊,也不乏政客把抖音當作洗腦工具,年輕世代是否正不斷被植入述情障礙的迷因?日前造成中壢家樂福火災的燃燒瓦斯罐挑戰和新北土城中學生割喉案使用的折疊刀也都和抖音有關。許多人走在路上或過斑馬線雙手和眼睛不離手機,一家人外出用餐各忙各的手機活動而沒有任何交談或互動,我們和述情障礙的距離並不如我們想像的那麼遠……

待結
我們還能怎麼活著？

　　超時工作、資訊超載、過度連結導致與他人和世界失去情感連結、倦怠、情感與道德匱乏、象徵性困苦、集體失能、喪失想像力⋯⋯這些都是本書討論過的當代精神政治困境，它們所反映的時代現實有不同的命名方式，包括自動化虛無主義、碎裂的年代、新野蠻主義、「例外狀態常態化」、自殺體系⋯⋯。許多問題也許導因於各種層面的加速，但我們不應該將速度物化，只習慣或順從同一種生活和工作步調，甚至把加速、生產力和效率無限上綱成絕對的指標或要求，甚至連教育體制也都無法自外於這樣的運作和治理模式。結果是我們逐漸失去對不同生活層面和生命經驗的不同速度、節奏和路徑的體察，以及不同的時間的使用方式，畢竟時間從來不是、也不應該只是一種可量化的客觀存在，各種時間軌跡沒有也不應該形成一個單一的系統。

　　各位讀者跟隨著這本書到這裡，如果是在尋找克服倦怠的簡便建議或解方，不知道會不會覺得有些失望？似乎這本書沒有提供任何淺顯易懂、容易遵循和實踐的SOP。甚至敏感的讀者也許會察覺，作者對於簡便的SOP或「藥方」有些過敏和抗拒。我能夠也願

意做的是描繪一些思想路徑，幫助讀者理解倦怠的各種圖像和面向，我深信如果有什麼方法能夠擺脫倦怠之苦，包括改變生活步調和價值觀、尋求專業醫學的救治、改善勞動條件的公共政策倡議，都始於我們試圖理解造成倦怠的各種內外在因素。

如果加速造成很多問題，自然就會有人把「減速」當作可行的解方，問題是減速的條件和目的是什麼。我們的確都需要好好「休息」（包括各種消費和旅遊），但是休息的目的是什麼，我們賦予休息什麼樣的價值？是為了走更長遠的路，恢復自己的工作動力，讓自己更具生產力嗎？這樣的休息是不是要和工作得到平衡，但是「生活與工作的平衡」和（真正的）「休閒」是一樣的嗎？

道靈（Danny Dorling）的《大減速：飛躍式成長的終結，後疫情時代的全球脈動及契機》（*Slowdown: The End of Great Acceleration–and Why It's Good for the Planet, the Economy, and Our Lives*）在有關速度的問題上指出，人類文明的運作在過去幾十年以來，已經從加速發展到減速，藉此維持系統穩定運作。這樣的立場非常值得商榷，如同在面對COVID-19疫情的時候，也有人士和政府主張讓感染和死亡人數飆高之後，資本主義和生態體系就會減速。然後呢？一切自動回歸常態，將「與病毒共存」當作絕對真理，什麼事都不要做，醫療資源的分配、人類社會移動、飲食、生產的方式都不需要改變？

事實上人類社會早就不缺乏各種減速的設置，各種休閒和旅遊活動、節慶和相關的「情感商品」（emodities）都提供了某種形式的減速或「留白時間」的體驗。市面上已經有不少有關克除倦怠的「建議」和「教導」的出版品，提供了許多淺顯易懂的方法步驟。舉例來說，麥克斯・法蘭佐（Max Frenzel）、約翰・菲茨（John

Fitch）的《留白時間：停止無效努力》（*Time off*）主旨在於梳理生活的開與關，練習避免過度勞累，讓我們變得更有效率且更有創意，保留暫停和更新的機會回來做自己（13）。作者一再強調超時工作不能保證工作品質，好的工作品質才是重點。該書描寫個領域傑出人物如何懂得留白時間，經營自己的閒暇；作者認為想當個有效率又有同理心的領導者，一定要學會享受閒暇（17）。他們提供讀者休息解壓的四大要素：放鬆、掌控（生活步調和方向）、精進（練習與提升生活和工作技能）和抽離（心無雜念）（98-100）

目前書市裡類似《留白時間：停止無效努力》這一類的中英文版品不算少，都算時間與生活管理的自助或DIY參考書。有些會結合冥想、瑜伽、正念等技術，教導讀者如何紓解壓力、放鬆情緒、調和身心靈，或是拿回自己的時間、做自己生活的主人。讀者不妨到書店網頁輸入 "do nothing"、"slow down"、「慢活」、「躺平」、「減壓」或「壓力管理」等關鍵詞搜尋書目，依個人所需和閱讀習慣選擇合適的材料。

回到本書的思想脈絡。本書在韓炳哲和論「煩悶」與「專注」的篇章裡討論過煩悶的各種面向。基本煩悶（或深層無聊、「少一點我的多一點」）意謂著不同的時間刻度、速度和感受，重新丈量快與慢，可以讓我們找到一個可以稍微放鬆、不那麼疲於奔命的速度和身心的運作狀態。如果我們願意，煩悶也可以像是我們面臨意義和理性的缺席、存在的鴻溝，是自我質問和體察的時刻，解開自我的束縛，沉浸在世界之中，重建與他人和世界的連結。在這樣的時刻裡我們也試圖鬆開各種「真知灼見」或「宏大敘事」（grand narratives），不論是進步史觀、宗教意識型態、效率崇拜、成功神話（success myths）、偉大志向等等。這些當然是需要練習和觀照

的工作，姑且可以稱之為煩悶倫理學和美學。

二〇二四年學測的中文作文題目是有關「縫隙」的想像。如果我們從這邊討論的煩悶的角度理解「縫隙」（或是反過來從縫隙理解煩悶），縫隙也可以是一種有別於緊密安排、強調效率的線性時間的停頓、留白、懸置、鑿空、分岔、轉向、迂迴等不同的可能，不同的獨特性的片刻。這對生活作息被繁重課業綁得死死的高中生而言，不只是一道作文題目，更是至關重要、值得練習的自我觀照和生命技術的課題，對朝九晚五的上班族不也是一樣重要？這樣的體驗和技術也等於是從否定性中開展出可能性，如挪威哲學家斯文森（Lars Svendsen）（見本書外掛一）所說的，「某種空虛會出現在煩悶之中，那可能（但不必然）是一種感受力。煩悶將事物從它們固定的脈絡裡拉出來，讓事物能夠有新的配置也開展出新的意義……煩悶因著它自身的否定性蘊藏著一種肯定性的轉換的可能」（142）。在煩悶之中，「少一點我的多一點」，少的是身旁的人和接收的資訊和刺激，多的是喘息、放鬆和專注。少的和多的都出自我們的孤獨，讓我們有餘裕可以審視有限的選擇，而不是漫無目的、疲於奔命想滿足某些要求和達到某些目標。面對不論是煩悶或任何一種形式的倦怠，不管用什麼方式試著放開或者體認（加強）控制可能會適得其反，都是值得練習的工作。煩悶和倦怠沒有特效藥，但是我們也不會注定只能不抱任何希望忍受身心折磨直到被榨乾為止。

如果這裡談的煩悶（和倦怠）倫理學和美學是可能的，也會和希頓在《專注生態學》提出的「專注生態智慧」（attentional ecosophy）（見本書外掛一）若合符節。作為一種反抗「專注體制」的分心或「低度的專心」，關係到辨識和篩選訊息與刺激的技能；

它需要的不是單一器官的能力,而是一種身心不同功能動態的協調,讓我們不會習慣於或被制約只專注一種聲音和資訊,能夠與他者環境和生命世界持續進行交互作用、情感調和和即興演出。

當然我們必須了解,這樣的煩悶和倦怠倫理學和美學以及專注生態智慧,都必然經由社會、政治和科技所建構。如同史蒂格勒(見第二部第四章)新的社會形式、與科技共生的新方式和新的生命形式,都必然關乎包括關懷、尊重、羞恥感、正義等道德感的陶冶,以及「思考」、「實作」和「生活」三種知識和技能的統合,而非只是盲目崇拜控制和效率的工具性知識與技能。史蒂格勒的藥理學體系不能被簡化成任何科技決定論的烏托邦或反烏托邦,也就是說,不是無條件地接受或抗拒與科技共同演化的現實,而是要尋求一種穿過、但不會停留在他所談的「新野蠻主義」的解藥,能夠「中斷」整個數位資本主義的計算系統,「穿越它、與它同行、躍過它」(*Age of Disruption* 290)。史蒂格勒這樣的思維類似貝拉第企圖在封閉的重複迴圈裡,尋求哲學與美學的療癒,也就是創造分歧、偏離或斷裂,打開新的經驗可能性。這些思維和企圖都是著眼於找回想像力的重要性,建立超越新自由主義企業治理和世界觀的新感性。要如何從理念或理論進入日常生活的實踐,也許不是馬上立竿見影,但是不說別的,活在高速移動、變動環境中的我們,不都得試著找到一種可以讓身心以一種較為舒適的狀態運作、甚至帶來快樂的生活節奏?

我們在此討論資訊科技與生產模式帶來碎裂、疏離和令人疲憊不堪的感受,事實上也是將近一世紀前的班雅明(Walter Benjamin, 1892-1940)哲學思考與寫作的課題。班雅明在〈機械複製時代的藝術作品〉(*Das Kunstwerk im Zeitalter seiner technischen Reproduzierbarkeit*,

1935）和〈說故事的人〉（*Der Erzähler*, 1936）都談到當時大量且迅速流通的資訊自成一個體系，造成「說故事」的式微。對班雅明而言，「說故事」承載了經驗、知識和記憶的傳承，也發揮給予建議和分享經驗的功能。我們甚至可以說，純真的生命始於聽／說故事，故事和孩童的生命經驗已不可分。讀班雅明的哲學著作，彷彿有如跟隨著一位有著憂鬱而細膩的心思、記憶力過人的說故事者娓娓道來，將個人的思考、記憶和生命經驗融入現代文明的變遷。班雅明的《柏林童年》（*Berliner Kindheit un Neunzehundert,* 1932-38）就是這種風格的代表作。《柏林童年》主要是班雅明幼童時期在柏林的生活記敘，街景、遊樂園、動物園、像是捉迷藏與抓蝴蝶的日常遊戲銘刻著孩童的生命痕跡，影像、聲響、氣味、感觸、恐懼、焦慮……都是敘述的題材，整座柏林都可以是年幼的班雅明有形和無形的遊戲空間。而這樣的文字、感官與記憶遊戲的時間也跳脫直線式的、空洞的現代性時間或進步史觀。表面上看起來違反經濟生產效益、有些孤獨憂鬱又帶著一些些滑稽或百無聊賴的生活點滴，都被賦予無比生動、充滿想像的特質，使得明信片、電話機、紀念碑、玩具、箱子、火車站甚至影子，都不再只是靜態的、被動的物件。

　　我們事實上可以從（深層）無聊、縫隙的想像、專注生態智慧、（班雅明式的）遊戲和傾聽事物聲音、讓事物說話的回憶記述／技術，看見某種超脫講究速度與效率、空洞與抽象的資本主義時間的彌賽亞時間的靈光。在這種脈絡下的彌賽亞無關乎時間終結或末世的場景，「不是」像本書在第二部第二章「世紀末的倦怠政治」所談的不管是天堂門或Y2K的個案，而是從日常或在生命之中的細微事物，改變、逆轉或懸置時間的用途和事物的秩序。一旦提到彌賽亞時間，必然又會涉入頗為龐雜的思想路徑和論戰，剪不斷理還

亂。對此，我只打算透過阿岡本（Giorgio Agamben）和桑特納（Eric Santner）建立一些思想連結。[1]

阿岡本以其「牲人」（homo sacer）系列著作深入探討整個西方神學經濟、生命政治和法的權威極其複雜的歷史發展、文獻與思想脈絡，他的「裸命」（bare life）、「例外狀態」（state of exception）、「（作為西方政治典範的）集中營」、「潛勢」（potentiality）等理念，在當代理論研究頗具影響力，也引發許多爭論。阿岡本在《奧辛維茲的殘餘者》（Remnants of Auschwitz: The Witness and the Archive）分析的奧辛維茲集中營裡的「穆斯林人」（der Muselmann），可以作為我們探討他的彌賽亞思想的參照點。穆斯林人因為集中營的強迫勞動和虐待而不成人形，他們面無表情、眼神飄忽空洞，完全失去所有可辨識的人類標記，也不再和外在環境維持任何互動。他們像是活死人（或是移動的嫌惡設施）苟延殘喘地行走在集中營裡，其他囚犯沒有人敢和他們有任何眼神交會。從某個譬喻性的角度來說，穆斯林人的存在情境彷彿是現代文明極端版的倦怠、過勞和述情障礙。

令人感到不可思議的是，阿岡本似乎從穆斯林人看到不死生命的本質，或生命的不死本質，一種當主體褪去所有屬於人的特質、所有區分失去效用的狀態，這也可說是非人的剩餘狀態或（無）主體最純粹的狀態。這樣看似違反常理的說法事實上有其複雜的思想脈絡，牽涉到阿岡本對於西方有關人的界定的批判，如同他批判當人權在西方歷史被提高到神聖不可侵犯的崇高地位，也是西方社會

---

[1] 有關阿岡本和桑特納的神學著述更詳盡的討論，請參考黃涵榆，《閱讀生命政治》，台北市，春山，2021。

築起一座又一座集中營、不斷製造裸命的過程。阿岡本認為,「人」處在主權主體和裸命的交會處,一邊是至高無上的權力,一邊是隨時可割可棄的裸命。很令人不解的是,阿岡本卻說「穆斯林人」存在於無區分的邊界,守護著一種新生命形式的倫理,是一種讓集中營守衛不知所措的「無言的反抗形式」(*Homo Sacer* 185):生命在經歷所有非人的恐怖,不斷溢出自身,無法被任何進步的歷史所吸納,是所有秩序和非人的罪行、恐怖和罪惡都除不盡的殘餘。

  阿岡本當然不是在說我們要活得像納粹集中營裡的穆斯林人那麼悲慘,才能理解存在的意義和價值,或是像那樣悲慘的存在都還是有機會,所以不要輕言放棄,沒什麼好埋怨的⋯⋯。也許光從《奧辛維茲的殘餘者》這本書不容易清楚理解阿岡本的彌賽亞思想,也可能會有許多人覺得阿岡本談的裸命太過陰暗悲觀,或是批判他談的穆斯林和集中營情境脫離歷史現實。即便如此,我們還是可以在他的其他著作找到一些彌賽亞思想的片段或碎片。簡單來說,阿岡本的彌賽亞思想從被動性(或不死生命)開展出政治和倫理潛勢(potentiality as impotentiality),重新定義什麼是「能夠」(to be able),以及生命如何開展出自身的規範,不再沉淪於可有可無、隨時可拋棄、可宰殺的裸命的宿命。這樣的可能不也是活在這個令人疲憊不堪的時代的我們所需要的?

  《奧辛維茲的殘餘者》裡的穆斯林體現的無言、被動的反抗也出現在阿岡本所談的巴特比(Bartleby)身上。阿岡本在他早期的著作《將臨的共同體》(*The Coming Community*)裡,就已經從「不為」(not-be)和「不思」(not-think)的角度提出「潛勢」的思考。「不為」和「不思」無法用單純的肯定和或否定解釋。阿岡本眼中的巴特比是天使的形象,「除了不寫(to not-write)的潛勢之外什

麼都不寫」(Agamben, *Coming* 37)。這樣的潛勢在阿岡本後來《潛勢》這本書裡的〈巴特比,或論偶發性〉篇章中,有了更複雜的闡述。阿岡本在該文中延續卡巴拉(Kabbalah)神祕主義傳統,將造物神描繪成一位沒寫什麼或者自己變成使用寫字板的抄寫員——是的,你沒看錯,造物者在那裡儼然化身成巴特比!這裡的「無」並非虛無主義的空無一物,而是結合了神靈的、純粹的潛勢與「無為」(impotentiality),也是超越神靈的「褻玩」(profanation)。這種「無」可以稱之為「創造性的空無」,懸置但是卻保有自身的可能性。巴特比一再重複說的「我寧可不要」,讓肯定和否定、接受和拒絕、選擇和不選擇之間失去區分(Agamben, *Potentialities* 254-55),畢竟他的「拒絕」(否定)也等於是「堅持」(肯定)。巴特比反覆說著「我寧可不要」,顯示一種無法妥協的特異性,如果把他在故事裡所說過的「我寧可不要」連接起來,就會變成「我寧可不要寧可不要……」,一種無盡地迴盪、既否定又肯定的狀態,看起來好像什麼都沒做,看起來好像是一種失能無能的狀態,但阿岡本認為這就是無為的潛能或是「無能之能」的極致表現(*Potentialities* 259, 270)。

阿岡本在另一本書《開啟》(*The Open*)裡也有類似以上的論述。他在本書第一章提到義大利米蘭的盎博羅削圖書館(Ambrosian Library)收藏的希伯來聖經裡的一個小畫像,那是一個末日來臨時長著動物的頭的正直之人。正直之人如同上述的穆斯林人或牲人,居住在人與動物之間的無區分地帶。這種也和本書討論過的「深層無聊」旨趣相符。海德格以「生成世界」(world forming)做為「此在」的特性,而動物的世界是貧乏的,但根據阿岡本的闡述,這種乍看之下是一種貶抑的貧乏(poverty),在有關無聊的思考卻具有

某種倫理性。如本書討論過的，海德格的「煩悶現象學」包含三個階段，初期階段是一種被環境迷惑的動物狀態，也就是說，主體在無聊的狀態中先是對周遭的事物失去區分，陷入空虛的狀態。無聊主體下一個階段失去對具體時間和空間的知覺，面對此在拒絕解蔽其可能性，但從阿岡本的角度來看，這樣的時刻也是此在對主體宣告所有未實現的可能性的時刻。深層無聊讓主體處在一種無區分狀態，阿岡本稱之為「不為的潛勢⋯⋯無為」，也就是保留所有可能性的條件而不指向任何具體的可能性，可能性也因此不會被耗盡。

讀者如果仔細讀阿岡本的著作，就會瞭解到他的彌賽亞思想超越任何具體的宗教體制。他在《剩餘的時間》（*The Time That Remains*）這本書裡，廣泛引用猶太教、基督教和什葉派伊斯蘭教經典，但是他關心的不是任何具體宗教內容和教義，如同阿岡本詮釋的保羅不再只是創建基督教會的保羅，而是哲學的保羅。阿岡本認為保羅書信目的在於解決所有彌賽亞時間和生命的問題。什麼是彌賽亞時間呢？彌賽亞時間就是剩餘的時間，介於基督復活和將臨的、未到來的啟示論終結之間的時間，那既不是世俗的計算時（chronological time）（或是本書先前討論過的資本主義的抽象時間），也不是永恆的時間或時間的終結；彌賽亞時間中斷了這兩種時間，超出兩者的區分，帶進了一種剩餘（remainder）；它是「時間之中的時間」（67），從內部改變計算時，使時間進入一種脫垂（out of joint）或「非似」（*hōs mē*, as not）的狀態。簡單來說，彌賽亞時間無關任何目地論和進步論的時間觀或歷史大敘述。

如同我們在遊戲、夢想或回憶的經驗裡也可以看到的，這種剩餘的時間超出自身或「非似」自身，也適用於主體生命的本體變化。阿岡本認為，門徒保羅宣揚的基督復活是一個革命事件，召喚主體

「非似」自身地在人世之中活著,質問每一個人世的情境。活在彌賽亞時間下的主體無以為家,處在本體錯置的失根或脫垂狀態,無法被算入任一種社會建構的身分和現實、生產與價值體系、直線時間和進步歷史(Agamben, *Time* 41-52-53)。如同門徒保羅自己棄王室的尊貴而就動物般的卑賤,彌賽亞召喚的是一種弱勢的力量,那也是與同窮苦者或棄民團結在一起的「無主權的上帝」,而不是將他們拋棄的政治權力。

這裡討論的彌賽亞召喚和時間的中斷表示一種「不運作」(*katargeō*, inoperativity),如同我們在具有美學與倫理學意涵的深層無聊或專注裡所能體驗到的,也和孩童的玩耍頗為相關。阿岡本在《例外狀態》(*State of Exception*)、《無言與歷史》(*Infancy and History*)和《褻玩》(*Profanations*)就都提到孩童玩耍的彌賽亞靈光。小孩子不按照大人的使用方式玩耍一些物件,天馬行空制定自己的玩法,不想玩了就把它們丟開,如同活在彌賽亞時間當下的人們褻玩法律,使其脫離神聖的價值和主權決斷的暴力(Agamben, *Profanations* 76),能夠依著生命自身的節奏韻律發展出自身的律法或生命形式。[2]

用比較直白的方式來說,以上的神學思想討論環繞在我們用什麼態度面對制約(如果不是決定)我們的生命的規則、規範或律法,或是面對那些讓我們疲於奔命、疲憊不堪的事物,也就是說,都和

---

[2] 作者亂入:我一直認為大人不應該任意處置甚至丟棄小孩的玩具和收藏,因為大人很難真的體會——或是已經不記得自己童年時的感受——那些看似「沒有什麼用處」的物件,留存了多少小孩的感受、記憶和生命軌跡,如何是通往另類真實的通道!

思考「我們還能怎麼活著?」有關。阿岡本的彌賽亞思想——班雅明的也是——都沒有內建任何外／高於生命本身、能夠掌握生命全貌的凝視位置;如救贖的靈光是可能的,我們也必須對這種可能抱持信念,也只有在「生命之中」找尋。

「生命之中」(in the midst of life)正是桑特納《日常生活的精神神學:論佛洛伊德與羅森茨維格》(*On the Psychotheology of Everyday Life*)透過羅森茨維格(Franz Rosenzweig, 1886-1929)的猶太神學,並參照佛洛伊德精神分析,企圖探討的主題。根據桑特納的研究,羅森茨維格的思想體系不依靠普遍法則和目的論,擁抱生命自身的困境和複雜性,肯定獨特事件對生命的重要性。羅森茨維格在準備皈依基督教的當下,覺得自己好像受到一股「陰暗的驅力」(dark drive)衝擊,突然感受到猶太教思想強韌的生命力感召,決定放棄前途看好的歷史學家的學術生涯,轉而投入猶太神學思想的研究,對生命有了全新的體驗。也是因為這股生命驅力,羅森茨維格得已發現日常生活再平凡不過的細節的價值,讓他專注於世界之中,並持續保持好奇心(15-17)。羅森茨維格在某個難以言說的特異時刻裡,突然掙脫或抽離(unplugging)日以繼夜反覆如吸血鬼般折磨著他、讓他雖生猶死的學術和人生追求。是「驚奇感」(wonder)讓這個抽離的特異時刻得以發生,而驚奇感正是傳統形上學思考模式所欠缺的體驗,因為形上學思考總是預設某種在世界和時間流變之外的位置,而不是在生命之中,企圖從那個位置掌握事物的全貌和本質。簡單來說,驚奇感帶著我們解除心理防禦措施,讓我們能沉浸在「在世界之中」,隨時準備面對而不是選擇逃離生命的真相,包括種種的擔憂和焦慮(21-22),當然也有各種形式的倦怠。

待結

許多年前我執行過一個安那其（anarchism）與佔領運動的國科會研究計畫，過程中曾被一位硬核的無政府主義者嗆聲：「既然是研究安那其和佔領運動，為什麼還要跟政府部門申請經費？」我只是弱弱地回應她，「我每年都還依法繳納六位數的所得稅呢！」對我來說，面對體制從不是全有或全無、完全內在或外在的選擇，而是在體制的縫隙中，尋求扭轉、改寫或褻玩規則的方法，讓規則產生不同的效應，自然也鬆動了體制內與外的界線。

作為一個教育工作者，我給學生最大程度的自由決定自己用什麼方式和我教授的課程建立連結，上過我的課的學生可以作證吧！作為一個學術工作者，我把我和那些煩人的體制規章和那些強調量化績效的考核規定的連結降到最低程度，不斷嘗試不同的寫作題材和方向。我也不吝於和大眾分享我對於官僚體系的批判思考，像是透過這本書所做的事。

行文至此，我打算透過我個人極為推崇、曾是全球正義（Global Justice）和佔領華爾街運動主要推手的安那其人類學家格雷伯（David Graeber, 1961-2020）的《規則的烏托邦：官僚制度的真相與權力誘惑》（*The Utopia of Rules: On Technology, Stupidity, and the Secret Joys of Bureaucracy*, 2015），為《沒有最累，只有更累》這本書畫下未完的句點。《規則的烏托邦》從作者申請母親過世保險理賠的不愉快經驗開始。在申請程序的每一個環節上，格雷伯總有填不完的表格要填，也總會有人跳出來指正他哪個細節有問題，需要更正或補充資料。然後他就需要聯絡這個、那個業務人員。整個申請程序彷彿就是一座令人疲於奔命、頭暈目眩的迷宮。許多讀者（包括我自己在內）對於格雷伯的這種經驗應該再熟悉不過，我們心中也許會暗自咒罵是誰發明那些超沒人性的表格以及和拉岡精神分析

一樣煩瑣的程序,但是我們也都很清楚,這就是官僚體系運作的方式。更慘的是,我們還得面對無數堅持「依法行政」、以極其文字主義的方式死守規章條文的承辦人員,覺得他們很難溝通和取悅,和他們的交涉隨時都會毀了我們一天的好心情或小確幸。

　　類似的情境不是比較像是發生在此時此地的「災難」或「地獄」嗎,為什麼格雷伯會把他的書命名為「規則的烏托邦」?規則如何能或為什麼會構成烏托邦,一種「無有地」(non-place)或「世外桃源」(never-never land)?作者的用意何在,或者我們是不是誤會了什麼?針對「規則的烏托邦」,格雷伯提供了一個簡潔的定義:「所有官僚體制在某種程度上都是烏托邦的,因為它們提出一種沒有真正的人類能達成的抽象理想」(26-27)。[3]「烏托邦」這個概念多少都帶有柏拉圖主義色彩,畢竟柏拉圖為西方形上學設下了(不完美的)現象和(超越的)理型的二元區分。人類社會「應該是」根據某些理性思維發明規則來完成特定任務,但是官僚體系的規則發展成一種無人能理解和掌控的整體,用一些不見得合乎理性或經濟效益的原則控制我們的行為和需求。這樣的官僚體系就像是一個蠻橫的「老大哥」無時不刻不在看著我們,但我們卻從未見過他的真實面目,或像是一座傅柯式的敞視監獄(Panopticon)將我們團團包圍,但我們卻無法透視其運作的真相。

　　格雷伯認為我們已經進入一個「全面官僚體制化」的時代。官僚體系的運作無所不在,市場、政府政策和民主體制已經不再是截然可分的獨立範疇。現代政府大多以減少市場干預為原則,實際上設置更多規定、官員和各種監控。私領域和公共領域、公共領域的

3　引用頁碼為英文原版。

不同部門也都失去區分，類似「績效考核」（performance review）和「分配調查」（allocation survey）等原先金融和企業圈使用的術語，現在已幾乎侵入每一個公共部門，教育和學術機構也無法倖免，也就是說，連它們也無法擺脫官僚體系程序和技術（24）。在這些脈絡裡的規則，顯然並不是幫助我們順利完成任務的工具，反而是回過頭來規訓和制約我們的行為，規則背後甚至經常有隨時準備介入的懲罰機制。

「全面官僚體制化」導致什麼樣的結果呢？格雷伯說是「想像力的死亡區域和結構性癡呆」（57）。官僚體系的結構性暴力製造出盲目和愚蠢的社會關係和狹隘匱乏的想像力（57）：極大範圍的官僚體系運作都在我們的視線和經驗範圍之外，但是我們被要求或已經習慣像是喪屍或馬庫色講的「單向度的人」遵從它們。官僚體制不僅制約我們的行為，更決定甚至扭曲我們的感知、現實感、世界觀和「理性」、「正義」和「自由」的概念：這些概念現在似乎都建立在無關個人的、沒有靈魂的社會基礎上。官僚體系外表看起來那麼超然客觀，卻總是在某些潛規則下獨厚某些個人和團體（186）。

如果官僚體系如同上述那樣運作（當然，讀者不一定要完全同意格雷伯的分析），我們可以回到一個根本的問題：我們為什麼要遵守（官僚體制的）規則呢？康德認為，守法之人不必然是道德之人，要看他們遵守法律是否出自先驗的理性或對於法律自身的權威的尊敬，而不是出自任何情感動機、私慾、工具性的目的和扭曲的意志。根據康德的道德哲學，我們必須把他人當作自身存在的目的來對待，而不是把他們當作得到自己滿足的工具，這是康德「定言令式」（categorical imperative）的精髓。但是康德沒有看穿或是刻

意閃躲的是,法律不會因為是超然的外在權威而對我們產生作用,而是從我們的內在——包括我們的情感和慾望——控制我們,也就是被內化為我們的一部分,用精神分析的術語來說,成為無所不在、緊緊跟隨或纏繞著我們的「超我」(superego)。換言之,法律需要有超我作為分身才能夠運作。超我無時不在監控、要求、嘲諷和打擊自我,自我愈順從它,它就變得更予取予求。我們因此過度順從超我的要求,造成我們的不便、不悅、痛苦甚至筋疲力盡都不罷休。

我們也許會感慨,「賤人就是守法」,對規則和法律的尊崇比合乎理性需要的程度更多。透過不斷製造規則命令他者得到快感的是虐待狂,盲目遵守規則的是自我受虐狂,但是施虐他人與自我受虐經常是一體兩面。如果精神分析對我們有什麼倫理啟示,也許是讓我們看到自己為了(虛幻的)快樂、秩序和道德付出了什麼、犧牲了什麼,或者看到我們是如何在(無意識的層次)享受我們的受苦。

這些問題如同倦怠、無感和本書討論的許多問題千絲萬縷,本書能做的只是描繪一些可能的思考路徑,畢竟數據、個案或實例的實證研究並非作者的專長。倦怠的種種問題相當大的一部分有待體制面的改造,包括醫療體系和醫病關係和勞動條件的改善,社會對於身心症和作為社會受苦的更普遍的病痛的重新理解,個人對於身心與情緒狀態的自我察覺和照料。當我們思考這些解方,我們又再繞回前文有關阿岡本和桑特納彌賽亞思想的討論,也許現在多了一些些精神分析思維,但關鍵一樣都在於反思我們到底要怎麼面對、反抗或脫離那些讓我們疲憊不堪、無比焦慮、受苦的體制要求和規則,以及自我剝削和凌虐。思想家們提出潛勢、非似、不運作、懸

置、抽離、驚奇、精神分析的「超越幻見」（traversing the fantasy）和其他許多思想的指引，都不是簡便速成的SOP，而是需要更多的自我照料，更專注於時間、行為、需求、慾望、目標和期待的美學感性和配置，透過這樣的工作或勞動，在空洞化、卻又讓我們疲於奔命的時間和速度軌跡當中展開其他可能。

附錄
變成另一個人
論馬拉布的「塑性」與腦傷

摘要

　　當代法國哲學家馬拉布（Catherine Malabou）以神經科學的視角，重讀包括史賓諾莎、黑格爾、佛洛伊德、海德格、德希達等現代歐陸哲學家。她從大腦損傷或病變出發闡述「塑性」：那是一種自我變形與修正的過程。塑性只有到死亡的時候才會結束。塑性並非必然等於復原，更非「恢復正常」，它可能是毀滅性的，導向一種漠然無感的情感狀態，徹底改變主體的內在本質，使其變得無法辨識，也就是完全變成另一個人，失去改變或逃離的可能。然而，根據馬拉布的考證，plasticity 希臘文詞源 plassein 就有「鑄模」（mold）的含義，衍伸出兩個層次的意義：接受形式和給予形式的能力。馬拉布強調，大腦可塑性扮演的角色不只是形式的接收者和創造者，同時也是不服從任何一種形式的媒介。大腦的塑性意謂著

神經迴路並未完全實體化和被決定,記憶也因此處在不穩定的狀態。突觸如同是大腦的儲存庫,隨時都可能被啟動,不是單純只為了傳遞神經資訊,而是具有塑造或重構資訊的能力。本文主要目的在於探討馬拉布的「塑性」與腦傷如提供反思主體、情動(affect)、老化與死亡的可能性,以及神經科學對於當代知識型態解構或重構的潛能。

關鍵字
新傷、神經科學、神經精神分析、神經元、塑性

前言：蓋吉（Phineas P. Gage）的腦傷

　　蓋吉原任職於美國大西部鐵路公司，負責帶領爆破工作隊。他在一八四八年九月十三日接受任務，負責炸開掉落在鐵軌上阻擋火車行徑的大石頭。當天工人因為疏忽未在軌道上舖好防炸的泥土，蓋吉無意中讓自己隨身攜帶的長110公分、半徑3公釐的鐵棒點燃引線，鐵棒在爆炸中貫穿他的左臉頰，從頭頂貫穿飛出。理論上蓋吉應該會當場喪命，但是他卻奇蹟式地在兩分鐘後竟還可以移動身體。蓋吉被緊急送醫三週之後，就已經可以自由行動。他的生命在事故後十二年劃上句點。

　　當代最重要的神經科學家之一達馬西奧（Antonio Damasio）在他的著作《笛卡兒的錯誤》（Descartes' Error）對蓋吉的腦傷和後續症狀影響做了深入的個案討論。蓋吉因此可算是現代神經科學的「零號病人」。達馬西奧是馬拉布著作最重要的思想基礎之一，除了他之外還有黑格爾、海德格、佛洛伊德、德希達等等。馬拉布在自己的著作裡就不只一次提及達馬西奧的蓋吉個案研究。蓋吉個案和本文的主題「變成另一個人」有著密切的關係。達馬西奧這樣描述蓋吉：「蓋吉的身體也許還活著，也算還好，但是裡面住著一個新的靈魂」（Damasio 7）。他的觸覺、聽覺、肢體和舌頭的運作都沒問題。他失去左眼的視力，右眼正常。他失去了很大一部分的智力，簡而言之，他「變成另一個人」。他的變化包括罵髒話、癲癇發作、變得不負責任等等。我們從達馬西奧的蓋吉個案研究可以看到，大腦和人類的一些特質有著密切的關連，包括規劃未來、承擔責任、在社會環境下做決定與計畫，諸如此類，但蓋吉似乎已經失去這些特質。他變成一個親人和朋友都不認得的人，先前的和新的

蓋吉之間是全然的斷裂。他退化的性格和其他沒有受損的能力之間也出現斷裂，這用神經病理的語彙來說是所謂的「解離」（dissociation）現象。蓋吉的腦傷個案顯示記憶並非儲存在任何單一的、可清楚標示的區塊，而是透過分散的方式儲存和運作。馬拉布指出，杏仁核、海馬迴、小腦、前額葉皮質（prefrontal cortex）等雖然都在整個神經網絡中分工合作，但是「各自保有差異性與獨特性，也可能彼此分離獨立運作，而腦傷則是表現出解離現象的極端結果。舉例而言，海馬迴區受損造成病人無法處理新的陳述性記憶（declarative memories，亦即可以連結特定事件或事實的記憶），即便他們仍然記得受傷或手術前發生的事件或資訊」（*Plasticity* 287）。

整體而言，馬拉布涉入神經科學和近幾年的表觀遺傳學（epigenetics）研究不該被視為生物哲學的一支或變型，而是在一個哲學的根本層次上，處理不同形式體制的可變性和更迭（James 4）。馬拉布整體著作和理路奠基在由拉維松－莫利安（Félix Ravaisson-Mollien）、柏格森（Henri Bergson）、康居朗（Georges Canguilhem）、傅柯等人所形成的法國傳統，也深受德希達的解構思想影響。馬拉布同時重新將黑格爾和海德格定位為可變性或塑性的思想家，揭露存有論的概念和視野具有可變形、毀壞和重塑的本質（James 6）。本文主要目的在於深入馬拉部著作，探討「塑性」與腦傷如提供反思主體、情動（affect）、老化與死亡的可能性，以及神經科學對於當代知識型態解構或重構的潛能。

論「塑性」

塑性，plasticity，希臘文詞源 *plassein*，主要表示「鑄模」（mold）的含義，字面上衍伸出兩個層次的意義：接受形式和給予形式的能力（*What Should We Do with Our Brain?* 5）。[1] 這也表示形式並非只是外來的，形式也會是內在決定的。馬拉布在《我們可以用大腦做什麼？》區分三種類型的塑性。第一類是「發展型塑性」（developmental plasticity），和神經元的連結有關。從這個角度看大腦運作，它會自己發展出自己的形式，如果大腦執行什麼基因程式，也具有相當的可塑性，這當然會改變我們對於所謂的「基因決定論」的定義和理解。大腦的發展有相當大的部分都是在開放的狀態之下進行，持續接觸外在環境的刺激，連帶影響神經細胞連結的發展和強度（*WSWDOB* 18-20）。第二類是「調節型塑性」（modulational plasticity）。神經突觸的運作會經歷增強（potentiation）或抑制（depression），和適應環境、學習和記憶的過程特別相關。突觸像是大腦的儲存庫，它們不會靜止不動，也不只負責傳送神經資訊，而是具有塑造和修改資訊的能力，也就是說，神經細胞的構造持續不斷進行重整（*WSWDOB* 22-25）。第三類是「修補型塑性」（reparative plasticity），牽涉神經元的更新和整個大腦療癒的力量，如同大腦能夠自己長出義肢。神經系統在腦部受損之後會展現這種類型的塑性，不論最後成功或失敗。也就是說，損傷的區塊或功能會企圖自我修正，以彌補產生的功能缺陷，

1　後引為 *WSWDOB*。其他書名縮寫包括 *NW*（*The New Wounded*）、*OA*（*Ontology of the Accident*）和 *SEL*（*Self and Emotional Life*）。

或者會發展出某種新的異常組織模式以回復穩定運作（*WSWDOB* 27-28）。馬拉布在之後的《新傷：從官能症到大腦損傷》（*The New Wounded: From Neurosis to the Brain Damage*）也提出類似的三種塑性類型的區分（180）。除了這一組區分之外，馬拉布提出另外一組二元區分：肯定型塑性——神經元連結的成形和調整、修復的能力——和否定（或毀滅）型塑性——摧毀形式的能力。馬拉布後來更常使用這組二元區分，而且把重心放在毀滅型塑性，本文會在下一個章節更仔細討論這個類型的塑性。

事實上馬拉布從塑性的角度開展出她對於形式、事件、自我的哲學思考。從馬拉布的角度來說，即便基因具有決定因素，神經元仍然能夠保持高度的多樣性，神經元的運作可以創造出事件，或者神經元的運作本身就是事件，或者將基因程式「事件化」，鬆開甚至解除程式的決定因素（*WSWDOB* 8）。討論大腦的塑性表示大腦不只是形式的接受者和創造者，也是對於既有形式的反叛者（*WSWDOB* 6）。馬拉布也是依據塑性的理念提出她的自我和主體論述。神經和心智是互不隸屬的範疇，兩者之間沒有必然的連貫性。自我則是大腦裡面各種塑性運作的綜合體，具有挑戰自身命運的能力，總是可以更動生命的軌跡和形式（*WSWDOB* 17）。這樣的理念有別於本質化的自我和行為論，不會把自我和行為都視為完全由個人基因編碼或集體物種的演化所決定（James 8）。

馬拉布在闡述她的塑性理論的時候持續和包括史賓諾莎、黑格爾、佛洛伊德、海德格、德希達等歐陸哲學大師對話。舉例而言，馬拉布將史賓諾莎定位為西方哲學裡的神經生物學先驅，強調情緒在大腦生命所扮演的重要角色，意識與情緒無法分離。根據馬拉布的闡述，史賓諾莎提出的「衝力」（*conatus*）表示所有活物保存自

身存在的傾向，不同的「情動」（affect）表現了不同的生命狀態，例如「歡喜」增加衝力的強度，「悲傷」則是減低（OA 20）。對史賓諾莎而言，生命顯現在身體運動的協調，死亡則發生在身體「部分」進行自己的運動，破壞了「整體」生命的一致性（OA 31）。史賓諾莎在他的《倫理學》（第256-57節）提到當時的西班牙詩人剛果拉（Luis de Gongora）在死前一年完全失去記憶，也就是經歷了「局部死亡」，成為一個新的「活死人」。史賓諾沙從這個個案闡述身體在持續的變動中，有可能會變成完全不同的身體，一直到成為屍體才會結束。馬拉布認為這是西方哲學史唯一一次提到毀滅性的變形，她在這裡看到否定型塑性的雛形，那是有限的存在「去主體化」的傾向，情感變得冷漠扁平，無法再回到先前的生命軌跡（OA 37）。

馬拉布介入精神分析（特別是佛洛伊德）的程度似乎比介入其他思想領域都要來得深。對馬拉布而言，佛洛伊德精神分析所界定的精神生命具有不滅的特性，也就是具有塑性的本質。原初的心靈與生命痕跡不會消失，能夠被修正、變形與重塑，但不會被抹除，能夠避免被毀滅的威脅（OA 43）。另一個層次的塑性展現在欲力（libido）的活力，它可以不斷變換對象，保持自由狀態（OA 45）。除此之外，精神分析診療也建立在慾望的塑性基礎之上：診療的成效有賴病人自我的演化，願意將慾望從先前投注的對象轉移開來，尋求其他欲求的對象，而不是繼續受困在讓他麻痺和痛苦的心理狀態之中（OA 45）。

然而，馬拉布介入佛洛伊德精神分析，並非只是要發覺其中潛藏的塑性理念，主要是為了區隔精神分析和神經科學，也就是區隔腦神經和心靈範疇，重新定義心靈機制和創傷，並尋求兩個學科領

域之間的整合。舉例而言,馬拉布區分精神分析的概念「否定」(*die Verneinung*)和否定型塑性。精神分析裡的否定表現一種空缺或匱乏,但是否定型塑性表現的是一種既非肯定也空缺、能夠塑造形式的「否定的力量」(*OA* 75)。否定的心理機制事實上同時承認壓抑的內容和它的不在場,但否定型塑性無關乎壓抑。發生在腦傷者的意外損傷或災難導致他們失去情感能力變得冷漠,那不是他們的逃脫策略,也沒有對應到任和深層的否定(*OA* 79)。換個角度來說,否定型塑性並非源自什麼拒斥,意外無法被腦傷者內化,無法被納入個人的生命史(*OA* 81)。在時間性的問題上,精神分析的創傷著重的是「後延性」(*Nachträglichkeit*, retroactivity,也可以說是「回溯」、「延遲」),神經科學則是「立即性」(immediacy),沒有中介,也沒有過去的回返。

對佛洛伊德而言,精神上的困擾和創傷總是牽動原初的生命經驗(或是一種回到原初的無生命狀態的驅力),但是馬拉布認為這樣的理念對於大腦已失去自感(auto-affection)的腦傷者沒有任何意義(*NW* 59)。馬拉布把否定型塑性看成是「情感的大腦」的核心,她企圖從這個角度建立神經科學和精神分析之間的橋梁,認為兩個學科領域都應該兼顧心靈系統的自我調節和偶發因素的入侵,或必然法則與不確定狀態間的緊張。但是神經科學和精神分析對於系統與事件的關係以及事件本身的理解,幾乎是對立的狀態(*NW* 25)。基本上神經科學否定有脫離「神經能量」的「心靈能量」,也只在腦神經的範疇談情感,不會涉入心靈範疇(*NW* 25-26)。神經科學認定大腦運作的自律性,不會涉入驅力、欲力這些精神分析概念。簡單來說,驅力指的是在心靈系統內部的壓力,或超出心靈系統所能處理的過多的能量。心靈能量的運作等於是承接神經能量

未竟之功，尋求管道舒緩或滿足具有過多的壓迫性和威脅性的內在刺激（NW 31）。另一方面，馬拉布否認有無法消除的記憶，她主張要調整精神分析有關毀滅和不可毀滅的關聯和精神困擾的定義。腦部損傷突顯的不是一種病態的退化過程逐漸消除較新的心靈，資料曝露出某種原初的核心，而是徹底消除先前的形式（NW 63），也就是過去與現在之間出現一種絕對的斷裂。

變成另一個人：腦傷、老化與死亡

每一種腦部病變或損傷都會影響自我感知功能，情感區塊和認知區塊存在著連結，任一個區塊受損都會影響到另一個區塊。心靈生命並沒有因為腦部損傷而結束，只不過是無法從退化的角度去解釋人格的變化，也就是說，病人並沒有倒退到先前的狀態。變化是透過「毀滅」產生的，塑造出某個無法辨識的人。這個新身分的成形是以某種失去（loss）作為前提，馬拉布稱作「不在場的劇場」（theater of absence）和「沒有前例的身分」（identity without precedents）。這種變化最常見的是「失神發作」（absence seizures），可再細分為：「癲癇性自動症」（epileptic automatism）、「不動不語症」（akinetic muteness）和「失認症與感覺缺失症」（agnosia and anosognosia）。馬拉布談的「新傷」比較是屬於「失認症與感覺缺失症」這個類別，經常會出現在在腦部受損和腫瘤的病人，或者是腦部退化的病變，像是帕金森氏症、阿茲海默症，或者是精神分析無法發揮太大作用的精神疾病，像是思覺失調症、自閉症、妥瑞氏症等等。

新傷者主要症狀是認知功能的喪失，腦神經不再能正常接收來

自身體的資訊，以及顯現一種怪異的冷漠的情感狀態（NW 52）。這類的病人過著匱乏的情感生活，以一種無感的方式思考，經常面臨做決定的困難，不覺得有什麼事情值得做，深陷入虛無主義和冷漠的情境。用馬拉布《新傷》裡的話來說，「不在場的劇場是情感匱乏和毀滅性變形專屬的表現，這個劇場的修辭由『中斷』（interruption）、『暫停』（pauses）、『休止』（caesuras）所組成，也是連結網絡被撕裂或者能量的流通陷入麻痺狀態的時候所出現的『空白空間』」（56，引號為本文所加）（NW 55）。這個劇場展演的是心靈經歷毀滅之後的存在（NW 56）。這無關乎救贖或復活，而是顯現一種生命的缺席，對於生死無感，已經沒有生命可以展開而讓生命延續（NW 60）。

新傷也顯示情緒和神經系統、或者心智和大腦之間的斷裂。「變成另一個人」，如同阿茲海默症不單純是身心病變，也是一種對主體身分的攻擊，將他的整個情感結構翻覆（NW xiii）。沒有人認得這個新出現的角色，他蓋過整個病人，阻斷了過去進入現在，是一個從意外之中產生的形式，用馬拉布自己的話來說，是「絕對的他者，無法與自身和解，沒有救贖或饒赦...完完全全的他者...總是、永遠是他者的陌生人」（OA 2-3），也是自己的陌生人。從這個角度來看否定型塑性，它代表一種他者絕對不在場的他者性的形式，不可能超越或逃離，也是「外部性的空缺」（lack of exteriority）（OA 14），前後、新舊的身分之間也不可能形成同一性。主體和自我分離，冷漠地面對自己的變化。

馬拉布也從以上所述的否定型塑性分析老化的問題。老化研究可以粗略地分為「過程」和「事件」兩個取徑，馬拉布選擇的是後者。對她而言，「變老」不足以描述老化的真相；老化比較是即時

的、無法預期的、突然的蛻變,是一種存在的斷裂,而不是延續(*OA* 41-42)。老化如同大腦損傷突然發生,即刻讓我們變成另一個人,一個未知的主體或他者(*OA* 49)。進展、演化、轉向、重複,似乎這一切都以無限快速的方式發生在片刻之中,如同發生了一個意外或災難讓我們走向毀滅。一個人生命並非如其存在本質而死,而是如突然轉變的樣態而死,那是遺棄的樣態,消退的成形(*OA* 69)。死亡無法準備,也抗拒所有練習,死亡的表情是無生命的、被動的物質慣性,是絕對漠然的表情(*OA* 70-71)。

以上所談的「變成另一個人的新傷者」,也適用於更廣泛的各種形式的暴力受害者。情緒和神經系統、或者心智和大腦之間的斷裂,也是情緒狀態與心智詮釋的斷裂,心智運作無法詮釋情緒狀態。這種斷裂的原因到底是什麼,是腦神經突觸的連結被破壞,或者是神經能量和化學物質爆炸?不論確切的原因是什麼,這些腦傷者在受創之前和之後,即便擁有同一個身體,他們的人格特質已經產生根本的變化,而且傷者自己無法察覺或感受到那樣的變化(Bollmer 308-09)。馬拉布認為整個西方哲學史,甚至解構思想和精神分析,從未真的挑戰過書寫,痕跡或銘刻(inscription)作為主流的思想框架或譬喻的地位,但是記憶在馬拉布闡述的神經科學和新傷無法等同於影像或符號,沒有物質性的顯現,在神經元連結中沒有留下任何標記。用馬拉布的話來說,「神經元記憶的處理……抗拒詮釋。塑性讓痕跡無法辨識,因為沒有痕跡」(*Plasticity* 93)

在一些比較嚴重的腦傷個案裡,病人幾乎完全失去說話的能力,無法與醫生或精神分析師溝通。這當然會對診療會帶來極大的挑戰,我們甚至必須反思,這些病人在精神的層次上還有沒有痊癒的可能,或者痊癒對他們還有沒有意義、有什麼意義。「無感」(或

冷漠）的症狀有會發生在一些人格違常的個案，他們（至少表面上）都能表現出遵守社會常規，在他們身上常態與異常的界線似乎並不那麼清楚。「塑性」這個概念用來解釋這些個案是不是還具有效力，就有很大的討論空間。

除了情緒和詮釋間的斷裂之外，我們也可以透過馬拉布新傷的概念，思考所謂的「後創傷主體」，是否可以從當中重新思考創傷和創傷研究。馬拉布的新傷肯定會對於臨床診療帶來不小爭議，畢竟不論是否定型塑性或新傷，表面上看起來似乎都否定療癒的可能性。但仔細讀馬拉布的著作，我們也不應該簡化地說她主張治療無效或放棄治療。也許從哲學的觀點來看會有不同的解讀可能，可以從新傷看到主體根本的存有的狀態。也就是說，也許我們可以從腦傷者的狀態看到某些人類創傷和存在普遍性的意義。馬拉布在《自我與情感生命》(*Self and Emotional Life: Philosophy, Psychoanalysis, and Neuroscience*)裡指出，存在的力量是恆常的，但是也無時不刻不在偏離自身，差別只在於力量的強弱，情動力剛好就體現了這種弔詭的特質。情動力總是關係到存在感，但是不斷變換對象。我們可以將情動力界定為差異感的持續調整，而最原始的差異感不外乎是主體與自身的差異，或主體偏離自身的差異（*SEL* 5-6）。如同我們從新傷者新傷者新傷者所看到的，主體的結構就是一種自我偏離，超出自感（autoaffection）的範疇，情動力與主體脫鉤，情動力可以沒有主體而律動，主體也可能對外來的影響無動於衷。主體的結構就如同新傷，是一種異異感（hetero-heteroaffected）的結構，既非自感也不是異感。從一個更深刻的哲學角度來說，後創傷主體見證了自身去主體化的過程，主體失去了存在所依賴的本質，或者失去了作為人的條件，從拉岡精神分析的角度來說，介於兩種死亡之間，也

可以說是不死（undead）的狀態，是最純粹的主體狀態。

神經科學與知識型態的重構

馬拉布在她與詹斯頓（Adrian Johnston）合著的《自我與情感生命：哲學精神分析與神經科學》一開始的時候提到，當代神經生物學正在重新界定情感生命，不再把大腦視為一個沒有情感能力、只負責邏輯和認知運作的器官，而是整個慾望經濟的核心。馬拉布認為這樣的視角不僅改變了身體、心智和心靈的關係，也擾亂了學科間的界線，開啟科學（包括生物學與神經生物學）與人文學科（包括哲學與精神分析）之間的網絡，一種新的情動概念儼然已經成形（3）。更進一步來說，馬拉布認為哲學、精神分析和神經生物學之間的對話也關乎「異異感」，也就是情動力消失的感受。

前文簡略討論過的馬拉布的神經科學和佛洛伊德精神之間的對話，事實上那反映了馬拉布企圖重新建構當代知識型態，也就是重新思考創傷、受苦與暴力，以及當前資本主義體系的社會與政治運作：簡單來說，探索「我們能用大腦做什麼」。馬拉布以神經科學的角度重讀佛洛伊德精神分析，緊扣否定型塑性，開展哲學、精神分析與當代神經科學間的對話，理解腦部受創也是精神受苦，用這樣的理解重新界定何謂「心靈」，視大腦為身分形塑和變形的根源（*NW* xv）。馬拉布一方面主張精神分析必須做出變革，以回應當前更普遍化的精神暴力與損傷的問題，另一方面也主張精神病理學必須調整哲學基礎，期望超克神經醫學和精神分析之間的對立，拓展「神經精神分析」（neuropsychoanalysis）。馬拉布提醒，「過於粗糙地強調治療、緩解和療癒等於完全忽視否定型塑性提出的哲學

問題」(*NW* 167)

「神經精神分析」一詞正式出現在一九九九年,作為一本期刊的名稱,但據此學科代表學者索姆斯(Mark Solms)回顧,包括他自己在內的相關著作在一九八〇年代中期就已開始。大致上神經精神分析企圖重新整合實證和理論研究模式,顧名思義就是要整合神經內科和精神分析。神經內科訓練出身的佛洛伊德後來放棄了當時主流的臨床解剖的方法,創造了精神分析這個學門,希望能夠更清楚描繪心靈結構和運作。自此精神分析和神經科學就在各自的軌跡上發展。後來包括腦磁波儀和核磁共振技術這些現代神經科學技術的發展,對於研究和心智和情感活動密切相關的神經動力和區塊分布,都做出很具體的貢獻。從神經精神分析的角度來說,這些新的神經科學技術都可以和精神分析相互為用。神經精神分析將神經生物學導向主觀經驗,突顯大腦的情感機能,使得它有別於其他生理器官,同時也不再運用行為主義模式,改採較能關照意識、注意力、記憶、學習等面向的認知模式,兼顧哲學和科學基礎。[2]

馬拉布期望重構的知識型態更能幫助我們理解和處理當前愈來愈普遍的身心損傷、暴力和受苦,當中她特別重視無感或情感匱乏——也就是本書前文多次討論的「象徵性困苦」和「述情障礙」——的問題。情感冷漠超出既有的官能症和精神病的框架,如同是「我們這個時代的怪物」(*NW* 168)。馬拉布提出「沒有解

---

[2] 索姆斯以他個人的經歷簡要地描述了神經精神分析的發展歷程,見 "From Depth Neuropsychology to Neuropsychoanalysis: A Historical Comment 20 Years Later," *Clinical Studies in Neuropsychoanalysis Revisited*, Christian Salas, eds et al, (London: Routledge, 2022), 10-29.

方的塑性」（plasticity without remedy），企圖超越享樂原則和所有療癒；她認為佛洛伊德精神分析受限於享樂原則，而無法處理當前的精神受苦與無感的問題。否定型塑性突顯的心靈運作是無感自身的本能衝動（*NW* 198），已經無關乎愛與恨的糾葛，既非施虐狂也非受虐狂。「使人受苦」在今日透過看不見行為者和歷史的匿名機械的暴力進行著，如同更具當代性的「平庸的邪惡」（*NW* 200）。

馬拉布強調，不是把否定型塑性看成是肯定型（建構型）塑性偶發性的中斷，而是把它理解為真正的、更根本的腦神經運作，它在任何時刻能夠脫離肯定型塑性（*NW* 200）。用馬拉布自己的話來說，否定型塑性能夠「讓我們看見一個如此脆弱的心靈，遭受損傷之後經歷的變化不再保留先前的任何痕跡，讓我們能夠思考主體如何變成自身死亡的形式，經歷自身情感的中斷，描繪出自身的消失」（*NW* 205-06）。馬拉布認為「沒有解方的塑性」，也就是超越任何緩解或救贖的否定形塑性，是理解當前心靈受苦必要的前奏，這並非表示否定新的治療方式。馬拉布強調，在我們探究如何治療或療癒之前，更重要的是深切理解受苦的人到底為何受苦（*NW* 212）。任何一個人無論什麼時刻，都可能因為受到任何形式的暴力和損傷而變成新傷者，變成另一個人，不再和過去的身分有任何關聯（*NW* 213），也無法感受自己的受苦。如此理解否定形塑性等於也是激進化主體性的解構，顯示毀滅的力量就隱藏在身分的塑造之中，有一種虛擬的冷漠或無感不僅成了腦傷者、思覺失調症患者或連續殺人犯的命運，更是存有的法則，而存有總是處在自我丟棄與逃離的邊緣（*OA* 37）。

馬拉布的否定型塑性跳脫因果律的框架，以及偶發與必然的二

元對立,這事實上反映了梅亞蘇(Quentin Meillassoux)二〇〇六年以法文發表的《有限之後》在當代哲學所引發的「思辨轉向」(the speculative turn)的論戰。大體而言,梅亞蘇企圖跳多康德以來將哲學限定在人類有限的思考和經驗範圍的「關聯論」(correlationism)哲學框架;思辨實在論推論超出人類思考和經驗範圍的真實,其存在具有絕對性。換言之,真實且必然的存在不一定有理由,如果有什麼法則是必然的,也都是在偶然的條件下才成為必然。對此,馬拉布明白地肯定,不可能在存有的層次上掌握世界("the ontological impossibility of inscribing the world"),她認為生態危機就顯現了這種不可能性或不相容性,這也是「地球和人類在地球上的痕跡、我們的印記帶來的災難之間的不相容性。地球或世界⋯⋯完全漠然於思考、記憶、辨識、閱讀或詮釋」(*Plasticity* 293)。

　　情感的腦,也是社會的腦,我們對於馬拉布的(否定型)塑性的理解不應限縮在個人身心病理的層次。否定型塑性並非對於損傷的戀物,而是要關照後創傷主體如何從無所不在、隨時都有可能發生的各種腦傷或神經暴力中活下來。馬拉布的提問「我們可以用大腦做什麼?」也牽涉到我們如何將神經塑性帶到社會、政治與經濟情境,特別是我們處在一個資訊爆量、「燒腦」的符號資本主義的年代,思考如何逃離或反抗那些社會和政治運作對於腦神經的過量刺激、操控、損傷與暴力。馬拉布問道,為什麼我們要繼續忽視我們自己的塑性,繼續相信大腦只是一部沒有希望的機器?(*WSWDOB* 9)相對於僵化的控制中心模式,神經塑性的模式有著多元的交互作用,更能有即興演出、創造性和偶發性(*WSWDOB* 35)。我們甚至能夠勾勒出「神經元自我」,這樣的自我在形式的出現與消失,或是恆定性與意外,不可分的運動中成形。「神經元

自我」這個概念指的是，腦神經系統的不同區塊可以進行各自的活動，傳送各自的訊號，影響或決定我們的感知。這也表示情感運作並非預先決定，經驗對於神經元連結的形成扮演重要的角色。這些連結具有高度的可塑性，顯示大腦並非一個固定的、自我封閉的器官，而是不斷對著外來的影響開放。也是因為這樣，馬拉布認為把大腦類比為電腦已經過時，但是她在後來的一篇和達爾頓（Benjamin Dalton）的訪談中，改口說這個說法是錯的。她解釋先前的講法是為了要和行為主義談的大腦，也就是強調固定的制約反應的大腦做出區隔，但是她現在並不排斥這樣的類比，主要是因為她現在的研究興趣轉移到科技化的身體和大腦（242-43）。

　　回到神經元自我的問題，神經元自我的塑性也讓我們從新定義「事件」、「受苦」、「損傷」等概念。當大腦受到損傷，改變的是整個自我和主體性，我們必須從這樣的否定的角度理解自我，而無法直接且完整地理解自我。我們當然也必須意識到，塑性、神經元自我和神經元形式的社會與政治運作並不是自由的保證，這些運作形式都和當前資本主義的運作模式不謀而合，甚至被挪用成（強調去中心化的多重連結）「神經元意識型態」。馬拉布明白表示，批判當前的神經元意識型態意謂著理解為什麼大腦是自由的、具有可塑性的，但我們依然到處都被綑綁（*WSWDOB* 11）。對此，馬拉布區分了「塑性」和「彈性」（flexibility）：「彈性是塑性的意識型態化身，也是它的面具、偏離和沒收……彈性欠缺的是賦予形式的資源，創造、發明甚至消除印記的力量，表現風格的力量。彈性是塑性減去資賦得到的結果」（*WSWDOB* 12）。馬拉布也意識到，愈來愈普遍化和通俗化的各種管理學（包括醫療管理）出版和神經科學研究的界線愈來愈模糊（*WSWDOB* 52），而神經科學研

究的進展某種程度上解放了大腦,讓我們得以窺探它的更多可能性,但政治體制在去中心的發展趨勢下,形成一種更僵化、以彈性為名卻更朝向歸順和服從的民主(*WSWDOB* 53)。

「我們可以用大腦做什麼?」它才不會被「(新)資本主義精神」吸收?在當前神經科學研究的影響下,我們所知道的大腦不是一個固定的結構和中心化的機器,但是光只有這樣的理解還不足以擺脫異化的威脅,畢竟如波坦斯基(Luc Boltanski)和希洛佩(Ève Chiapello)在他們的《資本主義新精神》(*The New Spirit of Capitalism*)強調的,「創造力、反應力和彈性都是新的口號」(90)。馬拉布解釋,當前的企業經濟和社會組織已不是中心化的類型,而是在許多具有能動性的、分子化的小中心,依賴彼此間的連結,也就是說,神經元的運作模式已經成為社會運作自然而然的工具(*WSWDOB* 42)。系統的各個(神經)區塊可以同時被啟動執行不同任務,每一次也都可以參與塑造不同的(腦神經)網絡,這樣的運作被資本主義挪用到認知、勞動、訊息傳遞、金融交易等面向。然而,愈來愈普遍化的憂鬱或其他情感障礙顯示欠缺真正的連結,或者是沒有能力創造新的連結,整個腦神經系統受到更強的抑制,自我心神狀態變得脆弱危急與倦怠。

一些開放性的延伸思考

很顯然的,馬拉布賦予她談的塑性一些反抗的意義。馬拉布問「我們可以用大腦做什麼」,她告訴我們拒絕成為體制所要求的彈性的個體,那些不斷自我修正、交易和流動的另一面,事實上是體系的控制。「我們可以用我的大腦做什麼」,馬拉布告訴我們可以

降低流量和自我控制的防備，有時候也可以接受「爆裂」、衝突或兩難，拋開所有僵化和固定的決定因素（*WSWDOB* 79）。

吳爾夫（Cary Wolfe）在他的《何謂後人文主義？》（*What Is Posthumanism?*）（2010）借用傅柯與魯曼（Niklas Luhmann）的理論提出對於「學科性」（disciplinarity）的後人文主義反思。從傅柯的角度來說，學科或知識體系並沒有「已經在那裡的」的客體，而是事物與客體如何被分類、言說、建構而形成知識系統的過程。舉例來說，並非先存在著一個叫做「社會」整體而後成為社會學研究的對象，社會「發生」於各種微觀層次的話語、實作與力的關係。主體與社會從這樣的角度去理解都是擴散性的、毛細管式的、去中心化的，都依著複雜性的原則運作（107-08）。而從魯曼的角度來說，「系統」是由差異化的「關係」所組成，系統內建了「觀察者」的位置，持續調整系統與環境的對應、系統自身的運作。從這樣的系統論理解學科，學科本身並非自己自足的整體，而是需要不斷界定外部環境／其他學科，不斷藉由這種區分，維持學科系統自身的運作。吳爾夫將這種系統理論的「分散式的反射性」（distributed reflexivity）轉譯為「超學科性」（transdisciplinarity）。吳爾夫的《何謂後人文主義？》最重要的任務之一是在後人文研究裡重新定位動物研究，而貫穿全書的是一種跳脫人文主義主體中心論的批判意識。從吳爾夫的立場來說，有關學科性的反思光只是訴諸多元論增添一個新研究領域是不夠的，如果動物研究對後人文學研究有任何基進意義，在於對人與動物甚至所有的二元本體區分的探問。

另一方面，寇布露克（Claire Colebrook）在她的《後人類之死：論滅絕，第一冊》（*Death of the PostHuman: Essays on Extinction, Vol. 1*）（2014）評論當前人文學危機論述時質疑，人文學若只是挪用包括

動物研究、數位人文等新研究領域,沒有超克「人類」的概念,這樣的跨學科性(inter-disciplinarity)將只會延續「反應性的虛無主義」(reactive nihilism)。事實上寇布露克從她所檢視的後人文主義看到和虛無主義共通的結構,兩者都企圖回應超越性的消失和「人被扣除的世界」(160)或者人失去特權位置的世界。但是這種「人被扣除的世界」或是「滅絕」只是一種戀物,是人類在自戀的框架中想像沒有人類的世界,如同人們著迷於想像其他人會怎麼悼念他們的死亡。寇布露克指出,當前的後人文主義宣稱沒有例外、特權和超越性的交互連結的系統已然是我們的本體存有,如果在這樣一個「上帝已死」的世界之中人們還是繼續短視地堅稱只有能被觀察到的才算真實的存在,這樣的後人文主義本質上都將是反應性的虛無主義(160),一種無止境的否定和嫌惡。她同時也反對將「人類」化約成科技系統和架設一種無區分的生命的概念將人類存在涵蓋其中;她也不主張把類似正念(mindfulness)、感知等人類的生命特質延伸到其他物種和自然體系建構出所謂的普遍性生命。寇布露克引述了傅柯在《事物的秩序》(*The Order of Things*)批判人文科學回應生命的基本需求,維繫的是一種規範性的(normative)生命,是生命政治管理的支柱。從這樣的批判性角度來說,順從生命政治邏輯的人文科學將人類的生命化約成裸命或可計算和管理的資料。當然,這不是人文學科唯一的出路。寇布露克並未將人文學危機視為理所當然,而是進一步探問「什麼樣的人文學值得救」,她展望一種「非人的後人文學」(inhuman posthumanities),不會只是把人文學科預設的「生命」融入某個跨學科領域,而要探究有機體、資訊、環境、人與非人、自然與非自然之間更多交織與混接的可能(176)。寇布露克從德勒茲與塞荷(Michel Serres)的思想裡看見

這樣的可能，那同時也是寇布露克主編的《死後的生命：後人類之外的理論思辨》（*Posthumous Life: Theorizing beyond the Posthuman*）（2017）文集的選文對話的核心議題。

　　本文透過馬拉布所談的神經科學，有助於勾勒出上述的後人文學研究視野。在相當大的程度上，馬拉布的神經科學研究反映了當代哲學社會與文化的「神經學轉向」，但我們必須審慎看待這樣的發展。整體來說，"neuro-"作為字首已經滲透到各種知識系統、社會、科學甚至政治部門，科幻小說特別是電腦叛客就更不在話下。說 neuro-self, neuropolitics, neuropower, neuroeconomics, neuromarketing……已經變成日常詞彙。這種種神經學轉向要說是神經狂熱，似乎並不為過。我們要怎麼看待我們的認知和情感能力不斷外包給科技物，我們的大腦功能不斷外化或外露，神經科學對於資本主義行銷和社會控制扮演什麼角色？這些都應該是值得思考的問題。人文科學在過去幾十年的發展中，對於其他學科或知識體系的接受程度，似乎都保持較高度的塑性，但是神經科學是不是也能透過人文科學進行自我批判和改造，或者神經科學怎麼回應、要不要回應許多人文領域不管是主體、情感、真實、物種各個範疇的辯論，就有很大的討論空間。「塑性」這個概念原先是人文和藝術領域的，現在已經進入神經科學，其他人文科學的概念是不是也能進入神經科學就不太確定，似乎連精神分析的許多概念都不見得那麼容易被納入神經科學。

　　回到馬拉布的討論，否定型塑性不同於一般的後結構和後人類的自我模式，可以任意或不斷拆解和重新塑造，而是有某種抗拒改變的否定性，這樣的否定型塑性和肯定形塑性之間到底維持什麼樣的交互運作，或者說像是在腦傷者的個案裡，一但腦部受重創之

後,是否還有可能或者如何重建肯定型塑性,在理論上和臨床上都應該還有很多可以進一步觀察研究的空間。此外,不論就神經科學的理論或臨床案例來說,腦傷對情感表達功能與經驗造成一定程度的影響,乃至於喪失情感能力。如上所言,這些功能損傷或喪失無法預見或預習,具有絕對的偶發性。問題是,情感能力和失能的界線是如何被劃定的?情感表達一直都是在特定社會和文化脈絡中被定義和建構,我們也都在特定的社會和文化情境裡表達和溝通情感。腦傷者是在什麼情境中被認定失去情感表達能力,或者他們如何掙扎著表達自己的情感、無感或創傷,他們的無感或創傷是在什麼情境下被理解或不被理解,特別當他們都已經被認定失去情感表達能力?馬拉布到此為止似乎都還沒有深入處理這些問題。

根據馬拉布重要的對話者詹斯頓(Adrian Johnston)的評論,馬拉布誤讀佛洛伊德和拉岡的思想,精神分析並沒有像馬拉布認定的那樣強調過去和現在的延續性(Johnston, *Adventures* 275),或者那麼不重視塑性和神經系統。馬拉布對精神分析的理解似乎並沒有跟上比較新的精神分析詮釋或研究方法,但精神分析理論和臨床技術發展歷程,已超出本文所能承載的範圍。持平而論,能整合精神分析和神經科學不管是臨床或理論,是比較理想的做法。

到底要怎麼界定一個人是不是變成另一個人,腦傷所導致的記憶和認知功能受損,足以界定一個人的完全的身分嗎?即使我們接受「變成另一個人」這樣的說法,即使我們不再把痊癒或復原當成唯一的目標,塑造一個新的自我還是有相當的必要性,精神分析還是可以在這件事情上面發揮相當的效用,而且精神分析也不一定都只能從壓抑或退化的角度處理精神和自我的問題。新傷者也許是切斷了和過去的連結,但他們的未來呢?從臨床個案來說,頂葉

（parietal）損傷的病人會有肢體麻痺現象，但是他們可能會堅持自己沒有麻痺，有時候會發展出錯覺麻痺的肢體屬於別人（醫生）（Solms, *The Feeling Brain* 27），這種自我欺騙或幻想射到某種無意識的認知過程（例如自戀性的防衛機制）。面對這種狀況，精神分析能夠發揮作用，讓壓抑的認知活動能夠在意識的層次被理解。但是將精神分析運用到治療神經損傷也不是完全沒有問題，因為臨床觀察可能會受限於有限的程序控制和資料，有可能會有錯誤的判讀，理論概念要如何應用到實驗和研究，有時候是不是得做必要的修正，都會有許多不確定的因素。

事實上馬拉布在她最近的書《明天之前：漸生說與理性》（*Avant demain; Before Tomorrow: Epigenesis and Rationality*）似乎修正了自己先前的觀點。馬拉布在這本書裡表明自己有關於後生說和表觀遺傳學的理論立場和當代的思辨實在論的共通之處。她強調生命形態和自我有很大部分是後天和環境互動之後形成的，會修正原有的基因結構，但也不是全然偶發的狀態。如前文所述，這也牽涉到理解和理解的對象物之間變動的關係，甚至事物也有可能不被思考掌握，但卻是真實的存在。如果從這個角度回過頭去看無感的問題，會不會腦傷病人有可能還是有感，只是我們無法用既有的知識框架和技術去理解？更重要的是，馬拉布透過後生說跨越了神經系統和神經系統以外的世界之間的人為界線，用生態的視角思考自我和生命，而不是像先前受限於神經元或神經科學的框架（Watkin 130）。從這樣的後生說的生態視角來說，整個身體都參與記憶和自我的塑造，而大腦是多重的突觸交互連結，同時也是社會與政治的大腦。這些觀點都算是潛藏在馬拉布先前的著作裡，她現在算是從後生說角度說得更清楚一些。簡單來說，神經系統不能定義自己，而必須被當

作尺度更大的後生系統演化出來的一個次級系統（Watkin 133）。

不論是精神分析、神經科學或其他相關學科與技術，都在建構新傷者的病症或「異常」（abnormality）。根據以上的討論，我們知道新傷者被認定無法經驗到自我的情感與存在，無法透過「身分」、「創傷」等概念訴說他們的異常或症狀，他們也被認定失去與自己和他人建立情感連結的能力。新傷者的建構結合了病症的醫學治療和精神科學對於異常的界定，但同時似乎又被認定是不可救治。也許我們對於「不可救治」（前面提過的「沒有解方」）也需要有更深刻的思考。雖然馬拉布並沒有明白否定治療的可能，她強調的是，沒有考慮否定形塑性的救治是逃避面對問題，但是「沒有解方的塑性」到底在臨床上或社會關係中佔有什麼位置，或者不可救治有什麼樣的倫理意義，恐怕都是必須思考的問題。新傷者是不是因為失去情感能力，被推向社會關係的另一端，成了非人的他者？還是說，變成另一個人從哲學的角度來看，是一種歸零後的或零度的主體性，人之中的非人，最純粹的人，神經科學是否有能力回應這道人與非人的難題？

參考資料

麥克斯・法蘭佐（Max Frenzel）、約翰・菲茨（John Fitch）。《留白時間：停止無效努力》（*Time off*）。黃于洋譯。台北市：沐光，2021。《東亞過勞監察：2021年過勞問題報告》。台灣職業安全健康連線。https://oshlink.org.tw/about/issue/karo-overwork/458

黃涵榆。〈病毒、感染與不死生命：當前生命政治情境的一些反思〉。《譯鄉聲影：文化、書寫、影像的跨界敘事》。新北市：臺北大學智庫中心，2019。105-36。

──。《附魔、疾病、不死生命》。臺北市：書林，2017。

──。《閱讀生命政治》。臺北市：春山，2021。

行政院衛生署科技發展計畫「新浮現疾病『慢行疲勞症候群』的研究：感染免疫功能與精神狀態」。計畫主持人台北醫學院呂思潔，研究人員蔡上穎、蘇千田。執行期間1998年7月至1999年6月。（計畫編號：DOH88-TD-1003）

楊秉鈞、林義卿、張庭綱。〈身心症在家庭醫學：DSM-5的診斷與實務〉。《台灣家醫誌》27.2 (2017)：102-11。

Agamben, Giorgio. *The Coming Community*. Trans. Michael Hardt. Minneapolis: U of Minnesota P, 1993.

———. *Homo Sacer: Sovereign Power and Bare Life*. Trans. Daniel Heller-Roazen.
Stanford: Stanford UP, 1998.

———. *The Open: Man and Animal*. Trans. Kevin Attell. Stanford: Stanford UP, 2004.

———. *Potentialities: Collected Essays in Philosophy*. Ed. Werner Hamacher and David E. Wellbery. Stanford: Stanford UP, 1999.

———. *Profanations*. New York: Zone, 2007.

———. *Remnants of Auschwitz: The Witness and the Archive*. Trans. Daniel Heller-Roazen. New York: Zone, 2002.

———. *State of Exception*. Trans. Kevin Attell. Chicago: The U of Chicago P, 2005.

———. *The Time That Remains: A Commentary on the Letter to the Romans*. Trans. Patricia Dailey. Stanford: Stanford UP, 2005.

Ahola, Kirst, and Jari Hakanen. "Burnout and Health." *Burnout at Work: A Psychological Perspective*. Ed. Michael P. Leiter et al. London: Psychology Press, 2014. 10-31.

Aisenstein, Marilia, and Elsa Rappoport de Aisemberg, eds. *Psychosomatics Today: A Psychoanalytic Perspective*. London: Karnac Books, 2010.

Baudrillard, Jean. *Selected Writings*. Ed Mark Poster. Stanford: Stanford UP, 1988.

———. *The Vital Illusion*. Ed. Julia Witwer. New York: Columbia UP, 2000.

Berardi, Franco Bifo. *AND: Phenomenology of the End*. South Pasadena, CA:

Semiotext(e), 2015.

———. *Heroes: Mass Murder and Suicide*. London: Verso, 2016.

———. *The Soul at Work: From Autonomy to Alienation to Autonomy*. Trans. Francesca Cadel and Giuseppina Mecchia. South Pasadena, CA: Semiotext(e), 2009.

———. *The Third Unconscious: The Psycho-sphere in the Viral Age*. London: Verso, 2021.

Bollmer, Grant David. "Pathologies of Affect: The 'New Wounded' and the Politics of Ontology." *Cultural Studies* 28.2 (2014): 298-326.

Boltansky, Luc, and Ève Chiapello. *The New Spirit of Capitalism*. Trans. Gregory Elliot. London: Verso, 2018.

———. "The New Spirit of Capitalism." Paper to be presented to the Conference of Europeanists, March, 14-16, 2002, Chicago.

Botting, Fred. "Globalzombie: From *White Zombie* to *World War Z*." *Globalgothic*. Ed. Glennis Byron. Manchester: Manchester UP, 2013. 188-201.

Cabanas, Edgar. "'Psytizens,' or the Construction of Happy Individuals in Neoliberal Societies." Illouz 173-96.

Citton, Yves. *The Ecology of Attention*. Trans. Barnaby Norman. Cambridge: Polity, 2017

Colebrook, Claire. *Death of the Posthuman: Essays on Extinction*, Vol. 1. Ann Arbor: Open Humanities P, 2014.

Crary, Jonathan. *Suspension of Perception: Attention, Spectacle, and Modern Culture*. Cambridge, MA: MIT P, 2001.

Dalton, Benjamin. "What Should We Do with Plasticity? An Interview with Catherine Malabou." *Paragraph* 42.2 (2019): 238–54.

Damasio, Antonio. *Descartes' Error: Emotion, Reason and the Human Brain.* London: Vintage, 2006.

Devereux, Cecily. "Hysteria, Feminism, and Gender Revisited: The Case of the Second Wave." *ESC* 40.1 (March 2014): 14-95.

Didi-Huberman, George. *Invention of Hysteria: Charcot and the Photographic Iconography of the Salpêtrière.* Trans. Alisa Hartz. Cambridge, MA: The MIT P, 2003.

Dorfman, Eran. "Everyday Life between Boredom and Fatigue." Gardiner and Haladyn 180-92.

Dorling, Danny. *Slowdown: The End of Great Acceleration-and Why It's Good for the Planet, the Economy, and Our Lives.* New Haven: Yale UP, 2021.

Doerr, Johana M, and Urs M. Nater. "Exhaustion Syndromes: Concepts and Definitions." Neckel et al. 77-104

Ellis, Carolyn Ellis. *Final Negotiations: A Story of Love, Loss, and Chronic Illness.* Philadelphia: Temple UP, 2018.

Farkas, Carol-Ann, ed. "Introduction: The Psychosomatic as Noting, Something, and Everything." *Reading the Psychosomatic in Medical and Popular Culture: Something. Nothing. Everything.* Oxon, OX: Routledge, 2018.1-11.

Featherstone, Mike. "Virilio's Apocalypticism." *CTheory* (2010). Accessed on 13 December 2020. https://journals.uvic.ca/index.php/ctheory/article/view/14977/5878.

Ferguson, Ian. *Politics of the Mind: Marxism and Mental Distress.* London: Bookmarks, 2017.

Fleming, Peter. *The Death of Homo Economicus*. London: Pluto Press, 2017.

Frank, Arthur W. *The Wounded Storyteller: Body, Illness, and Ethics*. Chicago: The U of Chicago P, 1995.

Freud, Sigmund. *Civilization and Its Discontent*. Trans. James Strachey. New York: Norton, 1961.

——. "Instincts and Their Vicissitudes" and "Mourning and Melancholia" and "A Case of Paranoia Running Counter to the Psycho-analytic Theory of the Disease." *The Standard Edition of the Complete Psychological Works of Sigmund Freud, Volume XIV (1914-1916)*. Trans. James Strachey et al. London: Hogarth, 1957. 109-40, 237-72.

——. "Mourning and Melancholia." *The Standard Edition of the Complete Psychological Works of Sigmund Freud, Volume XIV (1914-1916)*. Trans. James Strachey et al. London: Hogarth, 1957. 237-60.

——. *An Outline of Psycho-analysis*. Trans. James Strachey. New York: Norton, 1949.

——. "Beyond the Pleasure Principle." *The Standard Edition of the Complete Psychological Works of Sigmund Freud*, Vol. 18. Trans. and ed. James Strachey et al. 24 Vols. London: Hogarth, 1955. 3-64

Furedi, Frank. Therapy Culture: Cultivating Vulnerability in an Uncertain Age. London: Routledge, 2004.

Galbussera, Marisa. "The Hikikomori Phenomenon: When Your Bedroom Becomes a Prison Cell." *Interdisciplinary Journal of Family Studies*, 21.1 (2016): 54-72.

Gardiner, Michael E., and Julian Jason Haladyn, eds. "Monotonous Splendour: An Introduction to Boredom Studies." *Boredom Studies*

Reader: Frameworks and Perspectives. London: Routledge, 2017. 3-17.

Goodstein, Elizabeth S. "Between Affect and History: The Rhetoric of Modern Boredom." Gardiner and Haladyn 21-37.

———. *Experience without Qualities: Boredom and Modernity.* Stanford: Stanford UP, 2005.

Graeber, David. *The Utopia of Rules: On the Technology, Stupidity, and the Secret Joys of Bureaucracy.* Brooklyn: Melville House, 2015.

Greaney, Michael. "Literary Exhaustion." Neckel et al. 237-56.

Grynberg, Delphine, et al. "Social and Interpersonal Implications of Alexithymia." Luminet at al. 174-89.

Han, Byung-chul. *The Burnout Society.* Trans. Eric Butler. Stanford: Stanford Briefs, 2015.

———. *In the Swarm: Digital Prospects.* Cambridge, MA: The MIT P, 2017.

Hand, Martin. "#Boredom: Technology, Acceleration, and Connected Presence in the Social Media Age." Gardiner and Haladyn 115-29.

Hassan, Robert. *Empires of Speed: Time and the Acceleration of Politics and Society.* Brill: Leiden, 2009.

Headlee, Celeste. *Do Nothing: How to Break Away from Overworking, Overdoing, and Underliving.* New York: Harmony Books, 2020.

Heidegger, Martin. *The Fundamental Concepts of Metaphysics: World, Finitude, Solitude.* Trans. William McNeill. Bloomington: Indiana UP, 1995.

Heinemann, Linda V., and Torsten Heinemann. "Burnout: From Work-Related Stress to a Cover-Up Diagnosis." Neckel et al. 129-50.

Hollywood, Amy. *Sensible Ecstasy: Mysticism, Sexual Difference, and the*

Demands of History. Chicago: The U of Chicago P, 2002.

Huddleston, Andrew. *Nietzsche on the Decadence and Flourishing of Culture*. Oxford: Oxford UP, 2019.

Illouz, Eva. *Cold Intimacies: The Making of Emotional Capitalism*. Cambridge: Polity, 2007.

——, ed. "Introduction: Emodities or the Making of Emotional Commodities" and "Toward a Post-normative Critique of Emotional Authenticity: Conclusion." New York: Routledge, 2018. 1-29, 197-213.

James, Ian. *The Technique of Thought: Nancy, Laruelle, Malabou, and Stiegler after Naturalism*. Minneapolis: U of Minnesota P, 2019.

Johnsen, Rasmus. "On Boredom: A Note on Experience without Qualities." Euphemera 11.4 (2011): 482-89.

Johnston, Adrian. *Adventures in Transcendental Materialism: Dialogues with Contemporary Thinkers*. Edinburgh: Edinburgh UP, 2014.

——, and Catherine Malabou. *Self and Emotional Life: Philosophy, Psychoanalysis and Neuroscience*. New York: Columbia UP, 2013.

Kierkegaard, Søren Aabye. *Either/Or: A Fragment of Life*. Trans. Hannay. London: Penguin Books, 2004.

Kleinman, Arthur. *The Illness Narratives: Suffering, Healing, and the Human Condition*. New York: Basic Books, 1988.

Kradin, Richard L. *Pathologies of the Mind/Body Interface: Exploring the Curious Domain of the Psychosomatic Disorders*. New York: Routledge, 2013.

Levack, Brian P. *The Devil within: Possession and Exorcism in the Christian*

West. New Haven: Yale UP, 2013.

Luminet, Oliver, et al., eds. *Alexithymia: Advances in Research, Theory, and Clinical Practice*. Cambridge: Cambridge UP, 2018.

Makay, Robin, and Armen Avanessian, eds. Introduction. *#Accelerate#: The Accelerationist Reader*. Falmouth, UK: Urbanomic, 2014. 1-50.

Malabou, Catherine. *The New Wounded: From Neurosis to Brain Damage*. Trans. Steven Miller. New York: Fordham UP, 2012.

——. *Ontology of the Accident: An Essay on Destructive Plasticity*. Trans. Carolyn Shread. Cambridge: Polity, 2012.

——. *Plasticity: The Forms of Explosion*. Ed. Tyler M. Williams. Edinburgh: Edinburgh UP, 2022.

——. *Before Tomorrow: Epigenesis and Rationality*. Trans. Carolyn Shread. Cambridge: Polity, 2016.

——. *What Should We Do with Our Brain?* Trans. Sebastian Rand. New York: Fordham UP, 2008.

Marini, Maria Giulia, et al. "Narrative Medicine and Fibromyalgia: Between Facts and Fictions, "Factions" to Be Honored." Farkas 23-39.

Martineau, Jonathan. *Time, Capitalism and Alienation: A Socio-Historical Inquiry into the Making of Modern Time*. Chicago: Haymarket Books, 2015.

McDougall, Joyce. *The Theaters of the Body: A Psychoanalytic Approach to Psychosomatic Illness*. New York: Norton, 1989.

Mosurinjohn, Sharday C. *The Spiritual Significance of Overload Boredom*. Montreal: McGill-Queen's UP, 2022.

Neckel, Sighard, et al., eds. *Burnout, Fatigue, Exhaustion: An*

    Interdisciplinary Perspective on a Modern Affliction. Cham, Switzerland: Springer, 2017.

Neckel, Sighard, and Greta Wagner. "Exhaustion as a Sign of the Present." Neckel et al. 283-303.

Nietzsche, Friedrich Wilhelm. *Untimely Meditation*. Trans. R. J. Hollingdale. Cambridge: Cambridge UP, 2008.

Noys, Benjamin. *Malign Velocities: Acceleration and Capitalism*. Winchester, UK: Zero Books, 2014.

———. *The Persistence of Negativity: A Critique of Contemporary Continental Philosophy*. Edinburgh: Edinburgh UP, 2012.

Ogrodniczuk, John S., et al. "Therapeutic Issues." Luminet 190-206.

O'Sullivan, Suzanne. *It's All in Your Head: Stories from the Frontline of Psychosomatic Illness*. London: Vintage, 2015.

Pettman, Dominic. *After the Orgy: Towards a Politics of Exhaustion*. Albany, NY: State U of New York P, 2002.

Porcelli, Piero, and Graeme J. Taylor. "Alexithymia and Physical Illness: A Psychosomatic Approach." Luminet 105-26.

Press, Jacques, et al, eds. "Introduction." *Experience the Body: A Psychoanalytic Dialogue in Psychosomatics*. London: Routledge, 2019. 1-8.

Rabinbach, Anson. *The Human Motor: Energy, Fatigue and the Origins of Modernity*. Berkley: U of California P, 1992.

Radden, Jennifer, ed. "Introduction: From Melancholic States to Clinical Depression." *The Nature of Melancholy: From Aristotle to Kristeva*. Oxford: Oxford UP, 2000. 3-51.

Radley, Alan. *Works of Illness, Narrative, Picturing and the Social Response to Serious Disease*. Ashford, Kent: InterMen Press, 2009.

Rubanovich, Caryn Kseniya. "Patients with Multiple Somatic Symptoms and Their Physicians: At the Mercy of a Medical System." Farkas 12-22

Ryder, Andrew G., et al. "The Cultural Shaping of Alexithymia." Luminet et al. 33-48.

Saito, Tamaki. *Hikikomori: Adolescence without End*. Trans. Jeffrey Angels. Minneapolis: U of Minnesota P, 2013.

Santner, Eric. *On the Psychotheology of Everyday Life: Reflections on Freud and Rosenzweig*. Chicago: The U of Chicago P, 2001.

Sarno, John E. *The Divided Mind: The Epidemic of Mindbody Disorders*. New York: Harper, 2006.

Schaffner, Anna Katharina. *Exhaustion: A History*. New York: Columbia UP, 2016.

———. "Premodern Exhaustion: On Melancholia and the Acedia." Neckel et al. 27-50.

Schmid-Gloor, Eva, et al. "Psychosomatic Investigation and Treatment." Press 73-82.

Schaufeli, Wilmar B. "Burnout: A Short Socio-Cultural History." Neckel et al. 105-28.

Scull, Andrew. *Hysteria: The Disturbing History*. Oxford: Oxford UP, 2006.

Shachak, Mattan. "(Ex)changing Feelings: On the Commodification of Emotions in Psychotherapy." Illouz 147-72.

Shorter, Edwards. *How Everyone Became Depressed: The Rise and Fall of the*

Nervous Breakdown. Oxford: Oxford UP, 2013.

———. *From Paralysis to Fatigue: A History of Psychosomatic Illness in the Modern Era*. New York: The Free Press, 1992.

Showalter, Elaine. *Hystories: Hysterical Epidemics and Modern Culture*. London: Picador, 1997.

Solms, Mark. "From Depth Neuropsychology to Neuropsychoanalysis: A Historical Comment 20 Years Later." *Clinical Studies in Neuropsychoanalysis Revisited*. Ed. Christian Salas et al. London: Routledge, 2022. 10-29.

———. *The Feeling Brain: Selected Papers on Neuropsychoanalysis*. London: Routledge, 2015.

Steinberg, Paul Ian. *Psychoanalysis in Medicine: Applying Psychoanalytic Thought to Contemporary Medical Care*. New York: Routledge, 2021.

Stiegler, Bernard. *The Age of Disruption: Technology and Madness in Computational Capitalism*. Trans. Daniel Ross. Cambridge: Polity, 2019.

———. *Symbolic Misery, Volume 1: The Hyper-Industrial Epoch*. Cambridge: Polity, 2014.

———. *Uncontrollable Societies of Disaffected Individuals: Disbelief and Discredit*. Cambridge: Polity, 2012.

Stone, Louise, and Claire Hooker. "Medically Unexplained Symptoms and the Ethics of Diagnosis: What Does It Mean When the Doctor Says There's Nothing Wrong?" Farkas 40-55.

Sutter, Laurent de. *Narcocapitalism: Life in the Age of Anaesthesia*. Trans. Barnaby Norman. Cambridge: Polity, 2018.

Svendsen, Lars. *A Philosophy of Boredom*. Trans. John Irons. London: Reaktion Books, 2005.

Swart, Koenraad W. *The Sense of Decadence in Nineteenth-Century France*. The Haugue: Springer-Science+Business Media, 1964.

Tajan, Nicolas. *Mental Health and Social Withdrawal in Contemporary Japan: Beyond the Hikikomori Spectrum*. London: Routledge, 2021.

Taylor, Graeme J. "History of Alexithymia: The Contributions of Psychoanalysis." Luminet et al. 1-16.

———. "Psychoanalysis and Psychosomatics: A New Synthesis." *Psychodyn Psychiatry* 50.2 (Summer 2022): 306-25.

———. "Symbolism, Symbolization, and Trauma in Psychosomatic Theory." *Psychosomatics Today: A Psychoanalytic Perspective*. Ed. Marilia Aisenstein and Elsa Rappoport de Aisemberg. London: Karnac, 2010. 181-99.

Virilio, Paul. *The Original Accident*. Trans. Julie Rose. Cambridge: Polity, 2007.

———. *Speed and Politics: An Essay on Dromology*. Trans. Mark Polizzotti. South Pasadena, CA: Semiotext(e), 2006.

———. *The University of Disaster*. Trans. Julie Rose. Cambridge: Polity, 2010.

Watkin, Christopher. *French Philosophy Today: New Figures of the Human in Badiou, Meillassoux, Malabou, Serres and Latour*. Edinburgh: Edinburgh UP, 2016.

Weir, David. *Decadence and the Making of Modernism*. Amherst: U of Massachusetts P, 1995.

WHO. "Pandemic fatigue: Reinvigorating the public to prevent

COVID-19." https://apps.who.int/iris/handle/10665/335820

Wilkinson, Iain. "Social Agony and Agonising Social Constructions." Neckel et al. 259-81.

William, Alex, and Nick Srnicek. "#Accelerate: Manifesto for an Accelerationist Politics." Makay and Avanessian 377-62.

Wilson, Elizabeth. *Psychosomatic: Feminism and the Neurological Body*. Durham: Duke UP, 2004.

Wolfe, Cary. *What Is Posthumanism?* Minneapolis: U of Minnesota P, 2010.

Zielenziger, Michael. *Shutting Out the Sun: How Japan Created Its Own Lost Generation*. New York: Vintage, 2006.

附表一
身體症狀及相關障礙症（Somatic Symptom and Related Disorders）的分類與診斷準則

DSM-5 診斷名稱	DSM-5 診斷準則
身體症狀障礙症（somatic symptom disorder）	A. 有一個以上令人苦惱（distressing）或者會造成日常生活顯著困擾（disruption）的身體症狀。 B. 此身體症狀或伴隨的健康關注導致過度想法、感覺或行為，以下列至少一項表現： 1. 病人持續且不成比例地擔心其症狀的嚴重性。 2. 對於健康或症狀一直高度焦慮。 3. 為了這些症狀或擔心健康問題而投入過多的時間和精力。 C. 雖然任何一個身體症狀不見得都持續存在，但有症狀的狀態通常是持續的（一般超過六個月）。
罹病焦慮症（illness anxiety disorder）	A. 先入為主地認為自己得了或即將得嚴重的疾病。 B. 並未出現一些身體症狀，即使有也屬輕微。如果已經患有另一個疾病、或有發展成其他疾病的高風險（如：高家族病史），此先入為主想法明顯是過度或不成比例的。 C. 極為擔心健康，容易覺得自己健康狀況不對勁。 D. 過度從事確認自己是否健康的行為（如：反覆檢查其身體是否有生病的跡象）或是出現不適應的逃避行為（例如：不去看醫生和去醫院）。

DSM-5 診斷名稱	DSM-5 診斷準則
	E. 擔心罹患疾病的狀況已經有至少 6 個月，但所擔心的特定疾病，可能在那段時間有所改變。 F. 此種擔心無法以另一精神疾病做更好的解釋，如：身體症狀障礙症、恐慌症、廣泛性焦慮症、身體臆形症（body dysmorphic disorder）、強迫症、妄想症─身體型（somatic type）。
功能性神經症狀障礙症 （functional neurological disorder）	A. 出現一個或多個自主運動或感覺功能的改變。 B. 臨床上的證據顯示此症狀與認定的神經或身體疾病不符。 C. 此症狀無法以另一種身體或精神疾病作更好的解釋。 D. 此症狀引起臨床上顯著苦惱或社交、職業或其他重要領域功能減損或需要醫療評估。
受心理因素影響的其他身體病況 （psychological factors affecting medical condition）	A. 病人已出現需醫療症狀（medical symptom）或狀況（除精神疾病外）。 B. 該醫療症狀受到心理或行為因素，以下列方式之一的負面影響： 1. 此因素影響醫療狀況病程，表現在影響其病程進展、加重病情或延宕恢復。 2. 此因素干擾醫療狀況的治療（例如：不遵醫囑）。 3. 此因素已被證實造成個人更大的健康風險。 4. 此因素會影響醫療狀況之病生理，進而促發症狀、加重狀症狀或需要就醫。

DSM-5 診斷名稱	DSM-5 診斷準則
	C. 在準則 B 中的心理和行為因素無法以另一精神疾病做更好的解釋（例如：恐慌症、鬱症、創傷後壓力症）。
人為障礙症 （factitious disorder）	A. 偽造身體或心理症狀，誘導受傷或疾病，並經證實為欺騙。 B. 向別人顯示自己生病、有障礙或受傷。 C. 即使沒有明顯的外在獎酬（external reward），仍有欺騙行為。 D. 此行為無法以其他精神疾病做更好的解釋（如：妄想症或其他精神病（another psychotic disorder）。
其他特定的身體症狀及相關障礙症 （other specified somatic symptom and related disorder）	適用於那些不完全符合「身體症狀及相關障礙症」但已造成臨床上顯著苦惱或社交、職業或其他重要領域功能減損的情況。可以使用「其他特定」的情況包括以下例子： 1. 短暫身體症狀障礙症（brief somatic symptom disorder）：症狀持續時間少於 6 個月。 2. 短暫罹病焦慮症（brief illness anxiety disorder）：症狀持續時間少於 6 個月。 3. 無過多健康相關行為的罹病焦慮症（illness anxiety disorder without health-related behaviors）：不符合準則 D 的罹病焦慮症。 4. 假孕症（pseudocyesis）：誤信自己已有身孕且伴隨懷孕相關的主客觀症狀。

DSM-5 診斷名稱	DSM-5 診斷準則
非特定的身體症狀及相關障礙症（unspecified somatic symptom and related disorder）	適用於那些不完全符合「身體症狀及相關障礙症」成臨床上顯著苦惱或社交、職業或其他重要領域功能減損的情況。此診斷用於臨床資料尚不足夠的特殊情況下使用。

楊秉鈞、林義卿、張庭綱。〈身心症在家庭醫學：DSM-5的診斷與實務〉。《台灣家醫誌》27.2 (2017)：102-11。

參考文獻2，DSM-5精神疾病診斷準則手冊（Desk Reference to the Diagnostic Criteria from DSM-5®），2014：161-7。

附表二

Table 4.1 Fatigue Syndromes

Criteria	Neurasthenia (World Health Organization 1992)	CFS (Fukuda et al. 1994)	ME (Carruthers et al. 2011)	Burnout (Maslach and Jackson 1981)	Depressive episode (World Health Organization 1992)	Major depression (American Psychiatric Association 2013)
Fatigue	**Increased fatigue after mental effort, or persistent and distressing complaints of bodily weakness and exhaustion after minimal effort**	**Persistent of relapsing chronic fatigue,** Post-exertional malaise	Post-exertional neuroimmune exhaustion	Overwhelming (emotional) exhaustion	**Increased fatiguability**	Fatigue or loss of energy
Time frame	At least 3 months	At least 6 months New or definite onset	Not specified	Not specifide	For at least 2 weeks	For at least 2 weeks nearly every day
Cognitive symptoms	Dizziness	Impairment in short-term memory or concentration	Neurocognitive impairments (difficulty processing information, short-term memory loss)	**Sense of ineffectiveness and lack of accomplishment**	Reduced concentration and attention	Diminished ability to think or concentrate, or indecisiveness

(continued)

Table 4.1 (continued)

Criteria				
Pain	Feelings of muscular aches and pains	Sore throat, muscle pain, multijoint pain without joint swelling or redness	Significant pain in muscles, muscle-tendon junctions, joints, abdomen or chest	
	Tension headaches	Headaches of new type, pattern, or severity	Headaches	
Sleep	Sleep disturbance	Unrefreshing sleep	Sleep disturbance (disturbed sleep pattern or unrefreshed sleep)	Disturbed sleep	Insomnia/hypersomnia
Motor symptoms			Neurosensory, perceptual and motor disturbances	Psychomotor agitation or inhibition	Psychomotor agitation/retardation
Other physical symptoms	Dyspepsia	Tender cervical or axillary lymph nodes	Immune, gastrointestinal and genitourinary impairments Energy production/transportation impairments		

	Mood	Mood	Mood	Mood
Mood	Irritability, inability to relax	**Feelings of cynicism and detachment from the job (depersonalisation)**	**Depressed mood**	**Depressed mood** / **Loss of interest or pleasure**
			Loss of interest and enjoyment Reduced self-esteem and self-confidence Bleak and pessimistic views of the future Ideas or acts of self-harm or suicide	Feelings of worthlessness or excessive or inappropriate guilt Recurrent thoughts of death, suicidal ideation, suicide attempt, or a specific plan for committing suicide
Appetite			Diminished appetite	Weight gain/loss, increase/decrease in appetite

Note: Main criteria are presented in bold.

摘自 Johanna M. Doerr and Urs M. Nater. "Exhaustion Syndromes: Concepts and Definitions." *Burnout, Fatigue, Exhaustion: A Interdisciplinary Perspective on a Modern Affliction*. Ed. Sighard Neckel et al. 81-83. Cham, Switzerland: Springer, 2017.

人名對照

A
Agamben, Giorgio 阿岡本
Arendt, Hannah 鄂蘭

B
Baudrillard, Jean 布希亞
Beard, George M. 比爾德
Benjamin, Walter 班雅明
Berardi, Franco "Bifo" 貝拉第
Boltanski, Luc 波坦斯基

C
Charcot, Jean-Martin 沙可
Chiapello, Ève 希佩洛
Colebrook, Claire 寇布露克

D
Damasio, Antonio 達馬西奧

F
Foucault, Michel 傅柯
Freud, Sigmund 佛洛伊德

G
Goodstein, Elizabeth S. 古德斯坦
Graeber, David 格雷伯

H
Han, Byung-chul 韓炳哲
Heidegger, Martin 海德格
Huysmans, Joris-Karl 於斯曼

I
Illouz, Eva 易洛斯

K
Kierkegaard, Søren Aabye 齊克果
Kleinman, Arthur 凱博文
Kraft-Ebing, Richard von 克拉夫特-埃賓

L
Lacan, Jacques 拉岡
Lagneau, Gustave 拉尼奧

M
Malabou, Catherine 馬拉布
Martineau, Jonathan 馬提努
Maslach, Christina 馬斯拉奇
Marty, Pierre 馬蒂
Meillassoux, Quentin 梅亞蘇

N
Nietzsche, Friedrich 尼采

P
Pettman, Dominic 彼特曼

R
Rabinbach, Anson 拉賓巴赫

S
Sarno, John E. 薩爾諾
Schopenhauer, Arthur 叔本華
Shorter, Edward 修特
Showalter, Elaine 肖華特
Stiegler, Barnard 史蒂格勒
Svendsen, Lars 斯文森

T
Tamaki, Saito 齊藤環
Tissié, Philippe 蒂西

V
Virilio, Paul 維希留

W
Weber, Max 韋伯

國家圖書館出版品預行編目(CIP)資料

沒有最累，只有更累！倦怠的文化史與精神政治／黃涵榆作. -- 初版. -- 新北市：黑體文化，左岸文化事業有限公司出版：遠足文化事業股份有限公司發行，2025.05
　面；　公分. -- （黑盒子；41）
ISBN 978-626-7512-99-9（平裝）

1.CST：疲勞　2.CST：心理衛生

176.76　　　　　　　　　　　　　　　　　　　　　　　　　　114003825

特別聲明：
有關本書中的言論內容，不代表本公司／出版集團的立場及意見，由作者自行承擔文責。

黑體文化　　　　　　　讀者回函

黑盒子41
沒有最累，只有更累！倦怠的文化史與精神政治

作者・黃涵榆｜特約主編・徐明瀚｜封面設計・軌室｜總編輯・龍傑娣｜出版・黑體文化／左岸文化事業有限公司｜發行・遠足文化事業股份有限公司｜電話・02-22181417｜傳真・02-22188057｜客服專線・0800-221-029｜E-Mail・service@bookrep.com.tw｜官方網站・http://www.bookrep.com.tw｜法律顧問・華洋律師事務所・蘇文生律師｜印刷・中原造像股份有限公司｜排版・菩薩蠻數位文化有限公司｜初版・2025年5月｜定價・450元｜ISBN・9786267512999・9786267512968（EPUB）・9786267512975（PDF）

版權所有・翻印必究｜本書如有缺頁、破損、裝訂錯誤，請寄回更換